Margaret Reinhold

Teufelskreis Erziehung?
Fehler der Eltern erkennen und
den eigenen Kindern ersparen

Aus dem Englischen von
Heike Rosbach

BASTEI-LÜBBE-TASCHENBUCH
Band 66274

Die englische Originalausgabe erschien 1990
bei William Heinemann Ltd unter dem Titel
»How to Survive in Spite of Your Parents«
© 1990 by Dr. Margaret Reinhold
© für die deutsche Ausgabe 1993
by Gustav Lübbe Verlag, Bergisch Gladbach
Printed in Germany, August 1993
Einbandgestaltung: K. K. K., Köln
Titelbild: Ulli Seer/LOOK
Satz: Druckerei Siebel, Lindlar
Druck und Bindung: Ebner Ulm
ISBN 3-404-66274-1

Der Preis dieses Bandes versteht sich
einschließlich der gesetzlichen Mehrwertsteuer.

Für William und Nora

Mein innigster Dank gilt Clare McDonald,
die mir bei dem Manuskript unermüdlich
geholfen hat.

Inhalt

Vorwort 11

1. Teil: Einführung in die Psychotherapie 13
Was sind Erblasten der Kindheit 14
*Psychotherapie:
was sie ist und wie sie funktioniert* 26

**2. Teil: Unsere geistig-seelische Innenwelt:
wie wir mit der Außenwelt in Verbindung treten und
mit ihr zurechtkommen** 45
Begriffliches Denken und Gefühle 46
Begriffliches Denken 46
Gefühle 48
Das Bewußtsein und das Unbewußte 53
Rationalisierung und Verdrängung 53
*Wie wir unser Selbstbild,
unsere Identität wahrnehmen* 59
*Wie wir uns in Persönlichkeit und Charakter
voneinander unterscheiden* 75
Moral, Schuldgefühle und Gewissen 83
Ererbte Fähigkeiten oder die Triebe 95
Destruktive Aggression 96
Konstruktive Aggression 121
Sexualität 136
Liebe 156

Grausamkeit 182
Eifersucht 187

3. Teil: Widrige Umstände im Leben eines Kindes .. 203
Verlust von Vater oder Mutter 205
Tod 208
Scheidung 212
Verlassen werden 221
Trennung: Geburt und andere Abschiede 223
Schwangerschaft 230

4. Teil: Wie Kinder auf Verletzungen reagieren 245
Stoizismus 249
Alleinsein und Einsamkeit 253
Abhängigkeit von Alkohol und anderen Drogen 263
Hoffnung 275
»Ausleben« für die Eltern 285
Vergehen und Verbrechen 296
Kleptomanie 302
Depressionen 304
Behandlung der Depression 317
Selbstmord 320
Psychosomatische Störungen 331

**5. Teil: Eine Neubewertung der analytischen
Psychotherapie** 339

Anhang 357
Wie man zu einer Psychotherapie kommt 358
Nützliche Adressen 361

Vorwort

Kleinere Auseinandersetzungen zwischen Eltern und Kindern können wir in der ganzen westlichen Welt an vielen Orten mitverfolgen – sie sind so alltäglich und allgemein üblich, daß wir sie für selbstverständlich halten und sie in unserer Gesellschaft als völlig normal ansehen.

In unserem Supermarkt zum Beispiel kochen die Gemüter leicht über. Er ist riesig, ermüdend und aufreibend für die Eltern – vor allem für Mütter – und für Kleinkinder. Manchmal schwirrt die Luft geradezu vom Protest- und Leidensgeschrei. Babys weinen, um die Aufmerksamkeit zu erregen, die ihnen erst zuteil wird, wenn die Familie wieder zu Hause ist. Schmallippige Mütter zerren ihre kreischende Nachkommenschaft die herzlosen Reihen voll Waschpulver und Konservendosen entlang. Ohrfeigen – sehr erniedrigend – werden plötzlich aus nichtigem Anlaß an erschreckte und verwirrte Kinder ausgeteilt. Die kleinen Gesichter, in stiller Verzweiflung erstarrt, fallen zusammen; und wenn die ausgestellten Spielwaren, die in Versuchung führen sollen, von sehnsüchtigen kleinen Händen geschnappt werden, stellen verärgerte Mütter sie mit einer lauten Zurechtweisung kurzerhand zurück.

So unbedeutend und normal diese Szenen auch sind, ich finde sie peinigend, weil sie mich einen Augenblick lang in die dunkle Bedrückung meiner eigenen Kindheit zurückversetzen. Sie erinnern mich lebhaft an die Hilflosigkeit kleiner Kinder und die unbeschränkte Macht der Erwachsenen. Schmerzlich durchlebe ich das Leben eines Kindes, das auf Gedeih und Verderb feindseligen Eltern ausgeliefert ist; Phantasien von Gefahr und Tod, so starke Beklemmungen, daß sie kaum zu ertragen sind, kriechende Angst und das langsame Begraben von Gefühlen, die einmal lebendig und intensiv waren.

Kein Kind weiß, daß der Fehler bei seinen Eltern liegt. Es sieht die ganze Schuld für die Zurückweisung und Grausamkeit, die ihm widerfährt, bei sich selbst – eine Grausamkeit, die um so schrecklicher ist, da sie häufig verborgen und mysteriös ist. So leidet das Kind unter Schuldgefühlen und einem Gefühl akuter Unzulänglichkeit und speichert Erfahrungen, die im Erwachsenenleben in der Elternrolle wieder zur Anwendung kommen. Wir alle identifizieren uns mit Kindern, da auch wir einmal Kinder waren. Bewußt oder unbewußt durchleben wir alle die Vergangenheit endlos immer wieder. Wissentlich oder unwissentlich lassen wir auch unsere Kinder noch einmal unsere Vergangenheit – Verletzung für Verletzung – erleben.

Dieses Buch wurde für Kinder geschrieben, die durch ihre Eltern Schaden litten, und für Eltern, die geschädigte Kinder waren: in der Hoffnung, daß wir auf diese Weise lernen, wie wir es vermeiden, unseren eigenen Kindern Leid zuzufügen.

1. Teil

Einführung in die Psychotherapie

Was sind Erblasten der Kindheit?

In meinem Anfang liegt mein Ende.
　　　　T. S. Eliot, »East Coker«, *Four Quartets*

Im Laufe des letzten Jahrhunderts sind wir langsam zu der Erkenntnis gelangt, daß Kindheitserlebnisse Einfluß haben auf die Art, wie wir unser Leben lang fühlen, denken, agieren und reagieren. Die Ereignisse, Umstände und Beziehungen unserer frühen Vergangenheit nehmen tiefgreifend und unerbittlich Einfluß auf unser Erwachsenenleben.

Wir haben ferner zu verstehen begonnen, daß Kindesmißhandlung durch die Eltern weiter verbreitet ist, als wir früher glaubten. Der emotionale und körperliche Schaden, den Eltern ihren Kinder zufügen, ist wahrscheinlich die Ursache für einen Großteil der psychischen Leiden und des Unglücklichseins im Erwachsenenalter. Eltern können ihre Kinder auf äußerst vielfältige Weise – häufig ohne Absicht – verletzen. Der Schaden reicht von offenem und flagrantem Mißbrauch bis zur subtileren, versteckten oder sogar unbewußten Feindseligkeit. Die meisten Eltern zeigen die Neigung, im Umgang mit ihren Kindern eigene Kindheitserfahrungen zu wiederholen. Diese Neuinszenierung erfolgt normalerweise unbewußt. So werden zufriedene und sichere Kinder als Erwachsene gesunde selbstbewußte Menschen und liebende und Sicherheit gebende Eltern. Geschädigte Kinder allerdings werden geschädigte Erwachsene und wiederum Eltern, die ihre Kinder schädigen. Dieser Zyklus kann sich unbegrenzt und hartnäckig über Generationen hinweg wiederholen.

Diese Muster lassen sich auch durch noch so starke Willenskraft des einzelnen nicht ändern. Die Gründe für ihr Entstehen sind zu tief in der nichterinnerten Vergangenheit verwurzelt. Unbewußte Motivationen sind stärker als die Willenskraft. Doch für Menschen, deren Leben tatsächlich unbefriedigend verläuft oder die seelisch oder emotional leiden oder die sich wieder und wieder in eine fruchtlose Wiederholung katastrophaler Beziehungen verstrickt sehen, und für zahlreiche andere emotionale Probleme gibt es eine Lösung. Sie ist nicht gerade einfach, wie ich noch erklären werde, doch mit Mut und Ausdauer läßt sie sich verwirklichen.

Der erste Schritt besteht zunächst im Besuch eines Psychotherapeuten. Viele verärgert diese Aussicht. Wie würden *Sie* sich fühlen, wenn der Arzt oder die Ärztin, die Sie aufgesucht haben, sich aufmerksam Ihre Beschwerden anhört, Sie vielleicht untersucht und dann sagt: »Ich glaube, Sie wissen, daß wir Sie zu einem Therapeuten schicken sollten.« Der Arzt sagt dies vielleicht taktvoll und wartet dann ruhig Ihre Reaktion ab. Die Ärzte wissen, daß die Menschen, wenn sie einen Psychotherapeuten aufsuchen sollen, im allgemeinen nervöser und ablehnender reagieren als bei jedem anderen Facharzt. Wären Sie verärgert über den Vorschlag Ihres Arztes oder entrüstet oder ängstlich – oder erleichtert? Würden Sie sagen: »Nein! Ich denke nicht daran – alles andere, nur das nicht. Geht es gar nicht anders?« Oder würden Sie sagen: »Ja, ich denke, das ist eine gute Idee.«

Wenn Sie Ihre Zustimmung gegeben hätten, daß der Arzt für Sie einen Termin vereinbart, würden Sie es dann Ihren Freunden erzählen? Oder würden Sie alleine hingehen, heimlich, und beten, ja keinen Bekannten oder Kollegen zu treffen; würden Sie vorgeben, Sie gingen in Wirklichkeit zum Zahnarzt, der sich die Praxisräume mit dem Therapeuten teilt?

Viele Menschen haben wirklich Angst vor der Psychologie und vor Psychologen und haben irgendwie das Gefühl, es sei eine Schande, ein Zeichen der Schwäche und des Versagens, wenn sie psychologische Hilfe benötigen. Doch psychische Krankheiten sind weiter verbreitet als jedes andere Leiden in unseren westlichen Gesellschaften. Dennoch ist die Psychologie bis noch vor wenigen Jahren das »Aschenbrödel« der Medizin gewesen, und in einem gewissen Sinne ist sie es auch heute noch. In den Bau allgemeiner Krankenhäuser und in die Behandlung körperlicher Kranker wird weit mehr Geld gesteckt als in die Hilfe für seelisch Kranke. Chirurgen und Allgemeinmediziner reißen gerne abwertende und respektlose Witze über ihre Kollegen in der Psychiatrie, und manche weigern sich, die Bedeutung der Seele im Zusammenhang mit der Gesundheit des Körpers anzuerkennen.

Doch trotz der zahlreichen Vorbehalte, die Ärzte, Gesundheitsbehörden und die Allgemeinheit gegen die Psychologie hegen, werden jedes Jahr Tausende von Menschen zum Psychotherapeuten überwiesen, und vielen von ihnen hilft diese Behandlung sehr. Es ist heutzutage möglich, beinahe jede Art von psychischen und emotionalen Störungen, so schwer sie auch sein mögen, zu lindern, wenn nicht gar zu heilen. Psychotherapeuten behandeln eine enorme Vielzahl von Krankheiten, von den scheinbar trivialen bis zu den äußerst ernsten – und sie haben mit Menschen jeden Alters zu tun. Ich will nur einige wenige gut bekannte Probleme nennen, die der Hilfe eines Psychotherapeuten bedürfen: depressive Verstimmungen und leichte Depressionen, Paranoia, Schizophrenie und andere Geisteskrankheiten, Angstzustände, Phobien, Eßstörungen (etwa Anorexie und Bulimie), Abhängigkeit von Alkohol und anderen Drogen, Kindesmißbrauch, Kummer, psychosomatische Erkrankungen, sexuelle Probleme (einschließlich Frigidität und Impotenz), Schwierigkeiten bei Aufbau und Aufrechterhaltung von Beziehungen (einschließlich Ehe), Homosexualität und Promiskuität.

Das sind nur ein paar der unzähligen Gründe, warum Menschen einen Therapeuten aufsuchen, doch ihnen allen ist ein Symptom gemeinsam: emotionales Leid. Das kann sehr ernst sein, selbst wenn die Ursache dafür klein erscheinen mag. Bei manchen Formen von psychischen Krankheiten ist das damit verbundene Leiden so intensiv, daß der Patient als einzigen Ausweg nur noch den Suizid sieht. Die modernen Drogen – Tranquilizer und Antidepressiva – haben die Behandlung von seelischen Leiden verändert, doch für bestimmte Formen psychischer oder seelischer Störungen ist die Psychotherapie das Mittel der Wahl, die »beste« Behandlung, die die besten Aussichten auf eine dauerhafte Besserung hat.

Im vorliegenden Buch beschreibe ich Menschen, deren psychische Störungen die unterschiedlichsten Ursachen haben, und wie ihnen die Psychotherapie helfen kann – was zur Behandlung gehört, wie sie vor sich geht, bei welchen Störungen sie wahrscheinlich hilft usw. Der Titel des Buches hört sich vielleicht leichtfertig an, doch Tatsache ist, daß, wie ich bereits beschrieben habe, die meisten Leiden, unter denen Menschen im Erwachsenenalter leiden, ihre Wurzeln in der Kindheit haben. Kinder, verletzlich und sehr sensibel, reagieren lebhaft auf Einstellungen und Gefühle der ihnen Nahestehenden – der Eltern und Brüder und Schwestern. Kinder lernen auch sehr schnell, und was man in der Kindheit gelernt hat, begleitet einen im ganzen weiteren Leben. Kinder sind wie frisches Löschpapier, sie saugen jede Tinte auf, und die Flecken bleiben. Die Menschen haben, wie alle Lebewesen, die Neigung, Gewohnheiten oder Muster dafür auszubilden, wie sie sich benehmen, wie sie fühlen und funktionieren. Im Verlauf von Kindheit und Jugend werden langsam Verhaltens- und Gefühlsmuster in Reaktion auf – oder in Nachahmung der – Gefühle und Verhaltensmuster der Eltern und Geschwister entwickelt. Diese Muster werden schließlich stabil und sind, wenn überhaupt, nur noch schwer zu verändern. Zu einer – höchst seltenen – Veränderung kann es infolge von Zufallsbegegnungen und -erlebnissen im Leben kommen.

Hier ein Beispiel in vereinfachter Form für ein emotionales Muster und die Umstände, die es entstehen ließen. Es gab einen Vater, der andauernd schlecht gelaunt zu sein schien und seinen kleinen Sohn tyrannisierte. Das Kind lernte, Angst vor seinem Vater zu haben, und nachdem es ohne Erfolg alle Möglichkeiten ausprobiert hatte, seinem Vater zu gefallen, versuchte es, seinem Vater aus dem Weg zu gehen. Das Muster war Angst vor dem Vater, Meidung des Vaters.

Im Menschen ist die Neigung sehr mächtig, vom Besonderen auf das Allgemeine zu schließen. Haben wir einmal etwas Spezielles gelernt, wenden wir dies auch auf andere Situationen an, die dem Speziellen ähneln. Beispielsweise lernen wir in der Kindheit unseren ersten Stuhl kennen; nachdem wir einmal einen Sitz, vier Beine und Rückenlehne aufgenommen und uns eingeprägt haben, können wir den Begriff »Stuhl« auf alle Arten unterschiedlicher Stühle, Lehnstühle, Korbstühle, Liegestühle usw. anwenden.

Auf die gleiche Weise transferieren wir unsere komplexen Kenntnisse von Vater, Mutter, Brüdern und Schwestern auf andere Menschen. Ein älterer Mann in einer Autoritätsstellung wird zur »Vaterfigur«. Wir tendieren dazu, auf diese Gestalt unbewußt unsere Gefühle für unseren wirklichen Vater zu übertragen oder in sie hinein zu »projizieren«. Das Gefühlsmuster für Vater im Falle des oben beschriebenen kleinen Jungen lautete »Angst, Meidung«. Er wird vermutlich – eigentlich mit Sicherheit – seine Gefühle und Vorstellungen über seinen Vater auf alle älteren Männer mit Autorität übertragen, seine Lehrer, Chefs, überlegene Männer in jedem Bereich seines Lebens. Er wird sie fürchten und sie sein ganzes Leben lang zu meiden suchen, selbst noch nach dem Tode seines Vaters. Dieses Muster wäre natürlich ein großes Handikap.

Ereignisse, Gefühle und die Ursache für das jeweilige Verhalten haben die Tendenz, der bewußten Wahrnehmung zu entgehen. Wir sind in der Lage, Erfahrungen zu »löschen« durch einen psychischen Vorgang, den man »Verdrängung« nennt. Wir können uns sogar weigern, stattfindende Ereignisse zur Kenntnis zu nehmen, und uns so kaum dessen bewußt sein, was eigentlich vor sich geht. Oder wir leugnen, daß irgend etwas geschieht, und belügen uns selbst. Wir können auch vergessen, was passiert ist. Als Ergebnis dieses Vorgangs steht uns ein großer Teil unserer Vergangenheit für eine bewußte Überprüfung nicht zur Verfügung. Die Erfahrungen der Vergangenheit und ebenso der Gegenwart werden von dem Teil unseres Gehirns aufgezeichnet, den wir »das Unbewußte« nennen.

Der ängstliche kleine Junge hatte, als er erwachsen war, vermutlich keine Ahnung, warum er Beklemmung oder Angst empfand, wenn er sich mit älteren Männern auseinandersetzen mußte, warum er das Büro mied und immer eine Ausrede fand, um ihm fernzubleiben. Er war stets überzeugt, daß sein Boß ihn nicht leiden könne. Der wütende Vater schaffte es auch, daß sich sein Sohn als Versager fühlte, da das Kind keinen Weg fand, ihm zu gefallen, und stets nur kritisiert wurde. Wir präsentieren uns der Welt entsprechend der Meinung, die wir von uns selbst haben. Der unglückliche Sohn präsentierte sich als Versager im Umgang mit Männern, verpfuschte seine Arbeit, kam am Morgen meistens zu spät, verlor wichtige Unterlagen usw. Am Ende, nachdem er aus einem Dutzend oder mehr Jobs geflogen oder ausgeschieden war und sich zutiefst depressiv fühlte, konsultierte er einen Psychotherapeuten. Die Aufgabe des Therapeuten war es, zu versuchen, das, was gegenwärtig geschah und was in der Vergangenheit, in der Kindheit passiert war, zueinander in Beziehung zu setzen. Zunächst verhalf ihm die Erforschung der momentanen Umstände zu einem klaren Verständnis des Musters. Nach der Erkenntnis, daß der Patient Probleme mit *allen* älteren Männern hatte, versuchte der Therapeut, ihn vom Allgemeinen zurück zum Besonderen zu ziehen – der ursprünglichen und ersten Erfahrung einer Beziehung zu einem älteren Mann – zu seinem Vater.

Zu Beginn der Therapie sagte der Patient: »Mein Vater? Oh ja, er war ein guter Vater, ich glaube, er war ein Perfektionist und wollte, daß wir alle perfekt waren.« Im Verlauf der Therapie kamen Erinnerungen hoch, die normalerweise nicht greifbar sind. »Mein Vater schlug mich – hart –, wenn ich Dinge fallenließ oder ungeschickt war. Ich erinnere mich, daß ich einmal einem Ball, den er geworfen hatte, nachrannte und über meinen Schnürsenkel stolperte und hinfiel. Er stürmte heran – erinnere ich mich – und versetzte mir einen Fußtritt, als ich da am Boden lag. Ich war erst ungefähr fünf, glaube ich. Ich denke, ich war ein sehr unbeholfenes Kind ...«

Im Laufe der Therapie wurde deutlich, daß er weder ungeschickt noch unfähig war, außer in seinen Beziehungen zu Vaterfiguren. Der Sohn wurde sich im Prozeß der Selbsterforschung immer mehr des Verhaltens seines Vaters bewußt und begann, Wut auf seinen Vater zu verspüren. Die Wut, die sich manchmal auf diese Weise entwickelt, läßt manche Eltern Therapeuten fürchten und hassen. »Das ist nicht fair«, jammern sie, »die Schuld an allem uns zu geben. Auch er muß sicherlich einen Teil der Verantwortung tragen.« Damit haben sie recht. Wir sind alle für unser Tun selbst verantwortlich, wenn wir nicht unter Drogen stehen, geisteskrank oder psychotisch sind. Doch es gibt auch Gründe, warum wir – ohne Not – motiviert sind, uns auf bestimmte Weise zu benehmen. Die Psychotherapie deckt diese Ursachen auf. Nachdem er begriffen hat, warum er sich so und nicht anders verhält, muß der Patient, unter Mithilfe des Therapeuten, darangehen, das Muster zu ändern, damit er seine Probleme los wird und nicht weiterhin seine Eltern dafür verantwortlich macht.

Eltern versuchen, auf bewußter Ebene, häufig alles, um »gute« Eltern zu sein. Ein Großteil des Schmerzes, den sie verursachen, hat unbewußte Motive und wird angetan. Eltern, die wissentlich und mit Absicht grausam und gefährlich sind, gibt es selten. Die meisten Eltern, die im Leben ihrer Kinder Probleme schaffen, wiederholen unbewußt das Leben, das sie selbst in ihrer Kindheit führten, und zeigen unbewußt das Muster ihrer eigenen Eltern. Auf diese Weise durchläuft eine Generation nach der anderen exakt die gleichen Nöte, und die gleichen Feindseligkeiten werden erlitten und ausgedrückt.

Kinder rufen natürlich Feindseligkeit hervor. Die oben erwähnten Mütter im Supermarkt, die ihre kreischenden Kinder hinter sich herzerren, sind mit an Sicherheit grenzender Wahrscheinlichkeit erschöpft, mit ihrer Kraft am Ende. Zum Teil resultiert diese Erschöpfung daraus, daß die Mutter zu sehr versucht hat, eine gute, sogar eine »perfekte« Mutter zu sein. Die Vorstellung, daß Eltern »wunderbar« in ihrer Rolle sein sollten oder sein können, ist ziemlich unrealistisch – eine Ansicht, die für sehr viel Beklemmung und Elend verantwortlich ist.

Menschen besitzen die Gabe, begrifflich oder abstrakt zu denken, Vorstellungen, Ansichten und Schemata zu entwickeln. Unser Leben wird – im Gegensatz zu dem anderer Lebewesen, die mit ihren Instinkten und Empfindungen leben und überleben – vollkommen von »durch Menschen erdachte« Begriffe geformt und beherrscht. Manche Vorstellungen sind natürlich äußerst konstruktiv, wie die der Demokratie (vielleicht), andere sind destruktiv für die Menschheit, etwa der Rassismus.

In der ganzen Menschheitsgeschichte hat es erschreckende Gedankenkonstrukte gegeben, die in der Inquisition gipfelten, in der Ansicht, daß mit Ausnahme des Menschen kein Lebewesen eine Seele besitze und deshalb erbarmungslos gequält und vernichtet werden dürfe, daß »Hexen« auf dem Scheiterhaufen verbrannt werden müßten, daß schwarze Katzen die Verkörperung des Bösen seien, daß Homosexualität ein Verbrechen sei – bis hin zu der monströsesten Vorstellung überhaupt, der Vorstellung von Hitler und anderen Nazis, die glaubten, Millionen von Menschenleben in den Gaskammern vernichten zu müssen, um die Rasse »rein« zu halten.

Auf einer ganz anderen Ebene wurden die Mütter und Väter in den westlichen Gesellschaften mit einer Theorie nach der anderen konfrontiert, die sich jeweils widersprachen, wie Kinder großzuziehen seien und wie es Eltern gelänge, gute Eltern zu sein. Jede neu aufwachsende Generation hatte einen anderen Blickwinkel. Im Laufe dieses Jahrhunderts hat man den verwirrten Eltern erzählt:

- ihre Babys exakt alle vier Stunden und nicht öfter zu füttern,
- ihre Babys nach Bedarf zu füttern,
- niemals die Babys auf den Arm zu nehmen, wenn sie weinen,
- daß Stillen unnötig sei,
- daß Stillen lebenswichtig sei,
- streng mit den Kindern zu sein,
- den Kindern alles zu erlauben usw.

Manche Theorien sind schlicht veraltet, haben jedoch weiterhin einen mächtigen Einfluß. Viktorianische Ansichten über Sexualität beeinflussen noch immer zahlreiche Menschen. Viele Theorien zum Familienleben sind absolut heuchlerisch. Es wäre weitaus nützlicher und hilfreicher für Familien, all diese Ansichten abzulegen – bis auf die, die mit den Realitäten menschlicher Gefühle und zwischenmenschlicher Beziehungen zu tun haben.

Die Psychotherapie erforscht die Wirklichkeit der Gefühle in der Familie. Der oben erwähnte Mann, der Sohn eines Vaters, der ihn schikanierte, versuchte, ein Ideal von seinem Vater aufrechtzuerhalten: »Er versuchte wirklich, ein guter Vater zu sein. Er arbeitete fürchterlich schwer, damit ich eine renommierte Schule besuchen konnte, für die wir eigentlich kein Geld hatten. Mir wurde stets gesagt, wie schwer er arbeitete, damit ich Dinge haben könnte, die er niemals hatte ...« Doch er sagte auch: »Ich war als Kind sehr unglücklich. Er machte mein Leben zur Hölle ...«

Sein Vater hätte vielleicht gesagt: »Ich gab mein Bestes für den Jungen. Ich arbeitete so schwer, daß ich mich beinahe selbst umbrachte, nur um ihm eine gute Ausbildung und ein nettes Zuhause zu ermöglichen, und all die Dinge, die ich niemals gehabt habe ...«

Was ist die Wahrheit? Die Antwort lautet: Es gab, es gibt, viele Wahrheiten. Eine Wahrheit – aber nur eine – liegt im Unbewußten. War dieser Vater unbewußt eifersüchtig auf seinen Sohn, weil er im Leben Dinge besaß, die er selbst niemals hatte? Machte er ihm unbewußt zum Vorwurf, was ihm das abverlangte, wie erschöpfend, stumpfsinnig und bedrückend es war, genug zu verdienen, um seinem Kind so viel zu geben? Suchte er unbewußt zu sehr nach »gesellschaftlicher« Anerkennung im Sinne der konventionellen Vorgaben, daß die Gesellschaft vor dem »guten Vater« und dem »guten Leben« eine Verbeugung macht? Sind die Väter und Mütter unserer Gesellschaften, die Gesetzgeber, die Medienleute, die Kirchenmänner und -frauen, die Meinungsmacher, die verantwortlich sind für Moral, Sitten, Konventionen, daran schuld? Von dem Augenblick an, in dem wir geboren werden, sickern Botschaften der Institutionen in unser Unbewußtes, die von Leuten übermittelt werden, deren unbewußte Motivation häufig suspekt ist.

Doch kehren wir zur Psychotherapie zurück. Zahlreiche unterschiedliche Theorien über den Verstand haben zu mehr und mehr Konzepten geführt, doch alle Schulen der Psychotherapie versuchen, eine konkrete Wahrheit zu finden: die Wahrheit der Gefühle.

Gefühle, Emotionen ändern sich natürlich rasch. Liebe weicht dem Haß, Wut dem Lachen. Und dennoch zieht sich in den Alltagsbeziehungen ein roter Faden durch das Gefühlsspektrum. Wenn ein Gefühl und das damit verbundene Verhaltensmuster häufig genug wiederholt wird, hinterläßt das seine Spuren. Dies ist besonders in der Kindheit der Fall. Da die Reaktion auf einen Stimulus logisch ist – beispielsweise läßt ein großgewachsener wütender Vater einen kleinen Jungen wirklich Angst empfinden –, sind alle Verhaltens- und Gefühlsmuster logische Reaktionen auf Ereignisse und Einstellungen der Eltern in der Welt eines Kindes. Diese logische Folge erlaubt es der Psychotherapie, bei der Behandlung von psychischen und emotionalen Störungen die Ursache mit der Wirkung zu verbinden. Es liegt Logik (wenn auch vielleicht eine verborgene) in der scheinbar zusammenhanglosen Raserei schwer kranker Psychotiker und eine begrenzte und versteckte Logik in den schlimmsten barbarischen Taten der Völker. Unsere Evolution im Darwinschen Sinne hat uns einen Ursache-Wirkungs-Modus des Daseins aufgezwungen.

In diesem Buch versuche ich, von den Funktionen des Gehirns ein richtiges, logisches Bild zu vermitteln, ein Bild des Zusammenhangs von Ursache und Wirkung bei emotionalen Störungen und bei normalen emotionalen Reaktionen. Ich versuche weiter, das Annehmen von »echten« Gefühlen zu fördern, wobei ich mich bemühe, nie zu vergessen, daß die Realität, wie wir sie kennen, eine Hypothese ist, eine auf einigen Informationen beruhende Vermutung, vielleicht eine Spiegelung in einem dunklen Glas, die uns das Gespiegelte nur ahnen läßt.

Psychotherapie:
was sie ist und wie sie funktioniert

Was ist Psychotherapie? Wie funktioniert sie? Die Menschen haben oft, wie ich bereits gesagt habe, Angst vor einer Erforschung ihres Innenlebens. Die Psyche, persönlicher, intimer als der Körper, öffnet sich nicht bereitwillig einem Eindringling – vor allem dann nicht, wenn der Eindringling Psychotherapeut ist. Selbst bei einer zur Therapie bereiten Person kann es Widerstände geben, setzen Abwehrmaßnahmen ein, schießen Mauern und Barrikaden zum Schutz vor dem Eindringling aus dem Boden. Die Abwehr kann über das Unbewußte aktiviert werden, nicht notwendigerweise über das Bewußtsein. Das führt manchmal zu Schweigen, der Patient findet es schwierig zu sprechen – oder andere zahlreiche irrelevante und abschweifende Gedanken werden diskutiert, wodurch das eigentliche Thema umgangen wird.

Doch wenn die Menschen mehr über den Ablauf der Psychotherapie wüßten, hätten sie weniger Angst, fühlten sie sich weniger zum Selbstschutz aufgerufen und wären mehr zur Kooperation mit dem Therapeuten bereit, sogar auf unbewußter Ebene. Die Erforschung der Psyche kann nur erfolgen, wenn die Person mit den Problemen, der Patient also, mit dem Arzt oder Therapeuten zusammenarbeitet.

Psychologen haben keine Röntgenaugen. Sie können nicht sagen, was im Kopf einer Person vorgeht, genausowenig wie der Laie die Gedanken eines anderen lesen kann. Im Verlauf der Therapie wird genau das enthüllt, was der Patient, bewußt oder unbewußt, über sich zu enthüllen wünscht. Manchmal versuchen die Leute, sich einer Therapie zu widersetzen, als handle es sich dabei um eine Vergewaltigung. Doch Therapeuten sind keine Feinde. Sie wollen ihren Patienten helfen. Sie fällen keine moralischen Urteile und sehen menschliche Gefühle und Verhaltensweisen weniger kritisch als die meisten anderen. Der Psychologe oder Therapeut ist oft eine Art Freund. Und Psychotherapeuten oder Psychoanalytiker nähern sich in der Regel ihren Patienten ruhig, zögernd und passiv und warten ab, bis der Patient bereit ist, anzufangen – und warten wieder, sobald der Patient aus Furcht vor dem, was da ans Licht kommen könnte, innehält.

Wir haben aufgrund der herrschenden Moral Angst vor uns selbst, vor unseren innersten Gedanken, Beobachtungen, Sehnsüchten. Unsere größten Hemmungen haben mit Aggression oder Sexualität zu tun, zwei starken Triebkräften. Doch für den erfahrenen Psychologen unterscheiden sich die Menschen nur geringfügig voneinander. Psychologen sind nur selten überrascht und schockiert. Was sie anbelangt, so gilt: »Nichts Neues unter der Sonne!« – eine traurige Tatsache vielleicht, doch auch eine beruhigende. Die Menschen ähneln sich allzusehr.

Psychotherapie bedeutet wortwörtlich Behandlung der Psyche oder der Seele. In der medizinischen Praxis gibt es zahlreiche Möglichkeiten, eine gestörte oder kranke Psyche zu behandeln, etwa medikamentös oder mit Elektroschocks. Der Begriff Psychotherapie steht jedoch für eine spezielle Form der Behandlung, die eine Kommunikation zwischen Patient und Therapeut vorsieht.

Der Therapeut kann medizinisch qualifizierter Psychiater sein oder Psychologe ohne medizinischen Abschluß, aber dennoch ein orthodoxer Therapeut, der eine strenge Ausbildung hinter sich hat. Man findet auch zuhauf unorthodoxe Therapien, doch im allgemeinen helfen diese dem Patienten nicht mit so viel Erfolg oder so langanhaltend wie die klassische Therapie.

In der klassischen Therapie vollzieht sich die Kommunikation zwischen Patient und Therapeut teilweise verbal – vielleicht sogar großenteils verbal –, doch es gibt auch einen Austausch von Gefühlen und ein noch geheimnisvolleres Element, vermutlich eine Art Telepathie.

Es gibt zahlreiche Therapieschulen und viele, viele Theorien darüber, wie der Verstand arbeitet. Die Theorien stellen Meinungen, Gedankenkonstrukte oder Vorstellungen dar. Viele Theorien lassen sich auf die Arbeitsweise des Geistes anwenden, und viele davon sind wohl richtig, da es unbegrenzte Möglichkeiten gibt, das menschliche Denken zu symbolisieren. Im allgemeinen sind die Theorien der Psychoanalytiker Abstraktionen und haben nichts mit dem zu tun, was als Gehirn/Geist-Beziehungen bekannt ist.

Die in der Psychotherapie verwendeten Techniken sind verschieden. Manche Psychoanalytiker, vor allem Freudianer und Kleinianer, sehen ihre Patienten am liebsten auf der Couch, außer Sichtweite des Therapeuten. Andere Therapeuten blicken dem Patienten, der ihnen gegenübersitzt, gerne ins Gesicht. Dann beginnt das Gespräch.

Am besten macht der Patient den Anfang. Einigen Patienten fällt das sehr schwer. In der »strengen« psychoanalytischen Therapie können die Analytiker tage-, wochen- oder sogar monatelang darauf warten, daß der

Patient ohne Eingreifen ihrerseits zu sprechen beginnt oder fortfährt. Hinter dieser Technik steht die Theorie, daß es (für den Patienten) einen gravierenden Grund für das Schweigen gibt. In der eklektischen Psychotherapie (die Vorstellungen aus einer Vielzahl von Denkschulen auswählt) wird der Therapeut wohl mit Fragen oder einem Geplauder über das Wetter oder andere harmlose Themen zum Sprechen ermuntern, nur um das Gespräch in Gang zu bringen. Das Schweigen eines Patienten kann auf Feindseligkeit oder Depression oder andere Geistes- und Gefühlszustände verweisen.

Das Gespräch dauert zumeist jeweils eine Stunde (oder die rigiden »fünfzig Minuten« der Analytiker). Analytiker halten es für wichtig, daß sie ihre Patienten mindestens dreimal die Woche, vorzugsweise noch öfter sehen. Eklektische Therapeuten oder Psychologen begrenzen die Sitzungen vielleicht auf ein- bis zweimal in der Woche. Manchmal können schon ein paar Stunden eklektischer oder unterstützender Psychotherapie für den Patienten äußerst hilfreich sein. Die Behandlung kann Jahre dauern, das hängt von den Problemen und der Persönlichkeit, den Fähigkeiten usw. des Patienten ab und auch von seiner körperlichen und psychischen Verfassung. Wenn ein Patient in unüberwindlichen Lebensumständen gefangen ist, die sich nicht ändern lassen, kann er die unbeschränkte Hilfe eines Therapeuten benötigen.

Die Psychoanalytiker versuchen, ihre eigene Person aus der therapeutischen Situation herauszuhalten, und hoffen, nur als graue neutrale Figuren zu existieren. Dahinter steht die Vorstellung, daß die Patienten ihre Therapeuten dann in irgendeinem bestimmten Licht sehen, ohne daß die wirkliche Persönlichkeit des Therapeuten interveniert. Trotz dieser Kaschierungsversuche wollen die Patienten häufig – vielleicht nahezu immer – so viel wie möglich über das Privatleben ihrer Therapeuten erfahren. Sie wollen die eigentliche Person kennenlernen, wo er oder sie lebt, ob sie verheiratet sind, Kinder haben usw.

Doch der Grund für die Tarnung des Analytikers ist der, dem Patienten eine bessere Chance zu geben, den Therapeuten mit Charakteristika einer Person aus seiner Vergangenheit auszustatten. Zum Teil leitet sich der Nutzen einer Psychotherapie aus der Tatsache her, daß der Therapeut vom Patienten unbewußt als Repräsentation eines Kindheitsgeistes, zumeist eines Elternteils, benutzt wird.

Der Patient neigt dazu, auf den Therapeuten Gefühle zu projizieren, die er ursprünglich in seinem früheren Leben – und später – in Beziehung zu Mutter oder Vater, Schwester, Bruder, Tante, Onkel, Kindermädchen, Großeltern erfahren hat – je nach den gegebenen Umständen. Der Prozeß der »Projektion« von Gefühlen auf den Therapeuten vollzieht sich leicht und unbewußt, häufig ohne bewußte Erkenntnis, daß das Phänomen überhaupt stattfindet. Der Therapeut symbolisiert in gewissem Sinne den echten Elternteil.

Die Empfindungen des Patienten für seinen Therapeuten können sehr intensiv und äußerst tief sein. Der Patient oder die Patientin kann sich sogar in seinen oder ihren Therapeuten verlieben. Manchmal ist auch das Geschlecht des Therapeuten bedeutungslos, so wird beispielsweise ein männlicher Therapeut vom Patienten mit den Charakteristika einer Frau aus der Kindheit – Mutter oder Schwester – ausgestattet und umgekehrt.

Die Gefühle des Patienten in bezug auf den Therapeuten sind im Verlauf der Psychotherapie mit die wichtigsten Gesprächspunkte. Diese Gefühle helfen, die Gefühle der Kindheit gegenüber dem echten Elternteil oder Geschwister aufzudecken. Wir können pauschal die Gefühle, die wir für Mutter oder Vater in unserer Kindheit hegten, übertragen und lassen so die Vergangenheit exakt wieder auferstehen. Andererseits kann der Therapeut auch für eine idealisierte Version eines Elternteils oder eines anderen Menschen stehen, für eine Version, die der Patient sich immer gewünscht und niemals erhalten hat: die liebende und fürsorgliche Mutter anstatt der ablehnenden, die herzliche und freundliche ältere Schwester statt der eifersüchtigen und bösen. Wenn ein Elternteil des Patienten höchst unangenehm war und er von ihr oder ihm nur grob behandelt wurde, ist der Patient vielleicht ein böses und schwieriges Kind gewesen, und dann werden seine Wut und sein feindseliges Verhalten eventuell gegenüber dem Therapeuten spürbar.

Der Transfer derartiger Gefühle vom Patienten auf den Therapeuten wird »Übertragung« genannt. Die Übertragung kann »positiv« sein und aus harmonischen und freundlichen Gefühlen bestehen oder »negativ«, was bedeutet, man fühlt sich wütend und gestreßt. Die Gefühle des Therapeuten für den Patienten sind vermutlich mitfühlend, herzlich und oft respektvoll. Häufig kann man an einem Patienten sehr viel bewundern. Die Gefühle intensivieren sich natürlich, wenn die Therapie bereits über lange Zeit stattgefunden hat. Für den Therapeuten ist es wichtig, sowohl die eigenen Gefühle wie die des Patienten streng unter Kontrolle zu halten. Der Wert einer Therapie für den Patienten sinkt rapide, wenn die Gefühle übermäßig »ausgelebt« werden. Aus diesem Grund vermeiden die Therapeuten gesellschaftliche Kontakte mit ihren Patienten. Eine weitere interessante Tatsache ist die, daß es anscheinend für den Patienten wesentlich peinlicher ist, im gesellschaftlichen Umfeld den Arzt oder Therapeuten zu treffen, wenn er seine Seele stärker entblößt hat als den Körper. Patienten haben nichts gegen gesellschaftliche Kontakte mit ihren Zahnärzten, Hausärzten oder selbst Gynäkologen, doch sie reagieren häufig beunruhigt, sobald sie ihre Therapeuten in der Öffentlichkeit treffen.

Es gibt natürlich Therapeuten, die sich mit ihren Patienten langweilen und ihnen feindselig begegnen – doch das sind nur wenige. Die Patienten »schnappen« die Empfindungen des Therapeuten sehr rasch auf und reagieren schnell darauf. Die meisten Menschen in Bedrängnis sind für die Einstellungen der sie Umgebenden überempfindlich. Die Therapie kann sich allein zwischen Patient und Therapeut vollziehen. Oder sie findet in Gruppen statt. Bei der Gruppentheorie bietet sich die Möglichkeit, die anderen Mitglieder der Gruppe zu benutzen, um eine Vielzahl von Menschen aus der Kindheit darzustellen, Brüder und Schwestern, Schulkameraden usw. Der Arzt oder Therapeut, der die Gruppe leitet, repräsentiert wahrscheinlich einen Elternteil.

Jede Therapie, egal welcher theoretischen Richtung sie folgt, zielt auf das Verstehen von Ereignissen und Gefühlen in der Vergangenheit, der Kindheit ab. Jede Therapie sucht das aufzudecken, bewußt zu machen, was in der Kindheit vom Unbewußten unserer Psyche aufgenommen wurde. Wenn wir genau wüßten, wie unsere Eltern wirklich uns gegenüber fühlten, als wir noch Kinder waren, und wie wir zu ihnen standen, gäbe es weniger psychische und emotionale Erkrankungen – und der Bedarf an Psychotherapeuten wäre geringer –, und der Prozeß der Psychotherapie verliefe schneller und einfacher. Doch den meisten Menschen ist kaum klar, was präzise geschah, als sie noch kleine Kinder waren. Wir haben auf kuriose Weise eine dunkle und schattenhafte Perspektive auf unsere ersten Jahre, da die Ereignisse und Gefühle zum Teil vergessen, zum Teil »verdrängt« wurden. Manche Ereignisse und Gefühle wurden fast überhaupt nicht bewußt aufgenommen, doch das Unbewußte hat sie registriert.

Es gab auch Verwirrung. Unsere Eltern versuchten gemeinhin, sich entsprechend der herrschenden Vorstellungen zu geben – einer idealisierten Version elterlichen Verhaltens, die dem entsprach, was sie meinten, daß die Gesellschaft von ihnen erwartete. Diese Darstellung kann ganz anders ausgesehen haben als ihre wirklichen Gefühle. Es gibt natürlich Moralvorstellungen, die diktieren, wie sich Eltern verhalten und gegenüber ihren Kindern fühlen sollten. Diese moralischen Ansichten unterscheiden sich von Gesellschaft zu Gesellschaft. In den distanzierten westlichen Gesellschaften der heutigen Zeit wird erwartet, daß alle – mit Ausnahme der leichtesten – aggressiven und sexuellen Gefühle und Verhaltensweisen von Eltern wie auch Kindern unterdrückt werden. Es gibt auch Sozialtheorien, die den *Kindern* stillschweigend vorschreiben, wie sie gegenüber ihren Eltern fühlen und sich verhalten sollten. Viele Eltern und viele Kinder versuchen, diesen Regeln zu folgen. Kinder sollen ihre Eltern lieben und ehren. Es ist schwer, genau zu sagen, woher man diese Regeln kennt, doch eine gesellschaftliche Moral, die Schuldgefühle macht, liegt in der Luft. »Zwischen den Zeilen«, ist sie vorhanden in Werbung, Theaterstücken, Filmen, im Fernsehen, in Büchern und Zeitungen und innerhalb der Wände der Häuser, in denen wir leben.

Die konventionellen Vorstellungen der Eltern-Kind- und Kind-Elternbeziehungen sind irreal wie Pappkarton-Figuren, denen die wilden Leidenschaften, die im Leben des Menschen so normal sind, fehlen. Alle Lebewesen kämpfen ums Überleben, vergießen Blut, Schweiß und Tränen in ihrem Leben. Menschen bilden da keine Ausnahme. Doch da die Konventionen auf dem Vortäuschen bestehen, täuschen wir vor, unterdrücken und verdrängen wir die Wirklichkeit oder weigern uns schlichtweg, die Wahrheit zu erkennen. »Der Mensch«, so sagte T. S. Eliot, »kann nicht viel Realität vertragen.« Aber die Psychotherapie versucht, der Realität zu ihrem Recht zu verhelfen, da die Realität, wenn auch manchmal niederdrückend, grausam und schmerzlich, dennoch therapeutisch ist.

Warum ist es notwendig, die Vergangenheit aus ihrem schattigen Ruheplatz zu holen, warum so wichtig, sich die anscheinend abgelegten, abgehandelten Ereignisse und Gefühle der Kindheit bewußt zu machen? Der Grund ist der, daß einmal aufgenommene Geschehnisse und Erfahrungen, wenn auch unbewußt, uns weiterhin motivieren – uns weiterhin auf bestimmte spezifische Weisen handeln, denken oder fühlen lassen. Das Unterbewußtsein ist wesentlich mächtiger als das Bewußtsein. Die Ereignisse der Kindheit und unsere Reaktionen darauf leben in uns für immer fort. Die Erfahrungen unserer Jugend sind die intensivsten und prägendsten unseres Lebens, wie allgemein bekannt ist. Die ersten sechzehn oder siebzehn Jahre sind die bedeutsamsten. Danach sind wir geformt, geprägt und nahezu abgeschlossen. Die Muster sind in unserem Unterbewußtsein fertig und fixiert. Sie werden uns weiter bestimmte Verhaltensregeln, Gefühls- und selbst Denkweisen befolgen lassen. Wie sehr wir auch versuchen, unser Leben mit bewußten Intentionen zu beherrschen, durch Willenskraft oder »Reiß-dich-zusammen«-Methoden, wir werden scheitern, wenn unsere bewußten Wünsche mit den mächtigen unbewußten Motivationen in Konflikt geraten.

Unsere unbewußten Triebe führen uns immer und immer wieder zur Erfüllung der alten Muster. Hier ein Beispiel, wie das abläuft: Frau M.J., heute achtunddreißig Jahre alt, hat seit dem Alter von siebzehn (soweit sie sich bewußt erinnern kann) verheiratet sein, ein angenehmes Heim und Kinder haben wollen. Sie hält permanent nach dem Richtigen Ausschau. Doch anscheinend kommt er nicht vorbei. Sie ist eine intelligente und sehr attraktive Frau, hat einen guten Job in einer Public-Relations-Firma und wird von ihren Freunden und Kollegen sehr geschätzt. »Arme Marie-Claire«, sagen ihre Freunde nach dem Bruch ihrer fünfundzwanzigsten Beziehung. »Sie hat das nicht verdient. Warum gerät so eine nette Person immer wieder an solch hoffnungslose Männer?« Marie-Claire hatte ständig Affären mit Männern. Alle endeten in der Katastrophe. Ihre Freunde haben sich daran gewöhnt, sie mit Gin und Anteilnahme zu besuchen, eine verweinte, blasse, schlaflose Marie-Claire zu sehen, die sich langsam von einem weiteren Debakel erholt. In Wahrheit existieren in Marie-Claires Unterbewußtsein starke Gründe oder Motive, *nicht* zu heiraten. Sie hat völlig vergessen, daß sie im Alter von drei bis sechs Jahren eine herrliche Liebesaffäre mit ihrem Vater hatte, woraufhin dieser unbewußt beschloß, daß er sie für den Rest seines Lebens für sich behalten müßte. Sie wiederum »verlobte« sich mit ihm und faßte den Vorsatz, ihn zu heiraten, sobald sie erwachsen war. Das Ganze hätte wohl in Marie-Claires Jugendzeit ein natürliches Ende gefunden, wenn die Umstände sie nicht wieder aneinandergekettet hätten. Marie-Claires Mutter wurde durch eine schwere Krankheit, die wenige Jahre später zu ihrem Tod führen sollte, invalide. Marie-Claire, das einzige Mädchen unter den Kindern, übernahm die Mutterrolle. Sie und ihr Vater schlossen sich ein weiteres Mal eng zusammen, und er wurde von ihr sehr abhängig.

Als sie dreißig war, war jedoch auch er gestorben, so daß sie momentan in dem Eindruck lebt, ihre alte Beziehung zu ihrem Vater könnte ihre Gefühle und ihr Verhalten unmöglich beeinflussen. Doch das frühere »Verlöbnis« wirkt fort mit dem Muster, daß sie für ihren Vater frei bleiben müßte, »Papis Mädchen«, bis zu dem mythischen, unmöglichen Augenblick, wenn die Vergangenheit Gegenwart wird und er sie als Braut beansprucht.

Die Beziehungen, die sie zu Männern hatte, gingen in die Brüche, weil sie unbewußt darauf angelegt waren zu scheitern und sich so schon dem Ende zuneigten, bevor sie richtig begonnen hatten. Sie traf die Wahl (die unbewußt erfolgte), mit Männern zusammenzusein, die heiratsuntauglich waren. Die empfindlichen Antennen ihres Unterbewußtseins pickten aus der Menge möglicher Partner diejenigen heraus, mit denen keine Ehe einzugehen war, die neurotisch gegen eine Heirat waren, die bereits verheiratet waren und ihre Ehefrauen nicht verlassen konnten, die homosexuell waren, die impotent waren und solche, die wild und offen promiskuitiv waren. Es waren Männer, die in der Antarktis lebten, Jesuitenpater, Mormonen und Transvestiten. Alle sensiblen und vernünftigen Freier, die im richtigen Alter, mit dem richtigen Einkommen, zu ihr passend, einfühlsam, intelligent und geeignet waren, schob sie zur Seite. Sie nannte sie »langweilig« oder dumpf oder häßlich und fand einen Grund, sich von ihnen zu befreien.

So fand der Konflikt zwischen dem bewußten Wunsch zu heiraten und dem unbewußten Bedürfnis, ihrem Vater treu zu bleiben, in endloser Wiederholung seine Lösung, indem sie voller Enthusiasmus und Optimismus eine Beziehung einging, nur um – Überraschung, Überraschung – festzustellen, daß sie es wieder einmal mit einem nicht zur Ehe geeigneten Mann zu tun hatte.

Der Psychotherapeut, der mit Marie-Claire und ihren Problemen (die in unseren westlichen Gesellschaften nicht ungewöhnlich sind) konfrontiert wäre, würde zunächst hoffen, ihr helfen zu können, exakt zu erkennen, was sie tut und warum sie sich so und nicht anders verhält; dann würde er versuchen, ihr das Muster der Treue zum toten Vater verändern zu helfen. Doch zuallererst muß das Muster definiert werden. Die verschütteten unbewußten Gefühle und Ereignisse der Kindheit können auf vielen Wegen ins Bewußtsein gebracht werden.

Der Therapeut könnte mit Diskussionen über die momentanen Verhaltensweisen und Gefühle beginnen und die Gewißheit haben, daß eine Neuinszenierung der Vergangenheit von Zeit zu Zeit erfolgt. Die Gegenwart spiegelt die Vergangenheit mit unheimlicher Genauigkeit wider. Außerdem kommen bei Gesprächen über die Vergangenheit – und die Gegenwart – erstaunliche Erinnerungsfragmente, ganze Teile eines vergessenen Lebens oder unvermutete sprechende Episoden ins Bewußtsein. Wir haben dafür ein klassisches und märchenhaftes Beispiel: Prousts *Auf der Suche nach der verlorenen Zeit*. Somit baut die analytische Psychotherapie auf Erinnerungen auf, die sich mit irgendeinem Erlebnis aus der Gegenwart verknüpfen und für eine bewußte Untersuchung verfügbar werden, auf den heutigen Ereignissen und Gefühlen, die die Vergangenheit widerspiegeln, und auch auf Träumen, die unbewußte Gefühle in Symbolen beschreiben können (und auch Ereignisse aus der Vergangenheit). Träume sind in einigen Schulen der Psychoanalyse ein wichtiger Punkt, vor allem bei den Jungianern.

Der Ablauf der Psychotherapie ähnelt stark einer Detektivgeschichte – Patient und Therapeut haben sich zusammengefunden, die Vergangenheit aufzuspüren. Die Regel heißt »sanft, sanft«, da das Unbewußte leicht alarmiert ist und sich vielleicht schnell einer Untersuchung widersetzt. Unsere Muster des Denkens, Fühlens und Verhaltens sind aus einem bestimmten Grund aufgebaut worden. Wir verteidigen uns selbst vor der Veränderung, die scheinbar Unsicherheit oder Gefahr bringen könnte. Wir nehmen, fälschlicherweise, für gesichert an, daß die Gründe für die Muster in der Kindheit, die Umstände der Kindheit noch immer gelten – obwohl sie natürlich für das Erwachsenenleben keine Relevanz haben. Es dauert lange, die alten Ängste loszuwerden.

Hier ein Beispiel für Psychotherapie in der Praxis. Der Patient ist eine junge Frau namens Serena. Sie ist glücklich verheiratet. Sie sucht den Psychologen auf, weil vor kurzem ihr Ehemann anfing, davon zu reden, wie wichtig es für sie sei, ein Kind zu haben. Er sehnt sich nach Kindern – und sie auch, theoretisch, doch als er das Thema zum ersten Mal ansprach, sah sich Serena plötzlich und unerklärlicherweise von unerträglicher Panik erfaßt. Ohne jeden Grund, meint sie. Warum sollte sie sich so verängstigt fühlen? Die Antwort lautet: Sie kann sich einfach nicht vorstellen zu gebären.

Zu Anfang dreht sich das Gespräch zwischen Serena und dem Psychologen um die Jetztzeit – eine einfache Unterhaltung über ihren Ehemann, die Kinder anderer Leute, das Wetter, wo es gutes Brot zu kaufen gibt, wie das Leben in Toronto, wo sie auf die Welt kam, so war. Eines Tages erwähnt die Patientin auf einmal, daß ihr Ehemann sie gerne mit kürzerem Haar sehen würde. Dies würde bedeuten, daß sie öfter zum Friseur gehen müßte, und sie haßt Friseure.

»Oh? Warum das denn?«

Als Kind – als noch sehr kleines Kind – und auch in späterer Zeit, bis sie alt genug war, sich die Haare selbst zu waschen, schickte ihre Mutter sie, zumeist mit dem Taxi, einmal die Woche zum Friseur, der ihr das Haar wusch.

»Das ist ziemlich ungewöhnlich. Ich frage mich, warum? Konnte sie Ihnen nicht die Haare waschen?«

»Meine Mutter mochte das nicht. Sie ... ich weiß nicht warum ... ich habe das Gefühl, daß sie mein Haar nicht gerne berührte.«

»Ach ...!«

Hier ist Anhaltspunkt Nummer eins, die definitive Vermutung, daß etwas an Serenas Mutter und ihrer Beziehung zu Serena als kleinem Kind befremdlich ist.

»Berührt Ihre Mutter Sie heute gern?«

»Ja, schon, das heißt, sie küßt uns zur Begrüßung und zum Abschied, meine Schwester und mich – aber ich mag es nicht, wenn sie *mich* irgendwie berührt ...«

Bei einer weiteren Gelegenheit, als sie über Ernährung sprechen, erwähnt Serena, daß sie Milch nicht ausstehen kann.

»Oh? Warum das?«

»Ich weiß es nicht. Ich hasse sie. Ich habe sie immer gehaßt – selbst als kleines Kind. Im Kindergarten, wenn alle anderen ihre Milch bekamen, mußte ich immer etwas anderes kriegen, Orangensaft oder so ...«

Ansatzpunkt Nummer zwei. Könnte irgend etwas in der allerersten Zeit der Beziehung zwischen Serena und ihrer Mutter schiefgegangen sein?

Und später berichtet die Patientin, daß eine ihrer Sorgen über das Kinderkriegen darin besteht, daß sie vielleicht nicht fähig wäre, es zu stillen.

»Warum nicht?«

»Meine Mutter konnte es nicht. Sie hatte fürchterliche Probleme mit mir, mit dem Stillen. Ich glaube, ich habe viel geschrien – das hat sie mir erzählt. Mit meiner jüngeren Schwester versuchte sie es nicht einmal …«

Noch ein Ansatzpunkt. Eine Frau, die es nicht ertragen kann, das Haar ihres Kindes zu berühren, wird wahrscheinlich Probleme damit haben, daß ein Kind an ihrer Brust saugt.

Und noch einmal, an wieder einem anderen Tag, fragt Serena plötzlich: »Meinen Sie, mit mir stimmt etwas nicht – wegen meiner Brüste? Johnny (ihr Ehemann) mag es sehr, sie zu berühren und zu halten. Ich kann es nicht ertragen – alles andere geht in Ordnung – jeder andere Teil meines Körpers – aber nicht meine Brüste …«

Und später erfahren wir, daß Serena selbst die leichteste Frustration nur schwer erträglich findet. Vor kurzem mußte ihr Ehemann einen Wochenendtrip, auf den sie sich sehr gefreut hatte, verschieben, und sie wurde hysterisch, machte eine Szene, die die ganze Nacht dauerte. Und das gleiche ist passiert, als er energisch sagte, er würde ihr nicht erlauben, weiterhin zu rauchen, wenn sie schwanger würde (Serena raucht nur selten).

Nach einer Weile nehmen wir langsam an, daß Serenas Mutter die größten Schwierigkeiten hatte, mit ihrem Kind überhaupt in körperlichen Kontakt zu treten. Wir führen uns die Szene vor Augen, in der ihre Muter vielleicht verzweifelt versuchte, ihre kleine Tochter zu stillen – sie gab ihr die Brust und hielt gleichzeitig ihr Kind auf Abstand –, so daß das Baby schrecklich frustriert schrie und schrie, nur wenige Zentimeter von der Milch entfernt und doch nicht in der Lage, an sie heranzukommen – und eine Aversion gegen Brust und Milch und eigene Kinder entwickelte, sobald diese Erfahrung wieder aktiviert wurde.

All dies kann sich Serena natürlich nicht bewußt in Erinnerung rufen, doch diese Erlebnisse sind in ihrem Unterbewußtsein aufgezeichnet, und es löst die Panik aus, in die sie beim Gedanken an ein eigenes Kind verfällt.

Ohne die Hilfe der Psychotherapie, selbst wenn sie sich selbst zu einem Kind zwänge, weil ihr Ehemann darauf besteht, ist es wahrscheinlich, daß sie exakt das Drama zwischen ihr und ihrer Mutter wiederholen würde.

Hier ein weiteres Beispiel für die erforschende Technik der Psychotherapie. Ein berühmter Maler betritt das Behandlungszimmer des Psychologen und sagt, er käme mit seiner Arbeit einfach nicht voran. Wie sehr er sich auch bemühe, in sein Atelier zu gehen, er schaffe es einfach nicht. Er behauptete, er fühle sich bis hin zur Gewalttätigkeit frustriert – entweder gegen sich selbst oder gegen andere.

Die Befragung ergibt: Erstens ist er erst, seitdem er wirklich Erfolg hat, so frustriert und »blockiert«. Zum zweiten ist der Grund (anscheinend), warum er nicht in sein Atelier gehen kann, der, daß er mit anderen Dingen zu beschäftigt ist, von denen er meint, sie nur wegen seiner eigenen Arbeit nicht beiseite schieben zu können.

»Und das wäre?«

»Etwa junge Maler an zahlreichen Colleges und Kunstakademien zu unterrichten, jüngere Kollegen aus dem Ausland zu unterhalten, ihre Probleme anzuhören, sie in ihren Ateliers zu besuchen, auf ihren Wunsch hin ihnen Rat und Anleitung geben.«

»Sind es immer *jüngere* Künstler?

»Ja, fast immer, oder solche, die weniger erfolgreich sind als ich, zumeist arm und nicht sehr talentiert, die zu kämpfen haben ... Deshalb habe ich das Gefühl, es ihnen schuldig zu sein ...«

»Genießen Sie Ihren eigenen Erfolg?«

Der Künstler verneint schnell, daß er tatsächlich sehr erfolgreich sei, obwohl er auch in Europa und den USA sehr berühmt ist.

Wir haben zwei Anhaltspunkte. Der erste ist, der »Patient« verbringt einen Großteil seiner Zeit damit, sich um Maler zu kümmern, die jünger sind als er selbst. Könnten sie die jüngeren Geschwister seiner Kindheit darstellen? Der zweite Hinweis ist, daß der Patient sich mit seinem Erfolg nicht wohlfühlt, es ihm schwerfällt, ihn zu akzeptieren und zu genießen.

Zu einer anderen Sitzung kam der Patient in depressiver und zerknirschter Stimmung. Seine Frau war am Zwölffingerdarm erkrankt, wie schon oft zuvor. Er hatte darauf mit unvernünftiger Wut und Aggressivität ihr gegenüber reagiert, hatte sie angeschrien, daß sie allein selbst daran schuld sei und – reichlich irrational – daß sie es sei, die ihn davon abhielte, seine Arbeit fortzusetzen. Er haßt Krankheit, sagt er, besonders bei jemandem aus seiner nächsten Umgebung, und wenn seine Frau krank sei, scheine sie all seine Energie aufzuzehren – auch wenn er körperlich überhaupt nichts tun muß, da das Au-pair-Mädchen sich in dieser Hinsicht um sie kümmert.

Die Gegenwart spiegelt die Vergangenheit wider. Könnte seine Frau eine Art Mutterfigur für ihn sein (unbewußt natürlich?)

Die Anhaltspunkte legen bislang nahe, daß der Patient meint, möglicherweise für Geschwisterfiguren sorgen zu müssen, daß sein eigener Erfolg ihm Unbehagen bereitet, daß er Krankheit bei jemandem, dem er nahesteht, haßt und daß – ist das möglich? – er das Gefühl hatte, seine »Mutter« hinderte ihn irgendwie daran, der Arbeit nachzugehen, die ihm Erfolg brachte. Die psychotherapeutische Untersuchung, die langsam voranschreitet, führt uns Schritt für Schritt zu der Erkenntnis, daß der

Patient das einzige wirklich gedeihende Kind in einer Familie mit zwei Eltern und vier Kindern war. Die anderen drei, zwei Jungen und ein Mädchen, waren zart und häufig krank. Außerdem waren sie nicht so intelligent wie der Patient und auch in der Schule nicht so gut. Ein Junge starb in jungen Jahren – vermutlich an Leukämie. Der andere wurstelte sich so durch und endete in einem wenig erfolgreichen Job in einer Provinzstadt. Das einzige Mädchen litt unter Epilepsie, die infolge einer Verletzung aufgetreten war, die sich bei ihrer Geburt ereignet hatte. Die Eltern drängten unseren Patienten fortwährend, »Dinge herunterzuspielen«. Sein Vater pflegte zu sagen: »Behalte es für dich, alter Knabe. Das muß man nicht herausschreien.« Seine Mutter: »Du mußt nicht so ein Aufheben machen, mein Lieber. Es ist sehr gut – doch wenn du darum so viel Lärm machst, wird sich die arme Rosie (oder der arme Ronald) aufregen.«

Man hatte ihn in ein Internat gesteckt, als einziges Kind der Familie, das von Zuhause fort mußte. Seine Mutter sagte ihm das sei ein großes Privileg – doch wir können davon ausgehen, daß er eher das Gefühl hatte, das geschehe nur, weil er zu mächtig, zu gefährlich, vielleicht bösartig sei. Er mußte um der Sicherheit seiner Geschwister willen entfernt werden.

Am Ende verstehen wir, daß er sich unbewußt verantwortlich für die zarte Konstitution seiner Geschwister gefühlt haben könnte, vielleicht sogar verantwortlich für den Tod seines Bruders. Je erfolgreicher er war, desto schadenbringender kam er sich selbst vor – wobei er gleichzeitig seine Eltern (nun seine Frau) für diesen Zustand verantwortlich machte. Und vielleicht traf es auch zu, daß er die Schuldgefühle seiner Eltern wegen *ihrer Aggressionen* auf sich nahm, die bei ihren Kindern zu einer zarten Konstitution, zu schlechter Gesundheit,

Tod und Epilepsie geführt hatten. Sein unbewußtes Schuldgefühl und seine Ängste zwingen ihn nun, Gründe zu finden, warum er nicht arbeitet; sie arrangieren es so, daß er einen Großteil seiner Zeit mit der Fürsorge für die symbolischen Geschwister verbringt, die jüngeren, weniger talentierten, armen und leidenden Künstler. Und wir sehen, daß er einen Konflikt von Triebkräften in sich trägt: einer motiviert ihn zur Arbeit und zum Erfolg und der andere dazu, sich selbst zugunsten der weniger Privilegierten herabzusetzen und in den Schatten zu stellen.

Diese beiden kurzen Skizzen illustrieren die erforschende Natur der Reise, auf die man sich begibt, sobald man das Gebiet der Psychotherapie betritt. Die Reise kann rauh und schwierig sein, doch am Ende lohnt es sich unendlich. Serena war in der Lage, ihr Kind in Frieden und emotionalem Wohlergehen zu gebären und es zu stillen. Der Künstler gab einige seiner Lehrverpflichtungen und fast all seine sozialen Beratungssitzungen auf und kehrte in sein Atelier zurück. Und seine Frau wurde von ihrem Geschwür geheilt.

Doch selbst ohne klar umrissenes Ergebnis wirkt die Psychotherapie in der Regel nach vielleicht stürmischen Zeiten am Ende bereichernd und häufig erfreulich. Die unbewußte Motivation zu verstehen vermittelt dem Leben eine neue Dimension. Die Innenwelt ist ungeheuer interessant. Wir können Bindeglieder zu unserer weit zurückliegenden Vergangenheit finden; zu unserer Evolution im Darwinschen Sinne; und eine Nähe zu anderen Lebewesen auf Erden. Und wir finden auch uns selbst bestimmten Gesetzen unterworfen – den Tendenzen zur Integration und Auflösung – Reintegration, Trennung, Rhythmen, Mustern, Alternativen …

Doch als erstes, noch bevor unser Inneres geformt wird, müssen wir eine Beziehung zur Außenwelt haben.

2. Teil

*Unsere geistig-seelische Innenwelt:
Wie wir mit der Außenwelt
in Verbindung treten
und mit ihr zurechtkommen.*

Begriffliches Denken und Gefühle

Begriffliches Denken

Zu allererst müssen wir in bezug auf den Menschen eine wichtige Tatsache erkennen. Die Art und Weise, in der wir mit unserer Welt und miteinander umgehen, basiert großenteils auf dem begrifflichen Denken. Begriffe sind Ideen – Ansichten, zu denen wir infolge der Bewertung von Informationen, die wir durch unsere Sinne aus der Umgebung erhalten, gelangen. Die unbewußten und die bewußten Aspekte unseres Verstandes funktionieren beide in Begriffen.

Unsere ganze Lebensweise wird vom begrifflichen Denken regiert. Auf diese Weise unterscheiden wir uns stark von allen anderen Tieren auf der Erde, deren Lebensweise von Instinkten beherrscht wird. Ich benutze den Begriff »Instinkte« hier in einem besonderen Sinn. Ich meine Impulse, die in einem Tier entstehen, die das Tier motivieren, sich auf eine ganz bestimmte, ritualisierte Weise zu verhalten – eine Weise, die keinesfalls auf Lernen oder Erfahrung oder Nachdenken basiert, sondern die vererbt wird, mit den Genen von einer Generation auf die nächste weitergegeben wird. Zum Beispiel: Vögel ziehen instinktiv zu bestimmten Zeiten des Jahres fort. Katzen klettern, wenn sie Angst haben, auf Bäume. Mäuse rennen in Deckung.

Ein Großteil des aggressiven und sexuellen Verhaltens von Tieren, die keine Menschen sind, wird auf »Anweisung« von Instinkten ausgeübt. Die Instinkte formen und modifizieren das tierische Verhalten, indem sie es zügeln und einschränken und die Tiere sehr häufig zu einer Art symbolischem Ritual führen, sie also in eine Konformität zwingen und so Exzesse vermeiden.

Die Instinkte entwickelten sich – im Darwinschen Sinne des Begriffes – und sind so für das Überleben einer Spezies von Wert. Sie haben vermutlich sehr großen Überlebenswert, der tatsächlich vielleicht höher anzusiedeln ist als das begriffliche Denken der Menschheit.

Es ist interessant und mysteriös, daß wir Menschen uns kaum instinktmotiviert verhalten. Irgendwo auf der Straße der menschlichen Evolution haben wir den Kontakt zu unseren Instinkten verloren, vielleicht als die Fähigkeit zum begrifflichen Denken immer weiter voranschritt.

Sicherlich ist unseren Vettern, den Affen, noch immer instinktmotiviertes Verhalten eigen. Doch die hominide Linie muß langsam entweder das instinktive Verhalten abgelegt oder die Fähigkeit verloren haben, instinkthafte Impulse zu beachten oder darauf zu reagieren. Wir können sagen, daß das Verhalten anderer Lebewesen in den Instinkten gefangen ist, da die Instinkte rigide Verhaltensreaktionen erzwingen.

Gleicherweise ist die Menschheit im begrifflichen Denken gefangen, da wir keine andere Möglichkeit zu funktionieren oder zu sein besitzen. Aber uns hat noch nicht ganz gedämmert, daß unser Überleben vollständig von Theorien abhängt. Wir haben uns – durch das begriffliche Denken, da wir frei von instinktmotiviertem Verhalten sind – aus einem der fundamentalen Gesetze der Evolution ausgeklinkt: dem Überleben des Stärksten. Infolgedessen ist unsere Zukunft als Spezies bedroht. Und was noch schwerer wiegt, unser theoretisches Denken selbst ist für das Überleben der Menschheit gefährlich.

Gefühle

Uns rettet nur die Gnade, daß wir neben unserer Befähigung zum begrifflichen Denken die Fähigkeit besitzen, Gefühle und Emotionen zu spüren.

Die Fähigkeit, Gefühle zu empfinden, wird von zahlreichen anderen Lebewesen geteilt, und über unsere Gefühle sind wir näher an einer Welt, die vor dem Auftreten der Menschheit bereits existierte. Gefühle und Emotionen begleiten das begriffliche Denken und treiben häufig weiteres begriffliches Denken voran. Sie werden als Reaktion auf einen Reiz erfahren – eine Reaktion auf Ereignisse, auf die Gefühle und das Verhalten anderer Leute, auf Geschehnisse in der Welt außerhalb von uns oder in unserem Innern.

Manchmal kann die eigentliche Ursache oder der wirkliche Grund für ein Gefühl oder eine Emotion unbewußt sein, in diesem Fall neigen wir dazu, für unsere Reaktion einen vorgeschobenen bewußten Grund zu finden. Wir verfügen nur über eine begrenzte Bandbreite von Gefühlen und Emotionen – wie wir auch nur begrenzte sensorische Organe besitzen, mit denen uns begrenzte Wahrnehmungen erlaubt sind. Andere Lebewesen mögen mehr Möglichkeiten zu Gefühlserlebnissen haben – das werden wir nie erfahren, da wir nur die Welt in unserer eigenen Vorstellung erfassen und verstehen können.

Da wir nur über begrenzte Reaktionen verfügen, wird ein bestimmtes Gefühl oder eine bestimmte Emotion von vielfältigsten Umständen ausgelöst. Beispielsweise ist das Glücksgefühl eine Reaktion auf:

- einen sonnigen Tag im Frühling,
- Verliebtsein,
- die guten schulischen Leistungen der Kinder,
- den Gewinn eines Preises

usw.

Wut ist die Reaktion auf:

- eine körperliche oder seelische Verletzung,
- die Beobachtung, wie ein Mann auf der Straße einen Hund überfährt, ohne anzuhalten die Fahrt fortsetzt und das verwundete Tier auf der Straße liegenläßt,
- den Verlust der Brieftasche,
- das heranwachsende Kind, das bis vier Uhr morgens ausbleibt, ohne anzurufen, d.h. auf akute Angst,
- die Beobachtung, wie der Nachbar ohne Erlaubnis einen Baum fällt und damit durchkommt, d.h. eine andere Person bricht straflos das Gesetz

usw.

Wir haben Schwierigkeiten, Gefühle, Emotionen und Stimmungen mit Worten zu beschreiben und zu definieren. Unsere Sprache kann Quantitäten beschreiben, aber keine Qualitäten. Wir könnten zum Beispiel einem Marsmenschen nicht erklären, wie sich Schmerz anfühlt, wie die Farbe Rot aussieht, wie eine Orange schmeckt oder was es heißt, sich traurig oder glücklich zu fühlen. Suchen Sie in einem Wörterbuch nach der Definition für »Mitgefühl«, und Sie werden »Trauer/Mitleid« erwähnt finden. Blättern Sie weiter zu »Trauer/Mitleid«, und sie werden sie als »Mitgefühl« definiert finden.

Dennoch ist für fast alle von uns die einzige wahre Realität die Realität, Wahrnehmungen und Emotionen zu erleben. Ich sage fast alle, denn es gibt Leute, die so ohne jeden Kontakt zu ihren Gefühlen sind, daß sie großenteils auf der Ebene des begrifflichen Denkens leben.

Aber für die Mehrheit sind die Gefühle der Stoff des Lebens. Eine Welt ohne »Gefühle« ist ausgetrocknet und öde. Je intensiver wir zu fühlen vermögen, desto reicher ist unser Leben.

Wir müssen davon ausgehen, daß unsere Gefühle, eines nach dem anderen, in der Evolution im Darwinschen Sinne entstanden und daß jedes Gefühl auch einen Überlebenswert hat. Die Fähigkeit, Furcht zu empfinden beispielsweise, kann ein Tier zur Flucht veranlassen, noch rechtzeitig einem Raubtier zu entkommen, oder zu erstarren oder sich zu verbergen.

Wir teilen unsere Fähigkeiten, Gefühle und Emotionen zu empfinden, mit anderen Lebewesen – und bestimmt gab es Millionen von Jahren, bevor unsere Ahnen allmählich auf der Erde erschienen, Tiere, die sehen und hören und riechen konnten, die vielleicht Erregung, Furcht, Wut oder Liebe erleben konnten. Es ist eine unserer besonders arroganten Annahmen gewesen, daß keine anderen Lebewesen außer uns selbst »Gefühle«, Verstand oder Emotionen besitzen. Dies war zum Teil die Schuld des Christentums, das leugnete, daß andere Lebewesen auch eine Seele besitzen. Nach allem, was wir wissen, gibt es auf der Erde Kreaturen, die einander weit mehr lieben und umsorgen als wir für unsere Mitmenschen. Darwin selbst schrieb, daß »Tiere eindeutig Freude, Schmerz fühlen konnten, im Erschrecken zitterten ihre Muskeln und schlugen ihre Herzen heftig, wie beim Menschen auch. Gaben wie Mutterliebe,

Selbstaufopferung, Eifersucht und Lob und so komplexe Attribute wie Nachahmung, Aufmerksamkeit, Gedächtnis und rudimentäre Vernunft waren nicht alleiniger Besitz des Menschen ...«

Tatsächlich sind es die Gefühle, durch die wir in engerem Kontakt mit der anderen Welt stehen, der Welt jenseits des Reiches des begrifflichen Denkens, der Welt unserer animalischen Vergangenheit. Diese Welt ist anderen Tieren zugänglich, wir sind davon ausgeschlossen wie vom Garten Eden, wo die Geschöpfe nach ihren Gefühlen leben, ihr Verhalten stets von Instinkt geleitet ist. Sie bewegen sich mit einem Gefühl von Sicherheit durch den Dschungel, erklettern Bäume mit unglaublicher Behendigkeit, schwimmen ruhig in den Strömen und Ozeanen der Erde. Ihr Bewußtsein ist keineswegs weniger klar, aber das begriffliche Denken ist vermutlich minimal.

Es mag sein, daß die Tiere das begriffliche Denken umschiffen, jedoch zu den gleichen Ergebnissen gelangen. Zum Beispiel wird eine Herde Büffel durch Einziehen der Luft allein aus dem Geruch wissen, daß sich ein Löwe in der Nähe befindet. Ihre akute und gutorganisierte Fähigkeit zu hören vermittelt vielen Tieren Informationen, die nicht durch begriffliches Denken verarbeitet und zusammengesetzt werden müssen. Aber wir, der Homo sapiens, hören vergleichsweise schlecht und haben nur einen schwachen Geruchssinn – oder zumindest sind unsere Sinne im Nervensystem nicht gut genug organisiert, daß sie uns allein durch die Wahrnehmung eine große Vielfalt akkurater Informationen vermitteln können.

Das mag sein, wie es will, eines ist besser gesichert, nämlich daß wir Menschen Gefühle genießen, Gefühle und Emotionen ersehnen, außer sie sind schmerzlich.

Wenn der emotionale Schmerz stark ist, ignorieren und meiden wir Gefühle, wie es häufig in einer gestörten Kindheit geschieht. Durch die Angewohnheit, Gefühle zu meiden, leben wir ein steriles Leben.

Im Erwachsenenleben neigen einige Menschen dazu, Situationen zu suchen, in denen Gefühle und Emotionen gesteigert und intensiviert werden. Manchmal werden zu diesem Zwecke Alkohol und Drogen konsumiert. Manchmal hängen sich Leute, die den Kontakt zu ihren eigenen Gefühlen verloren haben, an andere, die sehr intensiv empfinden, und treten so in eine Ersatz-Gefühlswelt ein. Oder sie binden sich an diejenigen, die sich unerhört und »aufsehenerregend« benehmen, und verschaffen so sich selbst eine gewaltige Stimulierung der Sinne und Wahrnehmungen. Die »abgestumpfte« Person will – unbewußt – daß der Partner sich übertrieben gibt und fühlt – und häufig tut der Partner ihr den »Gefallen«, nicht immer zu ihrem oder seinem Vorteil.

So scheint es, als ob wir alle unbewußt danach streben, diese geheimnisvollere, vielleicht wundervollere Welt, in der die Tiere leben, zu erreichen, wo Gefühle Priorität haben und begriffliches Denken erst an zweiter Stelle folgt.

Das Bewußtsein und das Unbewußte

Rationalisierung und Verdrängung

Am Ende des neunzehnten und zu Beginn des zwanzigsten Jahrhunderts wurden die westlichen Gesellschaften durch die Schriften zweier Männer, Darwin und Freud, erschüttert und schockiert. Man mußte sich – unter großem Aufruhr – von früheren Ansichten über die menschliche Spezies lösen. Wurde der Mann von Gott am sechsten Tag geschaffen, entstammte die Frau Adams Rippe? Oder waren wir Vetter der Menschenaffen, aus der Evolution hervorgegangen mit den stärksten, waren unsere komischen haarlosen Körper ein zufälliger Streich der Gene? Dann, eine Meldung von Freud: Wir waren auf Gedeih und Verderb einem unbewußten Teil des Gehirns ausgeliefert, der uns zum Handeln, Denken und Fühlen motivierte, ohne zu verstehen warum! Das »Unbewußte« war mächtiger als das Bewußtsein und beherbergte unsere Sünden und Schwächen.

Evolution und unbewußter Geist ... Wenn wir die Ideen von Darwin mit denen von Freud verbinden, müssen wir dann sagen, daß unser Gehirn sich auf gleiche Weise entwickelte wie unser Körper, in einer schrittweisen Veränderung nach der anderen, wobei das Unbewußte über dem Bewußtsein steht? Wir müssen annehmen, daß Eigenschaften des Verstandes, die sich im Laufe von Millionen Jahren ansammelten, entweder zum Ü ben beitrugen oder im Gegenteil beim Niedergang einer Spezies assistierten, und wir sollten die Gabe, ein Bewußtsein zu entwickeln, als bemerkenswerte Tat des evolutionären Prozesses sehen.

Betrachtet man die Sache auf diese Weise, so können wir sagen, daß das Unterbewußtsein die Regel ist und das Bewußtsein eine spezielle Funktion, ein Akt des Sich-bewußt-Seins, der Konzentration und des Aufmerkens.

Die Fähigkeit zur Bewußtheit ist keine freiwillige Leistung. Wir sind, gemeinsam mit vielen anderen Tieren in dem Moment, in dem wir geboren werden, und in dem Moment, in dem wir nach dem Schlafen die Augen öffnen, bei Bewußtsein, vorausgesetzt unser Gehirn und Nervensystem ist intakt. Aber wir können in einem Willensakt das Bewußtsein erweitern und besondere Aufmerksamkeit aufbringen. Und wir können das Bewußtsein mindern, indem wir nicht darauf achten, was wir tun, sehen, hören usw.

Geübte Autofahrer werden wissen, daß sie gelegentlich auf einer langen Straße, die frei von Verkehr und Hindernissen ist, plötzlich »zu sich kommen« und feststellen, daß ein unbewußter Pilot den Wagen übernommen hatte – das heißt, ihre Aufmerksamkeit für das Autofahren hatte sich verringert, aber dennoch sind sie erfolgreich die Straße entlanggefahren, den Kurven gefolgt usw., ohne sich voll bewußt zu sein, was sie taten. Auf die gleiche Weise sind wir uns beim Lesen, von einem Buch gefesselt, unserer Umgebung zu einem großen Teil weniger bewußt – wenn auch weit davon entfernt, ganz ins Unbewußte abgeglitten zu sein. Das gleiche läßt sich von jemandem sagen, der aufmerksam der Musik lauscht, während seine oder ihre Augen etwa auf den Bücherschrank oder eine Blumenvase fixiert sind. Weder die Bücher noch die Blumen werden aufgenommen oder bemerkt. In gewissen Sinne sind wir ihnen gegenüber unaufmerksam oder unbewußt. Doch sobald wir die Musik ausschalten oder das Buch niederlegen, werden die Gegenstände und Menschen um uns herum wieder in den Brennpunkt treten.

So können wir sehen, daß es einen fortgesetzten Wechsel zwischen dem bewußten und dem unbewußten Teil des Gehirns gibt.

Durch dieses Hin und Her zwischen Bewußtsein und Unbewußtem kann eine Vielfalt mentaler Leistungen zustandekommen. Eine derartige Aktivität heißt »Rationalisierung«. Rationalisierung in diesem speziellen Sinn bedeutet, daß wir auf der bewußten Ebene glauben, wir agieren oder denken oder fühlen aus einem bestimmten Grund, einem Grund, der rational erscheint. Doch der wahre Grund für unser Handeln oder unsere Gedanken oder Gefühle liegt im Unbewußten und unterscheidet sich vom scheinbar rationalen Grund. Der eigentliche Grund ist irgend etwas, dem wir uns lieber nicht stellen, da es uns eventuell in ein schlechtes Licht stellt oder uns etwas über uns selbst zeigt, das wir lieber nicht wissen wollen oder das uns Schmerz bereitet.

Zum Beispiel:
1. *Bewußte Rationalisierung*: Ich denke, ich mache besser rasch den Küchenboden mit meinem neuen Staubsauger sauber, denn die Putzfrau versteht sich nicht auf Maschinen und könnte ihn kaputtmachen.

Unbewußter eigentlicher Grund: Ich sollte oben in meinem Arbeitszimmer sitzen und an meinem Buch schreiben, aber ich mache alles andere lieber als das. Außerdem haßte mich meine Mutter, wenn ich erfolgreich war.

2. *Bewußte Rationalisierung*: Ich gebe meinen Kindern nie Süßigkeiten, denn sie sind schlecht für ihre Zähne.
Unbewußter eigentlicher Grund: Meine Mutter gab mir nie Süßigkeiten, als ich noch ein Kind war. Warum sollten sie bekommen, was ich nicht bekam?

3. *Bewußte Rationalisierung*: Ich kann mich einfach nicht entscheiden, welches von den beiden Paar Schuhen ich kaufen soll, also nehme ich sie beide. Sie sind eh ein Schnäppchen.
Unbewußter eigentlicher Grund: Ich fühle mich zutiefst benachteiligt. Mein Ehemann scheint sich nicht mehr für mich zu interessieren, und ich hätte wirklich gerne eine Liebesaffäre. Mein Mann erinnert mich an meinen Vater, der für mich nichts übrighatte.

4. *Bewußte Rationalisierung*: Ich denke, ich sollte diesen Keks essen, denn mir geht es so schlecht, wenn mein Blutzucker zu niedrig ist. Außerdem bin ich nicht wirklich fett – ich habe starke Knochen.
Unbewußter eigentlicher Grund: Ich bin einsam und traurig, und ich habe eine schreckliche Kindheit gehabt. Essen ist mein einziger Trost.

Die Rationalisierung ist häufig sehr komplex und verdeckt große und langanstehende Probleme. Natürlich ist die Rationalisierung vom Informationsaustausch abhängig, den Verbindungen zwischen den unbewußten und bewußten Teilen des Gehirnes.

Eine weitere Fähigkeit, die auf diesen Austauschprozessen aufbaut, wird Verdrängung genannt – oder Unterdrückung. Dies ist ein Phänomen, bei dem Erfahrungen, die im Bewußtsein begonnen haben, aus dem Bewußtsein oder dem bewußten Erkennen fallen. Diese Erfahrungen werden absorbiert, aber unbewußt, und wirken sich dann über das Unbewußte aus, wo sie Verhaltensweisen und Gefühle hervorrufen, die »rationalisiert« werden müssen. Schmerzliche Erlebnisse, beängstigende Erlebnisse, Wissen, das ein Kind oder ein Erwachsener lieber nicht hätte – diesen und vielen anderen unwillkommenen Erfahrungen ist es möglich, aus dem Bewußtsein abzudriften. Doch ob das Gehirn bestimmte Informationen aktiv verdrängen oder unterdrücken kann, ist fraglich. Vielleicht ziehen wir lediglich unsere Aufmerksamkeit ab. Doch ob wir aktiv verdrängen oder uns nur etwas entgeht, kommt auf das gleiche heraus, nämlich, daß wir uns erlauben können, nicht bewußt zu sein.

Diese beiden Phänomene, Rationalisierung und sogenannte Verdrängung, spielen im Alltag und bei unserer Fähigkeit, feindselig, grausam, nachlässig und aggressiv gegenüber unseren Kindern und anderen zu sein, ohne die Verantwortung für unser Verhalten und unsere Gefühle zu akzeptieren, eine große Rolle. Wir rationalisieren einfach – oder verdrängen.

Verdrängte Gefühle verschwinden nicht. Sie operieren weiterhin im Unbewußten, genau wie zurückliegende Erfahrungen, die in Vergessenheit gerieten, im Unbewußten gespeichert bleiben und sich selbst auf vielfältige Weise im Bewußtsein zur Kenntnis bringen.

Der Austausch vom Unbewußten zum Bewußten findet im alltäglichen Leben die ganze Zeit hindurch statt. Ein Geruch, ein Geschmack oder eine andere Wahrnehmung oder ein Ereignis können plötzlich einen ganzen Komplex von Erlebnissen zurückrufen – so wie es Proust in *Auf der Suche nach der verlorenen Zeit* beschrieb, der Geschmack eines Sandkuchens mit Orange, der ihn auf einmal an einen ganzen Zeitabschnitt seiner Kindheit erinnerte. Dieser Austausch findet auch in umgekehrter Richtung statt. Wir verbannen die Erfahrungen von heute ins Unbewußte, wo sie vergraben und vergessen werden, vielleicht niemals mehr erinnert werden oder vielleicht erst, wenn ein Vorfall, irgendein triviales Vorkommnis, irgendein Anblick oder Ton sie uns zurückbringt. Die Psychotherapie verläßt sich auf dieses Hin und Her der Informationen, der Assoziation der Gegenwart mit der Vergangenheit, um so die wahren Umstände der Kindheit eines Menschen zu Bewußtsein zu bringen.

Wie wir unser Selbstbild, unsere Identität wahrnehmen

Unsere Beziehung zur Welt hängt von einem Bild ab, das wir von uns selbst haben und das zum Teil bewußt und zum Teil unbewußt ist. Dieses Bild oder Selbstgefühl hängt sehr stark davon ab, wie unsere Eltern uns sahen. Wenn sie uns liebten und respektierten, entwickelten wir das Gefühl, wertvoll zu sein. Wenn sie uns zurückwiesen, betrachten wir uns selbst als wertlos. Ob wir uns selbst hoch bewerten oder uns nur geringen Wert beimessen, ist von großer Bedeutung, wenn es darum geht, wie wir mit anderen, unserer Karriere, Erfolgen und Mißerfolgen, unserem Vertrauen in uns selbst umgehen.

Wir alle wissen, daß wir Individuen sind, daß sich der eine vom anderen unterscheidet, jeder von uns anders und verschieden ist und eine eigene Persönlichkeit und eigene Identität besitzt. Wir alle haben ein Bild von uns selbst – von unserer Erscheinung, unserem Geschmack, Vorlieben und Abneigungen, Fähigkeiten und Qualitäten. Wir haben ein bewußtes Bild von uns selbst, als ob wir uns in einem Spiegel sehen könnten. Darin unterscheiden wir uns von anderen Lebewesen, die vermutlich nicht in der Lage sind, bewußt ihr Erscheinungsbild zu erkennen. Doch hinsichtlich unseres *unbewußten* Selbstbildes, das wir ebenfalls besitzen, befinden wir uns mit anderen Lebewesen auf gleicher Stufe.

In unserer Kindheit, vielleicht von Geburt an, entwickeln wir langsam, unbewußt, ein »Gefühl« von uns selbst, ein emotionales Selbstbild, an das wir (gleichfalls unbewußt) eine Art moralische Meßlatte anlegen oder das wir einer kritischen Beurteilung unterwerfen. Als Ergebnis haben wir ein fundamentales Gefühl unseres Selbst als entweder würdiges oder wertvolles Wesen – ein »gutes« Gefühl – oder im Gegenteil ein unwürdiges, wertloses, nichtswürdiges Wesen. Dieses *unbewußte* Selbstbild übt starken Einfluß auf unser *bewußtes* Selbstbild aus.

Wenn eine Person aufwächst und sich unbewußt unwürdig und damit nicht wertvoll fühlt, dann wird diese Person, ganz egal wie gutaussehend oder clever sie ist, bewußt überzeugt sein, daß sie oder er häßlich oder dumm ist. Das unbewußte Selbstgefühl verzerrt das bewußte, so daß unsere Selbsteinschätzung aussieht, als ob wir in einen dieser Zerrspiegel blickten, die uns dicker oder größer oder unheimlicher erscheinen lassen, als wir in Wirklichkeit sind.

Im Gegensatz dazu haben Menschen, die auf unbewußter Ebene mit dem Gefühl, wertvoll und würdig zu sein, aufwachsen, ruhiges Vertrauen zu sich, ganz egal, wie sie aussehen. Diesen Menschen fällt das Überleben in unserer aggressiven und feindseligen Welt wesentlich leichter als denjenigen mit einem »schlechten« oder »schwachen« Selbstbild. Ein »gutes« Selbstbild erlaubt es einer Person, frei von Angst in bezug auf sich selbst und somit gelassen und realistisch – also sehr ausgeglichen – zu sein.

Diejenigen, die sich selbst für wertlos halten, neigen dazu, weniger ausgeglichen zu sein und unter Ängsten zu leiden, die unsere ganzen Einstellungen und Verhaltensweisen deformieren können. Der mangelnde Glaube an den eigenen Wert läßt Menschen mit eingezogenen Schultern durchs Leben gehen, sich traurig im Schatten halten; oder in einer Art Überkompensation können solche Menschen versuchen, bemerkenswert, besser als andere, reicher, mächtiger, ausgefallener zu sein. Aber die Welt sieht uns, akzeptiert uns, behandelt uns intuitiv nach der Art und Weise, wie wir uns selbst sehen und akzeptieren – das heißt nach unserem unbewußten Selbstbild.

Auch wir sind in Wahrheit geneigt, uns nach diesem Bild zu behandeln. Wenn wir uns mögen und respektieren, werden wir uns ehren und uns umsorgen. Ist das Gegenteil der Fall, behandeln wir uns schlecht, ohne bewußt zu realisieren, was wir tun oder warum wir es tun.

Menschen mit einem schwachen Selbstbild werden wahrscheinlich von Freunden wie Feinden gleichermaßen ausgenutzt, herumgestoßen, getreten und belächelt, welch tapferes Gesicht sie auch aufsetzen und wieviel Lärm sie auch schlagen. Wenn natürlich die Zeichen für Ruhm und Wohlstand erworben worden sind, werden diese Zeichen nach Respekt verlangen, doch niemand läßt sich darüber hinwegtäuschen, wie die Person wirklich über sich selbst fühlt.

Aus dem eben Gesagten folgt, daß ein schlechtes Selbstbild nicht notwendigerweise einem erfolgreichen Leben entgegensteht. Manchmal haben Menschen trotz ihrer selbst Erfolg – oder weil das Gefühl der Unterlegenheit ein Ansporn ist, das Gegenteil zu beweisen. Erfolg und Leistungen hängen von der Fähigkeit und Courage ab, die beide Eigenschaften einer Person mit dem Gefühl der Unzulänglichkeit und Wertlosigkeit sein können. Die Art, wie eine Person sich empfindet, das unbewußte Selbstbild, hat in Wirklichkeit nur wenig mit dem wahren Charakter und den Talenten und der Qualität der Person zu tun. Das Selbstbild ist kein Spiegel des Menschen. Das Selbstbild spiegelt die Gefühle und Einstellungen von Eltern und Geschwistern in der Kindheit der Person wider.

Es gibt zwei Teile des Selbstbildes. Der erste ist mit dem Körper verbunden und der zweite mit dem Kopf. Das Körperbild hängt von einem weiten Netzwerk von Nerven und Nervenimpulsen ab, die Informationen von jedem Körperteil – Haut, Muskeln, Zunge, Darm, Gelenken usw. – weiterleiten. Infolge dieser Informationen sind wir unbewußt in der Lage, einen Plan oder eine Karte unseres Körpers im Kopf zu behalten. Wir sind in der Lage, uns im Raum zu bewegen, uns auszustrecken und alles innerhalb unserer Reichweite zu ertasten, über Hindernisse zu springen – oder sie auf unserem Weg zu meiden, sie zu greifen und festzuhalten. Wir sind in der Lage, festzustellen, wo in unserem Körper der Schmerz sitzt, wenn wir Schmerzen haben. Wir können ein einzelnes Haar auf unserer Zungenspitze ausmachen. Wir können auch autofahren, radfahren, Felder umpflügen, da wir die Kenntnis unseres Körpers auf die Maschine ausdehnen. Wir sind mit den Fähigkeiten geboren, die wir für die Schaffung eines Körperbildes benötigen. Sogar bereits vor der Geburt stehen das Nervensystem, das Gehirn, die Muskeln und Gelenke bereit, den Reichtum sensorischer Reize zu empfangen, die im Augenblick der Geburt anfangen werden, den Körper zu bombardieren.

Das Körperbild, wie das psychische Bild, bleibt großenteils das ganze Leben lang unbewußt, wenn nicht die Aufmerksamkeit bewußt auf einen Bereich unseres Körpers oder seiner Aktivitäten gelenkt wird. Das andere Bild von uns selbst schließt unsere geistige und emotionale Fähigkeit, »Botschaften« zu empfangen, ein, die Gefühle anderer, in erster Linie unserer Eltern, widerzuspiegeln. Dieses Bild ist psychisch. Ein Kind sucht nach Anhaltspunkten, beobachtet die Gesichter der Eltern und anderer Menschen in seiner Umgebung. Das Kind hört zu. Sein Kontakt mit den Händen derjenigen, die seine Windeln wechseln, es waschen, ankleiden, vielleicht mit ihm schmusen, vermitteln lebenswichtige Informationen. Das Kind läßt sich nicht täuschen. Wird es geliebt, und ist es deshalb liebenswert?

Anders als das Körperbild braucht das psychische Jahre, bis es geformt ist. Die Botschaften, die es aufnimmt, müssen konsistent sein, sollen sie dauerhaft Eindruck hinterlassen, und über lange Zeit empfangen werden. Die Reaktion eines Kindes auf diese Botschaften hängt teilweise von der Persönlichkeit oder dem Charakter ab, mit dem das Kind auf die Welt kommt. Warum menschliche und andere tierische Charaktere sich so stark voneinander unterscheiden, bleibt ein Rätsel. Einige Kinder sind rebellisch und neigen dazu, zurückzuschlagen, andere sind sanft, andere versuchen mit Charme und Witz die Eltern zu manipulieren, und wieder andere drücken einfach durch Weinen ihre Not aus. Doch wie das Kind auch reagiert, das unbewußte Selbstbild wird »schlecht« sein, wenn die Botschaften von den Eltern Zurückweisung oder Feindseligkeit implizieren, oder »gut«, wenn die Eltern ihr Kind aufrichtig respektieren und sich um es kümmern.

In dem langen Zeitabschnitt der frühen und späten Kindheit und der Jugend ist das bewußte Selbstbild im Fluß, es fluktuiert und ist unsicher. Bis zur Spätphase der Jugend wird das Bild solide und fixiert. Das Traurige ist, daß Kinder so empfänglich und hilflos sind, daß das Gefühl für ihre Identität nur sehr wenig mit ihren eigenen Qualitäten zu tun hat und fast völlig davon abhängt, wie sie meinen, daß andere, vor allem die Eltern, über sie denken. Als Kinder wüßten wir ohne die rückversichernde und beunruhigende Widerspiegelung unserer Umgebung kaum, daß wir existieren. Wir sind in Wahrheit kaum wir selbst; wir sind, wie wir glauben, daß »sie« uns sehen.

Das Kind stellt sich selbst fortwährend in Frage – aber stets unbewußt. »Bin ich liebenswert?« fragt das Kind, muß jedoch mit einer anderen Frage antworten: »Werde ich geliebt?« Bei dieser Identitätssuche sehen wir die kleinen Menschenwesen in ihrem empfänglichsten und verletzlichsten Zustand.

Außergewöhnlich wie er ist, hat und hatte der Begriff des Selbst eine größere Wirkung auf die geistige Gesundheit der Menschheit als jeder andere Begriff. Geliebte und respektierte Kinder, die sich selbst, als Ergebnis der elterlichen Gefühle ihnen gegenüber, hochschätzen, sind die wirklich gesunden, vertrauensvollen Menschen auf dieser Welt. Sie kommen vielleicht selten vor. Aus lieblosen zurückweisenden Elternhäusern kommen Drogenabhängige, Kriminelle, Rassisten und Faschisten, Selbstmörder, Magersüchtige, Kleptomanen, psychisch Kranke und unglückliche Männer und Frauen, die weder sich selbst noch andere jemals lieben können. Doch obwohl es ungeliebten Kindern schwerfallen kann zu lieben, so sind manche mit Sicherheit zur Fürsorge fähig, und manchmal erfüllen sie diese Aufgabe intensiver und effektiver als geliebte Kinder.

Das Gefühl für Identität, das liebevoll und schmerzlich durch direktes Erleben aufgebaut wird, wird durch eine weitere menschliche Neigung kompliziert: die Reintegration. Nach der Trennung – wenn das Kind sich von der Mutter trennt – gibt es eine Tendenz zum erneuten Verschmelzen. Wir neigen stark dazu, uns den Charakteristika, Gewohnheiten, dem Tonfall, Gesichtsausdruck, dem Benehmen einer Person, gewöhnlich eines Elternteils, der uns in den Entwicklungsjahren nahesteht, anzuschließen, sie nachzuahmen und zu übernehmen. Dieser Prozeß ist unter der Bezeichnung »Identifikation« mit einer anderen Person bekannt. Ohne es zu realisieren – da der Prozeß unbewußt abläuft –, werden wir beinahe zu der anderen Person.

Während die Identifikation mit einem ausgeglichenen, erfolgreichen und fröhlichen Elternteil von großem Vorteil ist, trifft für den Fall, daß der Elternteil beispielsweise geistig oder körperlich krank, Alkoholiker oder extrem unsympathisch usw. ist, das Gegenteil zu.

So kann sich das Kind einer überängstlichen Mutter beispielsweise in einer hervorragenden Situation befinden, in der nicht der geringste Anlaß für Ängste besteht. Doch wenn es sich mit der Mutter »identifiziert« hat, wird es sich so ängstlich fühlen wie vormals die Mutter und den Zwang verspüren, Gründe zu suchen oder sich selbst zu schaffen, die seine Ängstlichkeit rechtfertigen.

Manchmal sind Menschen, die sich mit einem Elternteil identifiziert haben, überzeugt, sie werden dieselben Krankheiten haben oder sogar am selben Tag und auf die gleiche Weise wie der betreffende Elternteil sterben. Die Identifikation kann auch andere Formen annehmen. Wir neigen dazu, uns – wiederum unbewußt – mit Menschen oder Lebewesen zu identifizieren, die uns zu ähneln oder die ähnliche Erlebnisse durchzumachen scheinen wie wir selbst.

Ein Kind mit einer unglücklichen Kindheit wird die Neigung zeigen, sich mit allen anderen (anscheinend oder tatsächlich) unglücklichen Kindern zu identifizieren. Er oder sie wird außerdem dazu neigen, sich mit allen anderen hilflosen abgelehnten Wesen zu identifizieren – Katzen und Hunden in Not, in die Falle gegangenen Vögeln, gehetzten Füchsen, zum Krüppel gemachten und geschlagenen Pferden usw. Das Wiedererleben unseres eigenen Unglücklichseins und unserer Furcht kann quälend sein.

Menschen, die in der Lage sind, sich mit den elenderen Menschen dieser Welt und mißhandelten Tieren zu identifizieren, sind häufig solche, die große Anstrengungen unternehmen, die Not zu lindern. Ich sagte bereits, daß zurückgewiesene Kinder, obwohl das Lieben ihnen schwerfällt, mit Sicherheit fähig sind, für jemand oder etwas zu sorgen.

Die ängstlichen, weniger geliebten Kinder auf dieser Welt sind, neben der Tatsache, daß sie manchmal hervorragend für jemand sorgen können, sehr anfällig für die beängstigenden Botschaften aus den Medien und der Gesellschaft im allgemeinen. Haben wir den richtigen Wagen, die richtige Zahnpaste, die richtigen Schuhe, den richtigen Kaffee? Haben wir wirklich die »richtigen« Freunde, Orgasmen, die richtige Ausbildung, den richtigen Akzent, das richtige Einkommen? Sollten wir besser sein? Können wir das? Falls wir ohne Beschäftigung sind, ist das unsere Schuld? – usw. Aber hinter all dem tauchen die quälendsten Fragen immer und immer wieder auf: »Bin ich liebenswert?« – »Werde ich geliebt?«

Hier nun einige Schilderungen, wie sich Menschen mit schwachem Selbstbild verhalten und fühlen können.

Delia war Waise und Einzelkind. Ihre Mutter starb, als sie drei Jahre alt war. Kurz danach ging ihr Vater mit einer anderen Frau in ein anderes Land. Es blieb dem Staat überlassen, für Delia zu sorgen. Sie wurde eines der unerwünschten Kinder und landete in einem Waisenhaus. Delia war ein sanftes Kind, freundlich und traurig und körperlich sehr zart. Sie versuchte sehr »gut« zu sein, das heißt, gelehrig und gehorsam, um dem Waisenhauspersonal zu gefallen. Letzteres war von ihr angetan und wollte ihr helfen. Doch Delia wuchs mit den Charakteristika eines zutiefst zurückgewiesenen und verlassenen Kindes auf. Ohne diese Tatsache zu erkennen, fühlte sie sich selbst ohne jeden wie auch immer gearteten Wert. Von Zeit zu Zeit verstümmelte sie ihren Körper und haßte sich so stark, daß sie mit einer Schere oder einem Küchenmesser Zeichen in ihre Haut schnitt. Sie hatte Phasen, in denen sie am Rand des Hungertodes stand, und die mit Phasen leidenschaftlicher Gier wechselten. Sei magerte stark ab, wurde dann stark übergewichtig, nur um wieder eine Zeitlang zu hungern.

Als sie fünfzehn war, ging sie in einer Schneiderwerkstatt im Zentrum Londons in die Lehre. Sie war recht hübsch, wenn auch schüchtern und schweigsam. Es gab Leute, die ihr zu helfen versuchten. Im Laufe der Zeit wurde sie ermutigt, Kleider vorzuführen, an denen sie mitgearbeitet hatte, und dies führte sie in einer ihrer schlanken Phasen zu dem Beruf des Profi-Mannequins. Dadurch lernte sie eine Reihe von Männern kennen, von denen die meisten ihr sexuelle Avancen machten. Unfähig, nein zu sagen, wurde sie sehr promiskuitiv. Verwirrt und allein, ohne Elternfigur, die ihr raten konnte, versäumte sie es, Verhütungsmaßnahmen zu ergreifen. Sie wurde dreimal schwanger und hatte drei Abtreibungen, zwei davon unter fürchterlichen Umständen.

Der erste Schwangerschaftsabbruch erfolgte ohne jede Betäubung spät nachts im Hinterzimmer einer Arztpraxis in einem zweifelhaften Viertel. Der Arzt hatte als Bedingung für den Eingriff verlangt, daß sie mit ihm schlief, doch zu ihrem Glück fühlte sie sich zutiefst angeekelt und verschreckt und konnte sich diesem Ansinnen widersetzen. Die Männer, die sie geschwängert hatten, erfuhren von ihr nie, daß sie von ihnen ein Kind hätte haben können, und so stand sie diese Abtreibungen alleine durch.

Der zweite Abbruch fand in einer darauf spezialisierten Frauenklinik im Norden Londons statt. Sie durfte dort nur zwölf Stunden lang zusammen mit einer ganzen Reihe anderer unglücklicher Frauen bleiben. Beinahe sofort, nachdem sie aus der Narkose erwacht war, brachte man ihr ihre Kleider, und sie wurde aufgefordert zu gehen. Jeder würde nach zwei derartigen Erlebnissen meinen, Delia wäre in ihrem Sexualleben vorsichtig geworden oder hätte zumindest für Verhütungsmittel gesorgt. Doch zurückhaltend und lebensuntüchtig wie sie war, konnte Delia es nicht ertragen, ihre Lage mit irgend jemandem zu besprechen. Durch einen glücklichen Zufall bekam sie während der Arbeitszeit eine starke Halsentzündung und Husten und wurde zum Firmenarzt geschickt, der ihre Rettung war. Sie schaffte es, ihm von ihrem Dilemma zu erzählen. So wurde ihre letzte Schwangerschaft in einem Allgemeinkrankenhaus unter richtiger Narkose und Vorkehrungen gegen Infektionen abgebrochen.

Es kam zu keinen weiteren Schwangerschaften, weil Delia nun steril geworden war, nachdem sie unter einer chronischen Entzündung der Eileiter gelitten hatte, die dadurch zerstört wurden.

Delias nächster Partner war ein Mann, der von harten Drogen abhängig war. Er tat alles, um auch Delia abhängig zu machen. Sie konnte dem entgehen, wobei ihr ein älterer Mann half, der ihr Liebhaber wurde. Er überredete Delia, mit ihm zusammenzuleben, und war freundlich und eine Stütze. Mit seiner Hilfe fand Delia den Weg zu einer Reihe von Studienkursen in verschiedenen Themenbereichen. Sie absolvierte schließlich mehrere Prüfungen und konnte einen kleinen Job mit regulärem Einkommen ergattern. Sie begann, am Abend zu studieren, und sie wollte, wenn möglich, Kinderschwester werden. (Sie wollte sich vor allem um Kleinkinder kümmern.)

Ihre ersten Schritte in Richtung Selbstachtung hatte sie getan. Der ältere Mann blieb ihr weiterhin freundschaftlich zugetan und bildete sie auch weiter. Sie mochte ihn und umgekehrt, doch die sexuelle Seite der Beziehung stieß sie ab, wenn sie auch über weite Strecken einfach »abschalten« konnte und nur lustlose Taubheit empfand. Sie glaubte zudem, sie könnte ihn niemals verlassen, und hatte Angst, er könnte ihrer überdrüssig werden. Er hatte eine Freundin, eine Frau seines Alters, die Delia mochte und freundlich zu ihr war. Dieser Frau ist es zu verdanken, daß Delia zur Psychotherapie ging. Es wurde so arrangiert, daß sie sich einer Gruppe in einer Psychotherapieklinik anschloß. Die Gruppe half Delia enorm.

Ein Jahr später hatte sie erkannt, daß sie nicht mehr wirklich von irgend jemandem abhängig war, daß sie erwachsen war, stark und gesund und schön.

Sie beschloß, sich auf die Suche nach ihrem Vater zu machen, von dem sie jahrelang eine phantastische Vorstellung gehegt hatte. Im Traum sah sie ihn als einen gutaussehenden freundlichen Mann, der sie, wenn er sie einmal erkannt hatte, an seine Brust ziehen würde, sie in einer wunderschönen Familie charmanter, lieber Leute willkommen heißen und sie von nun an abgöttisch lieben würde.

Es gelang ihr unter großen Schwierigkeiten, den Aufenthaltsort ihres Vaters herauszufinden. Er lebte mit seiner Frau und mehreren Kindern in Kanada. Zu ihrer

Überraschung dauerte es lange, bis sie eine Antwort erhielt. Er schien alles andere als begeistert und sagte nicht, er wolle sie sehen. Sie schrieb nochmals und schlug vor, ihn zu besuchen. Diesmal kam die Antwort schnell. Er hielt das für keine gute Idee. Wäre es nicht besser, sie lebte ihr Leben in Großbritannien weiter und würde ihn einfach vergessen?

Aber Delia, unterstützt von mehreren Mitgliedern der Gruppe, plante entschlossen weiter, ihren Vater zu besuchen. Der Arzt, der die Gruppe leitete, warnte sie, daß sie vielleicht nicht willkommen wäre. Doch sie bestand darauf zu reisen.

Das Wiedersehen war eine Katastrophe. Fast sofort brachen Kräche und Streitereien aus, nicht nur zwischen ihr und ihrem Vater, sondern auch mit ihrer Stiefmutter und ihren Stiefbrüdern und -schwestern. Delias Vater entpuppte sich als gutaussehender lächelnder Mann, aber als schmollendes Kind am Rockzipfel seiner starken Frau, die absolut entschlossen war, den Eindringling, Delia, nicht in die Familie aufzunehmen.

Die arme Delia litt Qualen, erlebte von neuem das ganze Verlassenheitsgefühl ihrer frühen Kindheit. Niedergeschlagen kehrte sie nach London zurück. Sie hörte oder sah nie wieder etwas von ihrem Vater.

Für Delia war es hart, sich von dieser bitteren Zurückweisung zu erholen. Doch am Ende erholte sie sich mit Hilfe ihrer Gruppe, als sie die Wahrheit ihrer Lebensumstände begriff. Die Wahrheit war, daß ihr Vater schon immer ein schwacher, verantwortungsloser, unangenehmer Mann gewesen war; wäre es anders gewesen, hätte er Delia damals nicht verlassen; daß Delias Selbsthaß das Ergebnis ihres Glaubens war, ihr Vater sei ein mächtiger und bewundernswerter Mann, der sie verlassen habe, weil ihr die Qualitäten fehlten, auf die es ankommt, wenn man geliebt werden will. Der Glaube an das herausragende Wesen ihres Vaters war irrig. Ihr Glaube an ihre eigene Unzulänglichkeit war falsch.

Sie hatte unbewußt auch geglaubt, ihre Mutter, die sie durch ihren Tod verlassen hatte, wäre vielleicht nicht verschwunden, wäre Delia nur bemerkenswerter gewesen. Auch diese Vorstellung erkannte sie als nicht richtig. Delia realisierte, daß sie einen großen Teil ihres Lebens damit verbracht hatte, sich selbst zu verstümmeln und zu schaden in dem irrigen Glauben, sie sei wertlos. Sie mußte sich nun selbst zugestehen, Trauer über den Tod der Mutter zu fühlen, Mitgefühl mit sich selbst und Wut auf den gleichgültigen Vater. Delia erkannte auch, daß sie sich selbst Männern angeboten und sich deren Bedürfnissen unterworfen hatte, anstatt ihre eigenen durchzusetzen, um akzeptiert zu werden und in der Hoffnung, sie würde nicht zurückgewiesen. Ihr wurde bewußt, daß ein zutiefst unbewußtes Gefühl ihrer eigenen tragischen Umstände ihrer Kindheit sie motiviert hatte, Kinderschwester zu werden und sich vor allem um kleine Kinder zu kümmern. Diese Bewußtheit stärkte sie in ihrem Vorsatz, ihr Ziel zu erreichen.

Mit alten Gewohnheiten zu brechen ist schwierig. Delia beging viele Fehler, bevor sie schließlich Selbsterfüllung gefunden hatte. Sie wurde Krankenschwester, heiratete, adoptierte Kinder, für die sie leidenschaftlich sorgte und die zu lieben sie sich bemühte. Ihr Leben, das in die Katastrophe zu führen schien, war gerettet. Doch das frühere Elend illustriert, was ich bereits beschrieben habe. Unsere Erwartungen sind hoch, wenn wir in der Kindheit emotional privilegiert waren – umsorgt, geliebt, uns wertvoll fühlen konnten. Wenn wir zurückgewiesen wurden, erwarten wir seelische und vielleicht auch körperliche Schicksalsschläge und Entbehrungen, und wir verschaffen sie uns auch.

Hier ein Beispiel für eine Frau, die an sich selbst glaubte. Ich hatte einmal einen Patienten, Derek, ein gutaussehender Junggeselle. Flott, aufregend, betörend, führte er das hektische Leben des Stadtmenschen und amüsierte sich mit einer Unzahl Affären. Seine Freundinnen waren stets wunderschöne Frauen, häufig so betörend wie er selbst, aber unsicher, ängstlich darauf bedacht zu gefallen, besitzergreifend und abhängig. Aufgrund seiner eigenen unbewußten Probleme in seiner Beziehung zu seiner Mutter bezog Derek ein gewisses Maß an Befriedigung daraus, diese Frauen zu führen, sie dazu zu bringen, sich ernsthaft in ihn zu verlieben und sie dann zu verlassen. Ihm war kaum bewußt, was er tat und warum er es tat, und er fand stets einen guten, offenbar rationalen Grund für sein Verhalten. Bevor er schließlich seine »Lieben« verließ, spielte er zumeist eine Art Spiel mit ihnen, wie die Katze mit der Maus spielt. Hatte er sie einmal völlig betört, dann – und nur dann – begann er sie »fallenzulassen«. Er traf eine Verabredung und tauchte nicht auf. Er versprach anzurufen, rief dann aber nie an – oder wartete, bis sie sich entschlossen, ihn aufzugeben, und dann rief er sie an und überredete sie, sich wieder auf ihn einzulassen. Dies konnte er nicht nur einmal, sondern des öfteren mit ein und derselben Frau machen. Gewöhnlich gelang es ihm, sie mit seinem Charme zurückzugewinnen – und er konnte tatsächlich sehr charmant sein, wenn er sich bemühte.

Doch einmal beging er den Fehler, mit einer bekannten und sehr erfolgreichen Schauspielerin eine Beziehung einzugehen. Sie verfiel ihm, und das alte Spiel fing von neuem an. Zuerst war er sehr aufmerksam, scheinbar von ihr geradezu überwältigt. Dann begann er, sich langsam auf die übliche Weise zu benehmen, distanzierte sich, am Anfang langsam, dann stärker, wobei er die ganze Zeit fortwährend totale und vollkommen treue Liebe schwor. Dieser Zustand ist natürlich für jede Frau verwirrend, und die Schauspielerin war verwirrt.

Dann beschloß sie schließlich, sie habe genug. Er ließ die Situation eine Zeitlang bestehen. Eines Nachts, sehr spät, rief er sie an. Seine Rede nahm ihren üblichen Lauf. Wie besorgt er gewesen sei, weil er noch nie zuvor so starke Gefühle für irgend jemanden gehegt habe. Wie sehr er gefürchtet habe, verletzt zu werden, wie er versucht habe, sich fernzuhalten, da er so verletzlich sei, doch er habe festgestellt, er könne es nicht ertragen, sie nicht zu sehen – ob sie ihm nicht noch einmal eine Chance gäbe? Ob sie nicht darauf eingehen könnte, ihn nur noch einmal zu sehen?

Ja, sagte sie, das könnte sie. Tag und Zeitpunkt wurden vereinbart. Er tauchte mit einer roten Rose und einem Flakon ihres Lieblingsparfüms auf. Sie warf die Rose auf den Boden und zertrampelte sie. Sie warf das Parfüm in den Kamin, in dem ein Feuer brannte. Sie schlug ihm ins Gesicht und erklärte ihm, daß *sie* kein Kind sei und Männer, die wie Kinder wären, nicht ausstehen könne. Wenn er noch einmal versuchen würde, mit ihr Kontakt aufzunehmen, werde sie die Polizei rufen und behaupten, er würde sie belästigen. »Raus«, sagte sie, und er verschwand.

Während er mir diese Geschichte in klagendem Tonfall kurze Zeit später erzählte, konnte ich mir nicht helfen, ich amüsierte mich ein bißchen – doch ich ließ es mir nicht anmerken. »Sie hatte ein besseres Gefühl für ihren Wert als die meisten anderen«, sagte ich ihm. »Sie ließ sich nicht in eine Situation ziehen, in der sie gelitten hätte.«

Das ist die Wahrheit. Diejenigen, die sich selbst bewußt und unbewußt für wertvoll halten, sind nicht bereit, sich auf katastrophale Beziehungen einzulassen. Sie sind in der Lage, auf tausenderlei Weise im Alltag ihre Aggressionen einzusetzen, um sich selbst zu retten oder zu verteidigen. Unsere Fähigkeit, mit Kindern, Lehrern, professionellen Ratgebern, Geschäftsleuten, Kellnern, Installateuren, Elektrikern, Mechanikern und Haushaltshilfen umzugehen, hängt vom inneren Gefühl des Selbstwertes ab, das uns stark und sogar hart zu sein ermöglicht. Das für wert gehaltene Kind ist als Erwachsener in der Lage, mit allen Schwierigkeiten, Kümmernissen und Rückschlägen fertigzuwerden, die das Leben bringen mag. Leben wir durch den Besitz der wertvollsten aller Eigenschaften stark erhöht, die Eltern ihren Kindern mitgeben können, dem Gefühl, daß man etwas wert ist. Aber es ist möglich, auch später im Leben ein Wertgefühl zu erwerben, selbst wenn dies in der Kindheit nicht möglich war, wenn Einsicht zu dem Verständnis führt: »*Denen* fehlte etwas, nicht mir.«

Wie wir uns in Persönlichkeit und Charakter voneinander unterscheiden

Ich habe beschrieben, wie wir ein Selbstgefühl erwerben. Der Erwerb dieses Gefühls hat noch eine weitere Facette. Jeder von uns ist einzigartig. Jeder von uns kommt mit Charaktereigenschaften und Persönlichkeitsmerkmalen auf die Welt, die bis zu einem gewissen Grad bestimmen, wie wir auf widrige oder günstige Umstände reagieren werden. Jedes Kind in ein und derselben Familie kann auf genau die gleiche Umgebung, die gleichen Einstellungen der Umwelt, die gleichen Ereignisse sehr unterschiedlich reagieren. Jeder von uns verfügt über eine ererbte Persönlichkeit – einen Charakter – einen Satz von Einstellungen und Wesenszügen. Es ist nicht einfach, exakt zu analysieren, was einer Person ein besonderes Flair gibt – doch wir haben alle unser besonderes und individuelles Flair. Die Art und Weise, in der wir mit unseren Gefühlen umgehen, wie wir antworten und reagieren, hängt von diesen ererbten Charaktereigenschaften ab. Wir neigen dazu, auf gleichbleibende Weise zu reagieren, entsprechend unserem Wesen. Schlechte Behandlung während der Kindheit führt dazu, die Art der Reaktion zu intensivieren und härter zu machen, sie zu »fixieren«, wohingegen Kinder, die gut umsorgt und geliebt werden, zumeist weniger extreme Reaktionen zeigen. Das schlecht behandelte Kind muß in gewissem Sinn allein aufwachsen, unfähig, sich auf die Erwachsenen in seinem Umfeld zu verlassen oder ihnen zu vertrauen. Das Überleben des Kindes hängt von ihm selbst ab. Es sammelt seine angeborenen Charaktereigenschaften und versucht verbissen, sich selbst zu verteidigen – eine unbewußte Handlung, die Echos im Bewußtsein zur Folge hat.

Einige Kinder sind in der Selbstverteidigung besser als andere. Manche kommen besser mit Widrigkeiten zurecht.

»Alle sind gleich, doch einige sind gleicher als die anderen.« Dieser Satz von George Orwell paßt sehr gut auf die mentalen und körperlichen Eigenschaften, die wir geerbt haben.

Wir alle *sind* gleich in dem Sinn, daß wir keine Werturteile über »bessere« oder »schlechtere« Charaktere treffen können und sollten. Doch einige sind zäher und robuster, andere empfindsamer und zerbrechlicher.

C. G. Jung unterteilte die menschliche Rasse in zwei Typen. Die Hälfte von uns, so sagte er, sind »Introvertierte«, die andere »Extravertierte«. Introvertierte sind Menschen, die statt nach außen stärker nach innen gerichtet sind, die Gefühle zurückhalten, die Schmerz »absorbieren« und in denen folglich unterdrückter Schmerz festgehalten ist. Introvertierte Menschen sind deshalb schmerzanfälliger. Sie haben die Tendenz, Situationen zu vermeiden, in denen sie »angegriffen« werden könnten, und so meiden sie den Kontakt mit anderen Menschen, wenn möglich. Introvertierte Menschen fühlen sich am sichersten und wohlsten, wenn sie alleine sind. Sie lieben Tiere, die ihnen, anders als die Menschen, keinen Schmerz zufügen, und sie genießen Landschaften, Natur, Einsamkeit. Manchmal wird auf introvertierte Menschen der Begriff »schizoid« angewendet. Dies bedeutet, sie besitzen einige Merkmale einer bestimmten Kategorie von Schizophrenen – obwohl sie keineswegs an dieser Krankheit leiden. Doch wie die, die an einer Art von Schizophrenie leiden, sind sie, wie gesagt, »Einzelgänger«, asozial, hypersensibel, grüblerisch, anfällig für Träume und Phantasien, nicht in der Lage, andere an ihren Emotionen teilhaben zu lassen, häufig wissen sie sich und ihre Bedürfnisse nicht gut zu artikulieren. Schlecht behandelte introvertierte Kinder werden zurückhaltender, schweigsamer, gefühlloser und rigider als ihre gutbehandelten Gegenparts. Als Erwachsene lernen sie vielleicht, der Welt eine bröcklige, oberflächliche Normalität von Gefühlen zu präsentieren, die keineswegs ihrem Inneren entspricht. Es ist, »als ob« sie normale Gefühle empfänden – doch dieses »als ob« ist ein Trick, den sie durch Imitation anderer erlernt haben. Menschen, die sich als Kinder gegen ihre Gefühle abgeschottet haben, kann geholfen werden zu lernen, als Erwachsene die eigenen Gefühle an sich heranzulassen, doch die Merkmale des Introvertierten werden sie niemals ablegen. Körperlich sind sie weniger beweglich und steifer als Extravertierte.

Extravertierte sind nach außen gerichtete, fröhliche, redegewandte, aggressive Menschen, die »die Party schmeißen«, gesund und munter und kräftig. Sie können fordernd sein und sich gut ausdrücken. Viele Extravertierte sind sehr gesellig und hassen es, allein zu sein. Sie neigen dazu, den Schmerz zu bekämpfen, statt ihn zu unterdrücken. Sie schreien, statt sich zurückzuhalten, kämpfen und brüllen und widersetzen sich lautstark. Wo ein unglückliches introvertiertes Kind vielleicht schweigend stundenlang schmollt, ohne weinen zu können, hat das extravertierte Kind Wutanfälle, beschwert sich, ist angeberisch, weint leicht und zieht die Aufmerksamkeit auf sich und seine Schwierigkeiten. Das introvertierte geht in Deckung, das extravertierte rennt schreiend auf die Straße. Der Introvertierte empfindet Kontakte zu anderen Menschen als anstrengend, muß sich zu einer Konversation zwingen. Der Extravertierte »fließt über«, plaudert problemlos, und fuchtelt herum. Unter dem Gesichtspunkt der geistigen Gesundheit glauben wir, daß es besser sei, zu den Extravertierten zu gehören und die Gefühle, statt sie zu unterdrücken, klar zum Ausdruck zu bringen. Das heißt jedoch nicht, daß extravertierte Kinder nicht genauso viel leiden wie introvertierte. Sie tun es, doch sie bewältigen ihren Schmerz anders.

Beide, Introvertierte wie Extravertierte, können wertvolle Mitglieder unserer Gesellschaften sein, sehr viel erreichen, ein erfülltes und zufriedenes Leben führen, wenn sich für sie alles gut entwickelt hat.

Wir sind noch mit weiteren Qualitäten und Charaktereigenschaften auf die Welt gekommen. Manche von uns sind entschlossen und widerstandsfähig, während sich andere leicht unterkriegen lassen. Einige sind sehr schmerzanfällig (körperlich und emotional), während so manche andere Leid besser ertragen können. Manche sind intelligenter, andere weniger.

Die Art und Weise, in der wir unser Leben anzugehen und zu bewältigen versuchen, hängt von unseren ererbten Charaktereigenschaften ab. Manche sind gewissenhaft und beharrlich, andere schneidiger und unbeständiger. Manche sind empfänglicher für Schuldgefühle, andere weniger. Es ist allgemein bekannt, daß die verschiedenen Persönlichkeitstypen für gewisse Arbeiten besser oder schlechter geeignet sind. Heute haben Psychologen komplexe Tests ausgearbeitet, wodurch die Vorhersage möglich wird, ob eine Person einen guten oder schlechten Bomberpiloten abgibt, Diplomaten, Marinesoldaten, Offizier (d.h. Führer), Wissenschaftler,

Architekten, Studenten usw. »Karriereplanung« ist in unserer Zeit ein besonderer Wirtschaftszweig.

Eine andere Möglichkeit, den Charakter von Menschen zu klassifizieren, besteht darin, sie in »aktive« und »passive« Kategorien zu unterteilen. Alle schlechtbehandelten Kinder sind Opfer, da sie auf Gedeih und Verderb ihren Eltern ausgeliefert sind. Manche akzeptieren die Rolle des Opfers widerstandslos, andere protestieren dagegen, schlagen zurück und lenken die Aufmerksamkeit auf ihre Not. Ein passives Kind ist nicht notwendigerweise immer ein Kind, das einen »passiven« Charakter geerbt hat. Kinder, die bereits früh unter einer schweren oder langwierigen körperlichen Krankheit litten, können ihr ganzes Leben lang passive Opfer bleiben, wie auch die mit einer chronischen körperlichen Erkrankung – einem mißgebildeten Herzen, mit einer Nierenkrankheit, mit Leukämie. Manche Kinder, die an einem Stück Monate im Krankenhaus zubringen müssen, können unbewegliche, zurückhaltende, stille kleine Wesen werden, die jede Hoffnung aufgegeben haben und das Leiden als natürliche Lebensweise akzeptieren.

Hin und wieder wird sich ein Kind mit einem chronisch kranken Elternteil, der bettlägerig oder schwerbehindert ist, identifizieren und das unvermeidlich passive Verhalten dieses Elternteils übernehmen.

Und noch eine weitere Charakterklassifizierung gibt es: die Unterteilung von Menschen in diejenigen, die »zwanghaft« sind, und solche, die es nicht sind.

Nichtzwanghafte besitzen einige wenige sehr spezifische Charakteristika. Sie sind sorgloser als zwanghafte Menschen, reisen durchs Leben »ohne Gepäck« – und sind tatsächlich in der Lage, wortwörtlich ohne Gepäck zu reisen –, kommen spät am Flughafen an, vergessen den Reisepaß, ohne unter den überbesorgten Ängsten des Zwanghaften zu leiden. Nichtzwanghafte können in ihrer Kleidung und ganz allgemein in ihrer Erscheinung nachlässig sein, unordentlich, unpünktlich und sorglos. Zwar können Nichtzwanghafte Irritation, Ängste oder Mitleid seitens ihrer Mitmenschen auslösen, aber sie selbst leiden weniger unter den Symptomen, die Zwanghafte befallen.

Als »zwanghaft« bezeichnen wir ganz bestimmte, perfektionssüchtige, pingelige, besorgte Menschen, die am Detail hängen. Ihr Äußeres ist zumeist sauber und ordentlich, sie sind schuldbewußt, lassen sich leicht zu Schuldgefühlen verleiten und leiden oft unter Ängstlichkeit. Zwanghafte neigen dazu, zu Verabredungen eher zu früh als zu spät zu kommen, sind ganz allgemein zuverlässig, finden es schwierig, etwas zu delegieren, und empfinden das Bedürfnis, alles unter Kontrolle zu haben. Sie können auch die Kontrolle über andere haben wollen. Das Streben nach Perfektion gilt nicht unbedingt für jeden Lebensbereich eines zwanghaften Menschen, allerdings für die wichtigeren schon. Zwanghafte Menschen können sehr gute Eltern sein – oder sehr schlechte. Wenn ihre Versuche, ihre Kinder unter Kontrolle zu halten, und ihr Wunsch, daß die Kinder perfekt seien, nicht überzogen werden, dann sind die fürsorglichen und verantwortungsbewußten Aspekte ihrer Persönlichkeit für ihre Kinder natürlich höchst wertvoll.

Allerdings gibt es zwanghafte Eltern, die ihre Kinder von früh bis spät nicht in Ruhe lassen und übertriebene Sauberkeit, Ordentlichkeit, Gesittetheit und gutes Verhalten verlangen. Sie können bei ihren Kindern Ängstlichkeit auslösen, Rebellion – und Depressionen bei einem Kind, dem es nicht gelingt, den Wünschen der Eltern gerecht zu werden.

Zwanghafte Ängste und zwanghaftes Verhalten nehmen unter Streß zu. Mit zwanghaftem Verhalten meine ich rituelle Handlungen, die Menschen mit zwanghafter Persönlichkeit gerne ausführen; die Haustüren abends zusperren und nachsehen, nicht ein- oder zweimal, sondern mehrfach, daß sie auch wirklich verschlossen sind. Die Zeitung auf die immer gleiche Weise zu falten. Zwanghaftes Verhalten ist auch verbunden mit Aberglauben, und es sind die Zwanghaften, die als erste auf Holz klopfen, es vermeiden, unter Leitern hindurchzugehen, und einen Zauberspruch murmeln, um Unglück zu vermeiden. Auch Kinder können zwanghaft sein, sie berühren jeden Stab eines Geländers, versuchen, nicht auf die Ränder von Pflastersteinen zu treten usw. Viele zwanghafte Kinder haben Routinen und hassen es, wenn diese gestört werden. Die Spielsachen müssen auf eine ganz bestimmte Weise rund ums Bett aufgebaut sein, die Vorhänge so zugezogen, daß noch ein Spaltbreit Licht hereinfällt, die Gutenachtgeschichte muß, mittlerweile aus dem Kopf, noch ein weiteres Mal erzählt werden. Derartige Rituale gewinnen noch schmerzlichere Bedeutung, wenn das Kind aus anderen Gründen ängstlich ist.

Wird der Ablauf eines ritualisierten Verhaltens durchbrochen, so führt dies bei Kindern wie Erwachsenen zu Ängstlichkeit und Qual. Zwanghaftes Verhalten legen auch viele Tiere an den Tag – Katzen, Hunde, selbst Gänse. Das kann ein ererbter Charakterzug sein, der bei anderen Lebewesen die Chancen für das Überleben der Spezies steigert. Bei den Menschen läßt zwanghaftes Verhalten die Leute brave Bürger werden, erschwert ihnen jedoch eventuell das Leben. Manche leiden unter pathologischem Zwangsverhalten – der Charakterzug geht ins Extrem und führt zu einer äußerst qualvollen Störung.

Obwohl zwanghafte Eltern vielleicht Fürsorge und Kontrolle übertreiben, neigen sie doch dazu, in praktischen Dingen effizienter zu sein als nicht zwanghafte Eltern. Sie vergessen einfach nicht, Lebensmittel, Milch, saubere Kleidung und andere Lebensnotwendigkeiten einzukaufen und bereitzustellen und treiben sich selbst dazu, ihre Rolle als Eltern zu erfüllen, selbst wenn sie einmal krank sind.

Nicht zwanghafte Eltern andererseits sind vielleicht wenig fürsorgliche, unzuverlässige Eltern, vor allem wenn die Lässigkeit übertrieben wird. Es ist für, sagen wir, ein Kind emotional schädlich, wenn es gewohnheitsmäßig nach der Schule lange warten muß und alle anderen Mitschüler bereits nach Hause gebracht wurden, nur weil die Eltern denken, Zeit sei unwichtig. Das Kind fühlt sich vernachlässigt und ungeliebt, wenn seine materiellen Bedürfnisse nicht richtig befriedigt werden. Das Ideal für Eltern liegt irgendwo in der Mitte zwischen einer ausgesprochen lässigen Einstellung – und zu großem Loslassen – und einer überaufmerksamen, klammernden Einstellung, doch dieses Ideal läßt sich nur schwer verwirklichen.

Moral, Schuldgefühle und Gewissen

Als Folge unserer Fähigkeit zum begrifflichen Denken haben wir Menschen Ansichten formuliert, die wir für »gut« und für »schlecht« halten, für »richtig« und für »falsch«. Diese Vorstellungen unterscheiden sich von Kultur zu Kultur und von Generation zu Generation. Doch ganz gleichgültig, wie die Vorstellungen von »gut«, »schlecht«, »richtig« und »falsch« auch augenblicklich aussehen, so sind die Menschen doch in der Lage, auf »schlechte« und »falsche« Gedanken zu reagieren und ein von Schuldgefühlen geprägtes Verhalten an den Tag zu legen, und sie besitzen das, was man ein »Gewissen« nennt.

Diesen Begriffen kommt in der Interaktion zwischen Eltern und Kindern große Bedeutung zu. Die Psychotherapie versucht, die Menschen von unangebrachten oder ungerechtfertigten Schuldgefühlen zu erlösen, mit wohltuendem Effekt.

Die meisten von uns haben im Kopf eine Art eingebaute Ansicht dessen, was wir für richtig halten und was wir als falsch kennen, was »gut« und was »schlecht« hinsichtlich des Verhaltens, der Gefühle und des Denkens ist. Doch solange wir diese Überzeugungen nicht analysieren, sind diese Ideen mehr oder weniger unbewußt und automatisch vorhanden, sie sind von den Lehren unserer Kindheitsjahre »konditioniert«. Es gibt

Gesetze und Regeln, Gebräuche, Tabus, »gute Umgangsformen«, »schlechte Umgangsformen«, »Etikette«, Dinge, die man »tut« und solche, die man »nicht tut«. All diese Lehren sind Teil unserer Kultur. Die meisten Menschen stellen sie nicht in Frage und legen stets Wert auf ihre Einhaltung. Die meisten von uns verhalten sich tatsächlich wie eine gut trainierte Truppe Laborratten, die gehorsam die Regeln eines Experiments befolgen: Belohnung, wenn man diesen Weg wählt, Frustration und Strafe, wenn man sich für den anderen entscheidet.

Immer wieder einmal wird eine Gesellschaft unruhig, und es kommt zum Donnergrollen der Rebellion gegen diese Indoktrination, wie bei einem kurz vor dem Ausbruch stehenden Vulkan. Einige außergewöhnliche Denker kristallisieren die Unzufriedenheit heraus, und eine alles mitreißende Erhebung – wie die Französische und die Russische Revolution – findet statt; ein König wird geköpft, oder ein Diktator wird umgebracht. Die Dinge wandeln sich, aber sie haben die Gewohnheit, zu einem veränderten Status quo zurückzukehren.

Die meisten fundamentalen Gesetze und Regeln können sich nicht ändern, da sie für das Funktionieren einer jeden Gemeinschaft von essentieller Bedeutung sind. Doch es gibt eine Unzahl von moralischen Einstellungen, die uns in einem riesigen Netz unsichtbarer und unterschwelliger Gesetze, Drohungen und Aufforderungen einengen. Die meisten menschlichen Gesellschaften halten ihre Mitglieder durch ein tyrannisches System von Strafe und Belohnung in Zaum – zusammen mit der menschlichen Fähigkeit, ein »Gewissen« zu haben.

Unsere moralischen Werte, die in den ersten Lebensjahren mehr oder weniger unbewußt aufgenommen werden, sind von Generation zu Generation viele Jahrhunderte lang weitergegeben worden. Wir schleppen noch ein Jahrhundert später einen Teil der viktorianischen Moral mit uns herum – die heute völlig nutzlos und sogar schädlich ist.

Bei der Geburt wird uns ein Paket moralischer Botschaften überliefert – das großenteils unbewußt übermittelt und genauso unbewußt aufgenommen wird. In dem Moment, in dem ein Kind das Licht der Welt erblickt, wird es sofort in die Schabracken unserer westlichen Lebensart gewickelt und gewindelt. Zusammen mit Wegwerfwindeln, handgestrickten Söckchen, Babyseife, -puder und -creme, Stoffspielzeug, Kinderwagen, Namen und ärztlicher Untersuchung empfängt der Säugling auch die ganze Kultur, Religion und die materiellen Werte seiner Familie und Gemeinschaft. Er oder sie muß die Erwartungen und Ambitionen der Eltern erfüllen und lernt sehr rasch, daß konformes Verhalten »gut« und Auflehnung dagegen »schlecht« bedeutet.

Das Kind wird schnell spüren, daß einige Aspekte seines oder ihres Verhaltens Zustimmung oder sogar Wohlgefallen bei den Eltern hervorrufen, andere Aspekte jedoch Ablehnung, Besorgnis oder Bestürzung und Wut auslösen. Bald muß das Kind gehorsam Milch an der Brust oder aus der Flasche trinken, muß es schlafen, möglichst die Nacht durch, lächeln, sitzen, krabbeln, gehen und sprechen zur »richtigen« Zeit. Später muß es den Teller leeressen am entsprechenden Platz und zu einer bestimmten Zeit und »trocken« werden – d.h. seine Blasenmuskeln kontrollieren können.

Wenn ein Kind all diese Dinge erfüllt, werden die befriedigten Eltern es für »gut« und »einfach« halten. Ein gutes und leicht zu handhabendes Kind können die Eltern problemlos liebhaben. Ein »schwieriges« Kind löst bei den Eltern verwirrte und verwirrende Gefühle aus – Gefühle, die bewußt und unbewußt sein können.

Die Betonung der Tugenden und die Belohnungen für konformes Verhalten werden dem Kind sein ganzes Leben lang übermittelt – in jeder menschlichen Gesellschaft auf der Welt. Die Anweisungen dazu werden, beginnend bei den Eltern, von der Gesellschaft vorgegeben.

»Tu dies! Tu das! Mach das nicht!«
»Warum?«
»Weil Mama es sagt.«

Das Kind muß entscheiden, welche Richtung es einschlägt und hat nur die begrenzte Wahl, ob es das Geforderte erfüllt oder sich dagegen auflehnt. »Spurt« es, so heißt dies, daß Eltern, Familie und Gemeinschaft es akzeptieren. Und es gibt später noch andere Belohnungen: Anstellung, Preise, Aufnahme in akademische Gesellschaften, Medaillen, Bänder, Titel und Orden und andere Dinge mehr.

Diese Auszeichnungen sind jedoch nur wenigen vorbehalten. Die große Mehrheit muß sich mit einem Gefühl der Tugendhaftigkeit, materiellen Vorteilen und dem Fehlen von Schuldgefühlen zufriedengeben.

Das Schuldgefühl ist ein mysteriöses Gefühl, eng verbunden mit Depression. Schuldgefühle werden durch Vergebung und durch Buße und Strafe gelindert. Die Ansichten von »gut« und »böse«, »richtig« und »falsch« begreift ein Kind schon früh in seinem Leben, und zwar aufgrund der Reaktionen der Eltern auf die unterschiedlichen Verhaltensweisen. Das Kind tut, was die Eltern verlangen, die Eltern lächeln. Das Kind ist glücklich. Das Kind weigert sich, den Eltern zu gehorchen – die Eltern sind wütend. Das Kind ist unglücklich. Auf diese Weise begreift es, daß Gehorsam »gut« und Ungehorsam »böse« ist – in völliger Entsprechung zur Zustimmung oder Mißbilligung der Eltern. Das unglückliche

Gefühl bei Mißbilligung durch die Eltern (oder Feindseligkeit oder Zurückweisung) nennen wir »Schuldgefühl«.

Somit haben die Eltern eine Machtposition, durch die sie das Kind mit ihrer Fähigkeit kontrollieren, im Kind Schuldgefühle zu erzeugen – einfach indem sie Mißbilligung zeigen. Sie können diese Haltung sogar einnehmen, wenn das Kind überhaupt nichts falsch gemacht hat – aber das Kind wird glauben, es *habe* etwas falsch gemacht, sich schuldig fühlen und bei sich nach einer Verfehlung suchen. Später im Leben wird die Gesellschaft die Rolle der Eltern übernehmen und Bürger je nachdem akzeptieren oder ablehnen, ob sie sich konform verhalten oder ob sie rebellieren.

Eltern können bei einem Kind Schuldgefühle auslösen wegen Dingen, an denen nicht das Kind die Schuld trägt. Wenn Eltern sich einen Jungen gewünscht und statt dessen ein Mädchen bekommen haben, kann das Mädchen, durch die Eltern vermittelt, Schuldgefühle empfinden, weil es kein Junge ist. Ich hatte einmal eine Patientin, fünftes Mädchen in einer Familie, in der sich die Eltern sehnlichst einen Jungen wünschten. Die Mutter hatte ihr in jungen Jahren erzählt, sie habe sofort nach ihrer Geburt im örtlichen Krankenhaus versucht, das Mädchen adoptieren zu lassen, da die Eltern einfach kein weiteres Mädchen mehr wollten. Manchmal kann sich ein Kind schuldig fühlen, weil es die Erwartungen der Eltern in anderer Hinsicht nicht erfüllt – intellektuell oder sportlich. Ich kann mich an einen Vater erinnern, der bitter enttäuscht war, daß sein Sohn nicht gut Golf spielte – er selbst spielte ausgezeichnet; der Sohn fühlte sich deshalb tief schuldig, auch wenn er sich sehr anstrengte, Golf so gut wie nur möglich zu spielen.

Eltern können in einem Kind Schuldgefühle produzieren, weil es hervorragend ist und auch weil es versagt, wenn sie es beispielsweise lieber sähen, daß das Kind nicht besser wird, als sie selbst waren. In gleicher Weise kann eine Gesellschaft bei einigen Leuten Schuldgefühle über Dinge auslösen, für die sie gar nichts können. Homosexualität zum Beispiel und die Krankheit AIDS. Ein hoher Polizeibeamter soll einmal gesagt haben, die Ausbreitung von AIDS in der sogenannten westlichen Welt könne nur auf das zunehmend degenerierte Verhalten der menschlichen Rasse und den Sündenpfuhl der Unmoral zurückgeführt werden, den Homosexuelle, Prostituierte und untreue Ehemänner zu verantworten hätten. Hier nimmt ein Mitglied des Establishments an, daß Menschen sich sozusagen dazu entschließen, homosexuell zu sein. Wenn sie sich am Riemen reißen würden, implizierte der Polizeibeamte, könnten sie heterosexuell sein. Der Erzbischof von York antwortete richtig: »Die Botschaft hat zur Folge, daß sich unter den AIDS-Opfern Schuldgefühle und Angst verbreiten und sie nun als vom Pech verfolgte Opfer in einem Ghetto untertauchen, statt medizinische Hilfe in Anspruch zu nehmen ...«

In früherer Zeit konnten Menschen, die an Tuberkulose oder Pocken litten, leicht Ehemänner, -frauen und Kinder infizieren, doch man hätte sie nicht als »moralisch degeneriert« oder »Sündenpfuhl« bezeichnet. Und auch heute würde man Menschen mit Grippe oder Meningitis, gefährlichen potentiellen Killern, die genauso ansteckend sind, nicht auf diese Weise abstempeln. Die moralische Entrüstung leitet sich aus der Tatsache her, daß AIDS eine sexuell und nicht über die Luft übertragene Krankheit ist. Die Tirade des Polizisten belegt, daß Sex in den Köpfen vieler noch immer mit Sünde verbunden wird – ein Erbe viktorianischer Zeit.

Die *Angst* zu sündigen, die Angst, man könnte eine Sünde begehen, beunruhigt uns genauso stark wie die Schuld selbst – das heißt, wie unsere Reaktion, nachdem wir tatsächlich eine Sünde begangen haben. Unter allen Lebewesen besitzt allein der Mensch die begriffliche Fähigkeit, moralische Urteile zu fällen und somit im vorhinein zu entscheiden, welche Handlungen schlecht und welche gut sind. Dieses Wissen von »gut und böse«, und folglich von »richtig und falsch« ist das »Gewissen«. Die große Mehrheit der Bürger in der westlichen Welt würde lieber nichts Schlechtes tun – nicht so sehr, weil sie Strafe fürchten, wenn sie »böse« sind, als vielmehr, weil sie lieber gut als schlecht sind. Etwas falsch zu machen heißt, gegen die Indoktrination von seiten der Eltern, Lehrer und anderer Figuren unserer Kindheit zu verstoßen und unakzeptabel zu werden, nicht liebenswert zu sein. So hält das »Gewissen« die Menschen in Schach, hilft ihnen, eine »böse« Tat zu unterlassen: »So macht das Gewissen aus uns allen Feiglinge.« In unserer Gesellschaft wird man leicht zum Opfer der Schuld – weil man nicht das richtige Deodorant benutzt, sich nicht in der Lage sieht, seiner Frau einen Diamanten zu kaufen oder ein Kind zu lieben. Wir sind alle so indoktriniert von der richtigen oder falschen Art zu fühlen oder zu denken und uns zu verhalten, daß Schuld eine Erfahrung ist, die wir alle machen, und es unvermeidlich ist, daß wir das Falsche sagen oder fühlen, sei es trivial oder wichtig. Sobald wir uns schuldig fühlen, sind wir niedergeschlagen – und können sogar in eine depressive Krankheit fallen, wenn die Schuld ein herausragendes Symptom ist.

Das Gefühl der Schuld kann, wie gesagt, durch Strafe und Vergebung gelindert werden. Hier nun die Geschichte eines Mannes, der ein Verbrechen beging und seine Schuld als unerträglich empfand. Die Geschichte ist wahr. Ich hörte sie von dem Gefängnispsychologen, der ihm zu helfen versuchte. John X. fuhr mit seinem LKW einen schmalen Feldweg entlang. Vor ihm war ein Mädchen auf einem Fahrrad. Sie hatte langes blondes Haar und sah jung und attraktiv aus. Nur so zum Spaß beschloß er, den Reifen ihres Fahrrads mit dem Reifen seines Wagens zu berühren. Mit leichter Beschleunigung tat er dies – doch zu seinem Schreck schwankte das Mädchen stark und fiel unter die Räder seines Wagens. Sie war tot.

John X. hätte eine x-beliebige Geschichte erzählen können – es gab keine Zeugen –, aber er bestand darauf, der Polizei und später dem Richter die Wahrheit zu sagen. Er wurde zu mehreren Jahren Gefängnis verurteilt. Er war ein Musterhäftling. Doch ab und zu, ungefähr einmal im Jahr verhielt er sich, als sei er verrückt geworden. Er zertrümmerte das Mobiliar seiner Zelle, griff einen Wärter an. Auf diese Weise ging ihm die ganze Strafminderung verloren, die er sich bis dahin verdient hatte.

Der Gefängnisdirektor, der den Mann nicht verstehen konnte, forderte den Psychologen auf, sich des Mannes anzunehmen, und man kam dahinter, daß die Tage, an denen er sich so schlecht benahm, daß er seine vorzeitige Entlassung verspielte, die Jahrestage seines Verbrechens waren. Seine Schuldgefühle ergriffen ihn erneut so heftig, daß er die Strafe für sein falsches Verhalten richtiggehend ersehnte.

Tatsächlich treibt das unbewußte Schuldgefühl die Menschen dazu, mit ihren Autos Unfälle zu bauen, sich in die Finger zu schneiden, sich selbst zu benachteiligen, sich zu erniedrigen und das eigene Leben zu ruinieren. Feindselige Eltern können es genießen, ihren Kindern

Schuldgefühle zu vermitteln. Eine Mutter, die ich kannte, wurde es nie leid, Freunden im Beisein ihrer siebenjährigen Tochter die Geschichte zu erzählen, wie das kleine Mädchen, das in einem Gartenbeet Unkraut jäten sollte, irrtümlich alle frisch gepflanzten Setzlinge herauszog. Eine andere Mutter ließ ihr ungeliebtes dreijähriges Kind, das eine Erkältung hatte, in seinem Kinderbett neben einer neu tapezierten Wand. Das Kind war stundenlang allein. Als der Junge sich zu langweilen begann, steckte er seinen Finger in einen Topf Gesichtscreme, der auf einem kleinen Tisch neben seinem Bett stand, und begann, damit die Wand zu beschmieren. Als seine Mutter zurückkam, hatte er bereits die ganze in seiner Reichweite liegende Wand verkleistert. Ihre Wut und ihr Haß und seine sich anschließenden Schuldgefühle ließen ihn ein Leben lang nicht los.

Manche Eltern schaffen es, daß sich ihr Kind oder ihre Kinder permanent schuldig fühlen, indem sie eine Provokation in Szene setzen und dem Kind dann seine Reaktion auf die Provokation vorhalten. Herr und Frau Z. hatten zwei Töchter. Die jüngere, Lettice, war Mutters Liebling, doch die Mutter kümmerte sich nicht um ihre ältere Tochter, Marjorie. Frau Z. gelang es, Marjorie dauernd eifersüchtig auf ihre Schwester zu machen, sie aber gleichzeitig wegen ihrer Eifersucht zu kritisieren, und sie machte Marjorie klar, daß Eifersucht eine schlimme Sünde sei. Marjorie, verwirrt und durcheinandergebracht, sah zu, wie ihre Mutter Lettice besondere Aufmerksamkeit, besondere Behandlung, besondere Speisen, besondere Spielsachen und Privilegien aller Art schenkte – die Marjorie vorenthalten wurden. Frau Z. entschuldigte sich damit, daß Lettice schwächlicher und sensibler sei als Marjorie. Jedesmal wenn Marjorie sah, wie ihre Mutter Lettice hätschelte, empfand das arme

Kind schreckliche Eifersucht. Sie bemühte sich, diese Gefühle zu unterdrücken, es gelang ihr jedoch nicht, und das Tun ihrer Mutter rief ihre Eifersucht ständig von neuem hervor. Und immer wieder spürte Marjorie ihre Eifersucht und fühlte sich gleichzeitig sündig und schuldig, weil sie eifersüchtig war. Sie wurde »konditioniert« oder trainiert zu glauben, daß ihre natürlichen unvermeidlichen Reaktionen Sünde seien. Sie wuchs mit großer Unsicherheit in bezug auf sich selbst und mit dem Gefühl auf, daß sie schuld war, wenn irgend etwas schiefging. Andere Menschen konnten stets feststellen, daß es Marjorie sei, die einen Fehler gemacht habe – nicht sie selbst. Wenn zum Beispiel ein Handwerker, nehmen wir den Installateur, sein Kommen für Mittwoch ankündigte und dann nicht erschien, gelangte Marjorie sofort zu dem Schluß, daß *sie* sich im Tag geirrt habe. Der Installateur mußte nur lautstark behaupten, er habe sich für Freitag angesagt, nicht für Mittwoch, und schon glaubte Marjorie ihm und entschuldigte sich. Sie entschuldigte sich die ganze Zeit. Sie war immer bereit, die Schuld für die Fehler anderer Leute auf sich zu nehmen. Diese Art Kindheit, die sie hinter sich hatte, bildet den Hintergrund für eine depressive Erkrankung im späteren Leben und auch für Paranoia. Marjorie fühlte sich so schuldig, daß sie dem Glauben verfiel, andere Leute würden sie kritisieren, über sie flüstern, über sie lachen, hinter ihrem Rücken über sie sprechen – ja sogar sich gegen sie verschwören. Diese paranoiden Gefühle hatten keinen realen Hintergrund, sondern waren das äußere Abbild ihrer eigenen Gefühle über ihre »Schlechtigkeit«.

Eltern besitzen gegenüber Kleinkindern so viel Macht, daß sie, sobald das Kind »konditioniert«, also darauf trainiert worden ist, sich »schlecht« oder schuldig zu fühlen, nur sehr kleine Gesten brauchen, um dem Kind das Gefühl zu geben, er oder sie habe etwas falsch gemacht. Ein grimmiger Gesichtsausdruck, ein drohendes Wort, und das Kind meint sofort, es habe etwas falsch gemacht.

Im *New Yorker* war einmal ein Cartoon abgedruckt – die Zeichnung einer Frau mit unnachgiebig abgewandtem Gesicht, während ein zu ihren Füßen kniender Mann sie anfleht. Es trug die Unterschrift:

»Habe ich irgend etwas getan?«
»Habe ich irgend etwas nicht getan?«
»Habe ich irgend etwas gesagt?«
»Habe ich irgend etwas nicht gesagt?«

So sieht die Position eines Kindes zu seinen Eltern aus. Doch das Kind kann sich in der Regel nicht ausreichend artikulieren, um diese Fragen laut zu stellen. Seine Reaktion auf Mißbilligung, die es vielleicht nicht einmal versteht, kann verschwommenes Elend, hilfloser Kummer sein.

Ich sagte weiter vorne, daß Schuld eine menschliche Emotion ist. Andere Tiere in Freiheit leiden nicht unter Schuld, folgen einem instinktbestimmten Verhalten, das die Qualifizierung »gut oder schlecht« nicht kennt. Haustieren, so scheint es, kann beigebracht werden, daß ein bestimmtes Verhalten »gut«, d.h. akzeptabel, und ein anderes »schlecht« ist, also auf Mißbilligung stößt und eventuell Bestrafung nach sich zieht. Doch jeder Hund, jede Katze, jedes Pferd oder andere Tier, das von seinem Herrchen oder Frauchen darauf trainiert wurde, »richtig« von »falsch« zu unterscheiden, spiegelt nur die menschliche Moral wider. Von allen Tieren sind, wie gesagt, allein die Menschen in der Lage, moralische

Urteile zu fällen. Doch daran ist eines außergewöhnlich, nämlich daß ausgerechnet der Mensch mit all seiner Moral der Erde mehr Schaden zugefügt hat, grausamer und vernichtender gegenüber anderen Lebewesen und seinen Mitmenschen gewesen ist als alle anderen Spezies.

Ererbte Fähigkeiten oder die Triebe

Wir sind alle mit inneren Motivationskräften auf die Welt gekommen, die manchmal »Triebe« genannt werden. Wir sind diesen »Trieben«, die auch andere Lebewesen besitzen und die »Gefühle«, Gedanken und Verhalten entstehen lassen, auf Gedeih und Verderb ausgeliefert. Die beiden stärksten treibenden Kräfte sind der Aggressions- und der Sexualtrieb. Das Ergebnis oder der Ausdruck einer Triebstimulierung kann bewußt oder unbewußt sein.

Wir werden stimuliert, aggressiv oder sexuell zu fühlen oder zu denken durch sehr komplexe ererbte Eigenschaften – zum Teil emotional oder geistig, zum Teil körperlich. Diese Eigenschaften bilden zusammen den »Trieb«. Unsere Reaktion auf »Triebe« sind geformt worden – oder verzerrt und deformiert – durch das begriffliche Denken unserer speziellen Kultur. Damit unterscheiden sich die Menschen von anderen Lebewesen, deren Reaktionen auf Triebe, wie schon gesagt, im großen und ganzen durch Instinkte geleitet sind.

Die »Triebe« des Menschen lassen Gefühle, Gedanken, Phantasien – und Verhalten entstehen. Die Menschen sind richtiggehend gezwungen, durch Gesetze und Einstellungen, die aus dem begrifflichen Denken hervorgegangen sind, das von den Trieben stimulierte Verhalten zu modifizieren, da ein ungezügeltes und unkontrolliertes aggressives und sexuelles Verhalten für eine Gesellschaft und andere Individuen natürlich zerstörerisch ist. Aber wir werden auch angewiesen, oder wir weisen uns selbst an, Gedanken und Gefühle auf eine für uns weniger nützliche Weise – und tatsächlich manchmal schädliche Weise – zu modifizieren, wie ich bereits ausführte.

Als Folge unserer Moralvorstellungen hinsichtlich Aggression, Sexualität und anderer Triebe verteidigen wir uns häufig gegen die Annahme dieser Triebe in uns selbst. Dann wirken diese Triebe unbewußt. Der Schaden, den Eltern den Kindern zufügen, ist im großen und ganzen mit Aggression und Sexualität verbunden – er kann aber auch als Ergebnis von Grausamkeit, der pervertierten Liebe, von zu starkem Besitzergreifen und Eifersucht auftreten. In den folgenden Kapitel werden wir auf diese Phänomene zu sprechen kommen.

Destruktive Aggression

Wie in der berühmten Werbung einer bestimmten Benzinmarke schläft in jedem von uns ein Tiger. Wir alle sind zur Gewalt fähig, wenn wir genug gereizt werden. Nicht jeder von uns könnte töten, aber wir könnten mit Sicherheit Mordgedanken oder zumindest verdeckte Wünsche hegen, daß andere tot oder verschwunden wären. Wir alle empfinden von Zeit zu Zeit das Bedürfnis, andere Menschen zu verletzen oder zu bestrafen, die uns Schaden zugefügt haben, auf die wir eifersüchtig sind oder vor denen wir Angst haben.

Wir alle begehen Akte der Aggression gegeneinander – unverhohlen bis verschleiert. Wir alle haben aggressive Gefühle und aggressive Gedanken, denen wir nicht entkommen können, weil sie Teil unserer Natur sind. Wir werden mit einem Aggressionspotential geboren. Es gehört zu unserer Erbmasse, eine geheimnisvolle, komplexe Triebkraft, die auch viele andere Lebewesen besitzen. Die Fähigkeit zur Aggression entwickelte sich – im Darwinschen Sinne – evolutionär, und für alle Lebewesen mit Ausnahme des Menschen verbessert sie eindeutig die Überlebenschancen.

Beim Menschen scheint die Fähigkeit zur Aggressivität dem Überleben der Spezies entgegenzustehen, da die ganze Weltbevölkerung von der Atombombe, der chemischen Kriegsführung und katastrophalen Kriegen bedroht wird, wie wir alle nur zu gut wissen. Bei anderen Lebewesen wird die Aggression durch das instinktive ritualisierte Verhalten unter Kontrolle gehalten und nur ausgelebt, wenn es um Selbstverteidigung, Jagen, Paarung, Aufzucht der Jungen und Schutz des Reviers geht.

Wir Menschen besitzen keine von den Instinkten aufgestellten Beschränkungen. Wir brauchen Schranken aus Gesetzen und Sitten, die wiederum durch begriffliches Denken entstanden sind. Trotzdem haben wir, wie andere Lebewesen auch, aggressive Reaktionen auf Bedrohungen unterschiedlicher Art geerbt.

Im Alltag, in normalen Zeiten und unter normalen Bedingungen, kommt es selten vor, daß unser physisches Überleben tatsächlich bedroht wird. Doch wir müssen emotionale Aggression, verbale Aggression und gesellschaftliche Aggression (Rassismus und Arbeitslosigkeit beispielsweise) hinnehmen, und wir selbst reagieren vermutlich Dutzende von Malen täglich aggressiv. Wir sehen jede Bedrohung unseres Wohlbefindens – ganz zu schweigen von unserem Überleben – als gegen uns gerichtete Aggression an. Ziemlich oft bedrohen uns »Dinge«, wie Autos, die kaputt gehen, wenn wir es eilig haben, Waschmaschinen, die die Küche überschwemmen, oder das Wetter, das regnerisch ist, wenn wir draußen essen wollten. Kinder sorgen für unzählige Bedrohungen unseres Wohlbefindens, genauso wie Erwachsene Kinder bedrohen.

Die Fähigkeit zur Aggressivität war natürlich für den Menschen in den frühen Tagen seiner Evolution sehr wichtig und auch in der Zeit, bevor die Menschen in Gruppen und Gemeinschaften zu leben begannen. Im Dschungel war es für den ersten Mann und die erste Frau genauso wichtig wie für andere Tiere, zur Selbstverteidigung oder zur Nahrungsbeschaffung töten zu können. Aggressivität war wichtig, um mit anderen Menschen um Obdach und Revier konkurrieren zu können. Doch als die Menschen anfingen zusammenzuleben, wurde die direkte offen aggressive Reaktion unsozial und von der Gemeinschaft verboten. Aggressives Verhalten wurde unakzeptabel, es wurde und wird als »schlechtes« Benehmen betrachtet, von kriegerischen Auseinandersetzungen einmal abgesehen. Heutzutage ist die unverhohlene und ungezügelte Aggression die letzte verbliebene schwere »Sünde«.

Dennoch zeigen die westlichen Gesellschaften eine unklare und ambivalente Haltung gegenüber Aggression in bestimmten Formen.

Zur Illustration die Definition aus Chamber's Wörterbuch zu »Aggression« und »aggressiv«:

Aggression: erster Akt der Feindseligkeit oder Verletzung; der Einsatz von militärischer Gewalt; Selbstbehauptung, entweder als gute Charaktereigenschaft oder als Zeichen für emotionale Instabilität.

Aggressiv: unhöflich, feindselig oder selbstbehauptend; Zeichen für Energie und Initiative.

Wir sind geneigt, aggressive Geschäftstaktiken, die aggressiven Verkäufer zu bewundern. Junge Menschen bewundern große Motorräder, eine »aggressive« Lederkluft, dröhnende Rock- und Popmusik. Die Helden in den »Western« schießen sich ihren Weg aus Schwierigkeiten frei. Sportler heitzen ihre Aggression in Wettkämpfen an. Menschen jagen Füchse oder schießen auf Vögel.

Aber andere Formen aggressiven Verhaltens werden wohl mit Recht verurteilt. Doch unsere Haltung ist widersprüchlich, zum einen finden wir Krieg absolut abscheulich, und zum anderen bewundern wir häufig Männer in Uniformen, Soldaten und Seeleute, die tapferen Flieger in ihren Maschinen.

Die Ambivalenz gegenüber der Aggression ist unterschiedlich, so daß wir uns am einen Ende der Skala wegen kleinster Unannehmlichkeiten, die wir anderen zufügen, schuldig fühlen – wenn wir jemanden zum Beispiel warten lassen, nachdem wir einen festen Zeitpunkt für das Treffen ausgemacht hatten, oder die Teetasse eines Freundes zerbrechen. Am anderen Ende der Skala wird die Nachricht von der Vernichtung des Feindes in Kriegszeiten – wenn Tausende von Männern, Frauen und Kindern einen gräßlichen Tod gefunden haben – mit Euphorie aufgenommen, die Leute tanzen auf den Straßen, veranstalten ein Feuerwerk, Konfettiparaden usw.

Im allgemeinen jedoch, im »normalen Leben«, wird aggressives Verhalten moralisch verurteilt. Schon von Anfang an wird uns beigebracht, daß Aggression »schlecht« ist:

»Du *sollst* die Gabel *nicht* vom Tisch werfen!«
»Sei vorsichtig mit der Tasse!«

»Du *sollst nicht* schreien!«
»Du *sollst nicht* ungezogen zu deinem Vater sein!«
»Du *sollst* deinen Bruder *nicht* schlagen!«
»Du *sollst nicht* mit dem Badewasser spritzen!«
»Das sagt man nicht, das ist ein böses Wort!«
»Das ist Marys Spielzeug! Gib es zurück!«
usw.

Die Indoktrination greift auch auf die Gefühle über. Uns wird beigebracht, daß es böse ist, Wut, Eifersucht, Gier und Haß zu empfinden. Infolgedessen müssen wir unsere aggressiven Gefühle verdrängen, auch wenn sie eine logische, unausweichliche Reaktion auf Ereignisse und Verhalten anderer Menschen sind, auf Worte und Gefühle, die uns treffen.

Die aggressive Reaktion, ein ererbter Charakterzug, verschwindet nicht einfach. Statt dessen wird sie ins Unbewußte abgeschoben und motiviert dort auf gefährliche, störende, geheimnisvolle Weise indirekt aggressives Verhalten oder Verzerrungen aggressiver Gefühle.

Die moralische Verdammung bewußter, unverhohlen aggressiver *Gefühle* und *Gedanken* ist in der Menschheitsgeschichte relativ neu. In der Anfangszeit wurden aggressive *Handlungen* verboten. Man bezweifelte nicht, daß es aggressive Gefühle und Gedanken gab. Die Kinder Israels vor ungefähr sechstausend Jahren erhielten, während sie in der Wüste Sinai darauf warteten, ins Gelobte Land zu gehen, eine flotte Zeitung mit der Anweisung, was sie nicht *tun* sollten und nicht, was sie nicht fühlen sollten – in einer Reihe anschaulicher Tafeln (die Saatchi and Saatchi neidvoll bewundert hätten – und die bestimmt das Werk der besten PR-Leute jener Zeit waren): Moses stieg vom Berg herab und hielt die Zehn Gebote mit Anweisungen in der Hand, die in erster Linie *Handlungen* betrafen. Die Regeln mußten aufgestellt werden, weil man erkannt hatte, daß die Menschen den Drang verspürten, Dinge zu tun, die ihnen nun verboten wurden. Erst später wurde den Menschen gesagt, sie müßten aggressive *Gedanken* und *Gefühle* unterdrücken. Das Ergebnis dieser Unterdrückung hat sich für Kinder in ihrer Beziehung zu den Eltern als ziemlich katastrophal erwiesen. Es ist wesentlich furchterregender und beunruhigender, die unbewußte Aggression einer Person zu spüren, als es mit einem offen gezeigten Temperamentsausbruch zu tun zu haben. Doch wenn ich mich auch dafür ausspreche, daß die Menschen sich ihrer wahren Gefühle bewußt sind, so will ich damit doch nicht sagen, daß aggressive Gefühle ausgelebt werden sollten. Im Gegenteil, das eigene Tun muß rigoros kontrolliert werden. Es ist relativ einfach, bewußt motivierte Handlungen zu kontrollieren. Wenn wir unser Schuldgefühl wegen aggressiver Gefühle verlieren, können wir diese offen erfahren und kontrolliert mit ihnen umgehen. Es ist unmöglich, Reaktionen unter Kontrolle zu halten, die niemals die Ebene der Bewußtheit erreichen, die unbewußt erlebt werden und die das Verhalten bewußt motivieren. Es ist wesentlich, daß wir begreifen, daß eine aggressive Reaktion, wie bereits gesagt, die logische unausweichliche Antwort auf einen Reiz ist. Es gibt für uns keine Möglichkeit, diese Reaktion zu beseitigen. Das ist genau so, wie wenn wir unsere Hand wegziehen, wenn wir einen heißen Gegenstand berührt haben, etwa einen Ofen. Reize, die eine aggressive Reaktion hervorrufen, gibt es, wo Kinder großgezogen werden, ohne Unterlaß. Den ganzen Tag und manchmal die ganze Nacht hindurch provozieren Kinder ihre Eltern. In dieser Zeit sind Eltern häufig mit ihrer Kraft am Ende. Wenn ein dreijähriges Kind zum zehnten

Mal aus dem Bett steigt und um sein zehntes Glas Wasser bittet, löst es damit unweigerlich einen Wutanfall aus. Doch dem Zorn muß nicht freier Lauf gelassen werden – darf nicht freier Lauf gelassen werden. Eltern, die wirklich in dem Maß die Beherrschung verloren haben, daß sie ihre Kinder verletzten oder sogar umbrachten, haben sich so provoziert gefühlt, daß sie sich um »ihren Verstand gebracht« sahen. Ein Ehemann, der das von einem anderen Mann gezeugte Kind seiner Frau tötete, erzählte vor Gericht, das Baby habe ohne Unterlaß stundenlang geweint und geweint, und er habe schließlich den Kopf verloren, das Kind gepackt und gegen die Wand geworfen.

Die Provokation würde vielleicht weniger intensiv empfunden, wenn wir erkennen und akzeptieren würden, daß Aggression die natürliche Reaktion auf die Provokation von Kindern ist. Wenn man z. B. mit einer sozialen Einrichtung wie der Telefonseelsorge Kontakt aufnehmen könnte, wo Eltern anrufen und Hilfe erhalten könnten, ohne sich schuldig zu fühlen, ließe sich ein Großteil der Kinder zugefügten Schädigungen vermeiden (s. die im Anhang angeführten Adressen).

Elterliche Aggression gegenüber Kindern hat zwei Aspekte. Zum einen die Aggression selbst – Wut, Haß, Eifersucht, der Wunsch, dem Kind wehzutun, es zu verletzen, zugrundezurichten oder schlichtweg umzubringen. Diese Aggression kann bewußt erlebt werden, oder sie kann unbewußt sein. Hierbei können Gefühle der Angst oder Schuld wegen der Aggression völlig fehlen.

Der zweite Aspekt ist die Furcht davor, aggressiv zu sein – der entschiedene bewußte Wunsch, *nicht* weh zu tun, doch die Angst, dem Kind durch Zufall, Nachlässigkeit, Eingriff oder Unterlassung doch wehzutun, es zu verletzten oder zu vernichten. Die Eltern würden diese Furcht nicht spüren, wenn sie nicht bereits irgendwo in sich Empfindungen der Aggression gegen das Kind aufsteigen fühlten. Diese aggressiven Gefühle, die zumeist verborgen und unterdrückt werden, können aus einer ganzen Reihe von Gründen vorhanden sein. Zum Beispiel:

- Vater oder Mutter sind erschöpft, das Kind ist lästig.
- Das Kind ist »schwierig«, weint, will nicht essen, will nicht schlafen.
- Das Kind ist böse und folgt nicht.
- Das Kind ist krank.
- Vater oder Mutter waren abgelehnte Kinder und verspürten unbewußt den Impuls, diese Erfahrung mit dem eigenen Kind neu zu inszenieren.

Dieser zweite Aspekt der Aggression beinhaltet allerdings nicht den direkten und eindeutigen Wunsch, das Kind zu verletzten – in Wirklichkeit wird Horror bei der Möglichkeit empfunden, das Kind zu verletzen, und echte Sorge, wenn das Kind verletzt wird. Der Elternteil fühlt sich sicher, wenn das Kind lächelt, fröhlich und gesund ist. Direkte und offene aggressive Gefühle treten auf, wenn ein Elternteil wirklich den Wunsch hat, wehzutun oder Schaden zuzufügen, und er sich freut oder zumindest zufrieden ist, wenn das Kind verletzt oder behindert ist.

Die Aggression verschwindet tatsächlich nach einem Akt der Zerstörung. Vater oder Mutter hegen freundliche und zärtliche Gefühle, sobald dem Kind »Schaden zugefügt« wurde. Die Aggression kann jedoch auch schwinden, wenn sie akzeptiert wird und bewußt ist. Wenn der Elternteil den z. B. tiefgehenden Wunsch erkennen würde, das Kind zu »beseitigen«, Ruhe von allen Forderungen und Ärgernissen durch das Kind zu haben, erschiene ihm die Tolerierung des Kindes auf geheimnisvolle Weise einfacher.

Manche sind der Ansicht, Aggression ließe sich exorzieren oder austreiben, indem man eine Gewalttat beobachtet, ohne sich jedoch selbst daran zu beteiligen. Die Zirkusspiele der Römer, bei denen Christen und andere Menschen von Löwen in der Arena zu Tode gebracht wurden, das griechische Theater, in dem Väter und Mütter ihre Kinder auf der Bühne umbrachten und vice versa, Stierkämpfe, Boxen, Gewalt im Film – von all dem behaupten einige, es treibe die Aggression aus. Andere glauben, dies würde zu aggressivem Verhalten aufrufen. Wir wissen nicht, was nun wirklich stimmt. In einigen psychiatrischen Kliniken werden die Patienten ermutigt, die Aggressionen in Theateraufführungen von Dramen und Schauspielen herauszulassen. Dies ist vielleicht ein besserer Weg, mit Aggressionen umzugehen, als das einfache Verfolgen von Gewaltszenen.

Sehr häufig sehen sich Eltern, die sich um das Wohlergehen ihrer Kinder Gedanken machen, im Umgang mit dem Kind vor zwei scheinbar sich widersprechende Alternativen gestellt. Diese Eltern sind, im großen und ganzen, ängstlich besorgt, daß sie dem Kind gegenüber ja nicht aggressiv werden. Sie bringen es vielleicht nicht fertig, bestimmte Schritte zu unternehmen, da diese dem Kind gegenüber als Aggression erscheinen würden – doch in Wahrheit können diese Schritte, langfristig gesehen, für das Kind von Vorteil sein, wenn sie auch momentan verletzend sind.

Die Eltern müssen bei leidenschaftlich vorgebrachten Forderungen nach beispielsweise mehr Süßigkeiten oder Eis nein sagen. Die Eltern müssen die Kinder zu Bett bringen, auch wenn diese lieber länger aufbleiben möchten. Die Eltern müssen verlangen, daß das Zimmer aufgeräumt oder die Hausaufgaben gemacht werden, wenn das Kind nur spielen möchte. In all diesen Beispielen wird das Kind, auch wenn die Eltern einen kleinen Akt unmittelbarer Aggression begehen müssen, langfristig davon profitieren. Wenn die Eltern dem Kind nachgeben, begehen sie in Wirklichkeit eine weitaus größere Aggression, die auf lange Sicht spürbar wird.

Wenn das Kind zu viele Süßigkeiten ißt, wird es krank und dick werden, schlechte Zähne bekommen usw. Wenn das Kind zu lange aufbleibt, wird es am nächsten Morgen in der Schule müde sein. Wenn ein Kind seine Hausaufgaben nicht macht, wird es am nächsten Tag bestraft werden oder gegenüber dem Rest der Klasse zurückfallen usw. Dem Kind seinen Willen zu lassen hat noch zahlreiche zusätzliche Komplikationen:

- Das Kind führt die Eltern und nicht umgekehrt, eine Situation, die Kinder nervös macht, da sie das Gefühl brauchen, daß die Eltern stärker und zu mehr fähig sind als sie selbst.
- Die Eltern zeigen dem Kind, daß sie fürchten, aggressiv zu sein, und lassen so die Möglichkeit offen, daß ihre aggressive Absicht ernsthafter ist, als sie vielleicht tatsächlich ist. Das Kind kann eventuell die Angst und die Möglichkeit ungezügelter Aggression spüren.

Den Eltern bietet sich, sobald ihre Aggression bei der Erziehung der Kinder notwendig wird, die Lösung, eine wohlüberlegte Entscheidung zu treffen, welche Handlungsweise größere Aggression mit sich bringt, welche für das Kind auf lange Sicht die beste sein wird. Natürlich gibt es solche und solche Möglichkeiten, Kinder in die Schranken zu weisen oder zu disziplinieren. Der Versuch, die Sache vernünftig anzugehen und zu erklären, kann, wenn man eine gute Beziehung zum Kind hat, das gleiche bewirken wie Schreien und Brüllen.

Ein kleiner Akt unmittelbarer Aggression, ein großer Akt langfristiger, aber weniger sichtbarer Aggression – vor diese Wahl sehen wir uns häufig gestellt.

Viele Eltern entscheiden sich kurzsichtigerweise dafür, das sofortige aggressive Handeln zu vermeiden, weil dies einfacher ist, da vielen Menschen die eigene Aggression unerträglich ist; wir sind ja alle darauf trainiert, uns wegen unserer Aggression ach so schuldig zu fühlen. (Und ich muß es noch einmal wiederholen, wir *sollten* uns wegen unseres aggressiven Verhaltens auch schuldig fühlen – wegen aggressiver Gefühle jedoch weniger.)

Offene Aggression zu vermeiden, das heißt bei wichtigen Fragen passiv zu bleiben, wirkt sich auf ganze Nationen und Gesellschaften aus. Es kann besser sein, gegenüber Familien dieser Generation aggressiv zu sein – die Anzahl der Kinder, die sie haben dürfen, zu begrenzen, wie es die Chinesen machen, anstatt die Welt weiter überzubevölkern und auf diese Weise Milliarden Menschen in Not, Hunger, Umweltverschmutzung und Armut zu stürzen. Somit ist Passivität in Wirklichkeit eine immense Aggression. Passivität ist nur eines der vielen Gesichter der Aggression.

Offene und unverhohlene Aggression ist uns allen vertraut. Aber unbewußte Aggression, rationalisierte Aggression, versteckte Aggression kann sich auf geheimnisvolle und beunruhigende Weise ausdrücken – auf unzählige Arten.

Ein Kind – oder ein Erwachsener –, die zum Empfänger verdrängter oder verdeckter Aggression werden, sind vollkommen verwirrt. Was wie Freundlichkeit erscheint, kann in Wirklichkeit ein Akt der Feindseligkeit sein.

Die Mutter, die ihr Kind mit riesigen Mengen Zucker und Butter vollstopft, stellt bei dem Kind die Weichen für Übergewicht und Krankheiten. Doch das Kind kann nur eine Mutter sehen, die ihm so viele Süßigkeiten und Kuchen zugesteht, wie es herunterbringt. Der Vater, der seinem Jungen erlaubt oder ihn dazu ermuntert, auf Bäume zu klettern oder von Mauern herunterzuspringen, mit der rationalisierten Vorstellung, Freiheit sei für den Jungen gut, fordert in Wahrheit Knochenbrüche geradezu heraus. Aggressive Gefühle und Verhaltensweisen zu rationalisieren ist sehr verbreitet – fast jeder von uns geht von Zeit zu Zeit Aggressionen mit Vernunft an. Wenn wir mit einer Freundin verabredet sind und eine Zeitlang auf dem Gehsteig vor einem Geschäft oder Restaurant auf sie warten, beginnen wir nach einer Weile zu überlegen, ob Jane einen Unfall hatte, und nach einer weiteren Viertelstunde meinen wir bereits, sie sei tot. In Wahrheit sind wir so verärgert, weil wir warten müssen, daß wir Jane unbewußt bestrafen, ihr wehtun oder, mit wachsendem Ärger, sie töten wollen. Diese aggressiven Gefühle werden weit unterhalb der Ebene des bewußten Denkens gehalten, steigen aber in Form ängstlicher Besorgnis an die Oberfläche. In Wirklichkeit ist es in diesem Moment völlig unwahrscheinlich, daß Jane einen Unfall hatte; am wahrscheinlichsten ist, sie hat die Verabredung vergessen, ist vielleicht durch den Verkehr aufgehalten worden, oder, wie es oft bei Jane der Fall ist, sie verspätet sich einfach.

Überängstlichkeit wirkt wie eine Form der Aggression. Vater oder Mutter, die ihr Kind beglucken und das Kind nichts alleine machen lassen können, etwa alleine vor die Tür gehen, Fahrrad fahren, sie oder er könnte ja stürzen, vermitteln dem Kind die Angst, es könnte Schaden nehmen. Diese Situation unterscheidet sich auf subtile Weise von der der Eltern, die meinen, sie werden oder könnten für eine Schädigung des Kindes verantwortlich sein. Im Falle der überängstlichen Eltern konzentriert sich die Angst darauf, daß die Welt gefährlich ist. Sie halten die Welt für gefährlich und geben diese furchtsame Einstellung an das Kind indirekt weiter – und das ist eine Aggression gegen das Kind. Das Kind kann zudem anfangen, sich unfähig und inkompetent zu fühlen, ein Zustand, der ihn oder sie das ganze Leben lang begleiten wird.

Häufig wird auch Geld als Instrument der Aggression eingesetzt. Dazu fällt mir mein Onkel Bob ein, ein gutsituierter Mann, der jede Woche langsam ein kleines Bündel Banknoten aus seiner Hosentasche abzählte und es dann Tante Maisie gab, während sie schweigend dabeistand und sich erniedrigt fühlte und ihr der Ärger bis in den Hals stieg. Das trug sich immer zu, wenn sie ihn um das wöchentliche Haushaltsgeld bat. Sie mußte ihn dazu auffordern. Er bot ihr das Geld niemals freiwillig an. Tante Maisie war eine starke, großgewachsene Frau, und Onkel Bob war etwas kleiner und von ihr sehr abhängig, was er haßte. Die Geldübergabe war seine bittersüße Rache. Sie selbst besaß keinen Pfennig. Abgesehen vom Haushaltsgeld konnte sie haben, was sie wollte, etwa Kleider, dafür durfte sie Kreditkarten benutzen. Doch er schenkte ihr nie Schmuck. In der Familie war bekannt, daß sie sich schon immer eine Perlenkette gewünscht hatte. Als er gestorben war, kaufte sie sich als erstes selbst eine solche Kette. Ihre Perlen trug sie dann für alle sichtbar triumphierend Tag für Tag. Eine Form der Aggression wurde mit einer anderen beantwortet.

Manchmal wird ein Akt der Aggression so ausgeführt, daß sich der Aggressor edel und der Angegriffene schuldig fühlt. Simon K. liebte seinen Garten. Er verbrachte seine ganze Freizeit mit Gartenarbeit. Als Weihnachten näherrückte, schlugen seine Frau und seine Kinder vor, ihm einen Baum aus einer nahegelegenen Baumschule zu schenken, was er erfreut akzeptierte. »Aber es muß eine Pappel oder eine Buche sein«, sagte er. An Weihnachten erhielt er eine Weide, die er absolut nicht gewollt hatte, worauf er auch ausdrücklich hinwies.

»Du bist vielleicht undankbar!« erhielt er zutiefst vorwurfsvoll zur Antwort.

»Es hat uns so viel Mühe gemacht, den Baum zu besorgen!«

»Aber ich kann die Weide nirgendwo einpflanzen. Weiden gedeihen hier nicht – sie wird eingehen!«

Es flossen Tränen. Simon K. fühlte sich schrecklich schuldig.

Er entschuldigte sich. Er betonte, wie nett sie gewesen seien. Niedergeschlagen und bedrückt ging er in den Garten, um die Weide einzupflanzen – die tatsächlich in den darauffolgenden Monaten langsam dahinwelkte und einging.

Simon K. einen Baum zu schenken, den er nicht wollte, keinen Baum auszusuchen, den er haben wollte – das ist eine unbewußte Aggression. Doch man brachte Simon dazu, sich als Aggressor zu fühlen. Es gab Gründe, warum andere Familienmitglieder Feindseligkeit ihm gegenüber empfanden. Im letzten Jahr hatte er sich in seine Sekretärin verliebt – eine kurze, bereits beendete Affäre –, doch die Familie war stark in Unruhe versetzt worden. Als die Affäre vorbei war, hatte ihm seine Frau angeblich »verziehen«, doch die geschenkte Weide bewies, daß der Groll noch unbewußt fortbestand.

Noch ein Beispiel für eine Aggression, die wie eine Nettigkeit aussieht und dem damit Bedachten Schuldgefühle bereitet.

Frau Lavender M. hatte ihrem Sohn Martin unbewußt stets feindlich gegenübergestanden. Als er erwachsen war, heiratete er eine andere ablehnende Frau und gründete eine Familie. Er hegte nie einen Verdacht, daß seine Mutter ihn abgelehnt hatte und es immer noch tat. Sie schien ihn überschwenglich zu lieben und zu umsorgen. An seinem Geburtstag gab sie für ihn und seine Familie ein Fest. Das Essen war üppig. Martin M. hatte ein Jahr zuvor eine Thrombose im Herzen gehabt und nun von seinen Ärzten Anweisung, keine tierischen Fette zu sich zu nehmen. Lavender hatte eine herrliche Geburtstagstorte mit einer dicken Schicht Schlagsahne gebacken. Als es dann soweit war und Martin sie anschneiden sollte, gab er sich selbst nur ein sehr schmales Stück.

Lavender sagte: »Martin, ist das alles, was du davon essen willst?«

»Ja, Mutter«, antwortete er. »Du weißt doch, ich muß vorsichtig sein!«

»An deinem Geburtstag! Nur dieses eine Mal – nachdem ich mich so bemüht habe, ich habe die Torte extra für dich gebacken ...«

»Also dann« – widerstrebend nahm er sich noch ein Stückchen.

Lavender brach in Tränen aus.

»Du hast etwas gegen mich. Du hast etwas gegen mich und meinen Kuchen!« sagte sie ungefähr unter Schluchzen.

»Los, Martin!« sagte seine Frau scharf. »Nimm dir

noch ein Stückchen vom Tod! Genau das will deine Mutter offensichtlich!«

So endete die Feier kläglich. Martin M. fuhr seine Familie in bedrückter Stimmung heim.

»Du hättest zu Mutter nicht so unfreundlich sein müssen!« sagte er vorwurfsvoll zu seiner Frau, die hart und schrill auflachte.

»Du wirst niemals kapieren, Martin, daß sie uns wirklich haßt, oder doch?«

Und noch ein Beispiel für unbewußt motiviertes aggressives Verhalten, das fälschlicherweise zuvorkommend und aufmerksam zu sein scheint. Vorher habe ich bereits einen jungen Mann erwähnt, der Frauen dazu brachte, sich in ihn zu verlieben, und es dann so drehte, daß er sie durch den langsamen Rückzug aus der Beziehung verletzte. In der nun folgenden Geschichte wird die gleiche Art Verhalten beschrieben, jedoch unter einem etwas anderen Aspekt, und es werden die Gründe für die Aggression aufgezeigt.

Jack war Lenas Sohn. Sie war nicht lange nach der Geburt von Jacks jüngerem Bruder, Dominic, verwitwet. Lena hatte ihrem Mann in seinem Geschäft geholfen, und als er starb, führte sie es alleine weiter – und sie war sehr erfolgreich. Doch dadurch hatte sie für ihre Kinder keine Zeit mehr, und sie überließ sie einer Kinderfrau. Lena mochte Jack nicht besonders, sie identifizierte ihn mit ihrem jüngeren Bruder in ihrer Kindheit. Dominic, ein strahlendes und fröhliches Kind, den sie für »einfach« hielt, zog sie vor. Sie meinte, Jack sei zurückhaltend und schwierig, was auch die Kinderfrau glaubte, die sich allein um die Kinder kümmerte, während Lena arbeitete. Jack nahm nicht bewußt wahr, daß seine Mutter ihm gegenüber feindselig eingestellt war – noch wußte er von seiner Feindseligkeit ihr gegenüber. Jedermann behauptete ständig, sie sei eine wunderbare Frau. Er schloß sich der allgemeinen Einschätzung an – als kleines Kind konnte er auch gar nicht anders. Er wußte, daß die Kinderfrau ihn nicht mochte, und er wußte, daß er sie oft für ihre mangelnde Fairneß und ihre Unfreundlichkeit haßte. Er fühlte sich in seiner Kindheit großenteils elend und einsam und glaubte, er sei unattraktiv und dumm. In der Schule war er nicht gut – die Lehrer hielten ihn für »faul« – aber in bestimmten Sportarten tat er sich hervor.

Als er erwachsen wurde, stellte er zu seiner Überraschung fest, daß ihn viele Frauen anziehend fanden. Er konnte seinen ganzen Charme spielen lassen, und manche Frauen, die in ihm gerne den »kleinen verlassenen Jungen« sahen, bemutterten ihn auch gerne. Er begann mehrere Liebschaften – nicht nur jeweils eine, sondern mehrere gleichzeitig. Er schaffte es immer, seine Geliebten zu ermutigen, sich intensiv auf ihn einzulassen- obwohl er die Beziehung locker hielt und sich frei fühlte. In gefährlichen Winkelzügen sprang er von der einen zur nächsten und gab jeder Frau das Gefühl, sie sei die einzige, wirkliche Geliebte in seinem Leben. Alle Frauen begannen an Heirat und ein Heim und Kinder zu denken, was er unterstützte. Dann fing er nach einer Weile an, der einen oder anderen überdrüssig zu werden. Er rationalisierte seinen Wunsch nach Rückzug, indem er behauptete, er sei noch immer auf der Suche nach der perfekten Frau – und dieser oder jener Frau fehle die eine oder andere Qualität. Aber er ließ die Frauen nicht wissen, daß er die Beziehung beenden wolle. Im Gegenteil, obwohl er weniger begeistert als früher war, längere Zeit zwischen den Telefonanrufen verstreichen ließ und nicht mehr so oft mit ihnen ins Bett ging, betonte er weiterhin, er sei der Betreffenden wirklich zugetan.

Er schaffte es einfach nicht zusagen, »es ist vorbei«, weil ihnen das, wie er meinte, zu sehr wehtun würde. In gequältem Ton erzählte er seinen Freunden, wie schwierig alles für ihn geworden sei, weil Vera und Marion und Lilac ihn so sehr liebten, und wie schmerzlich es für ihn sei, daß er *sie* nicht liebe. Doch vor allem wollte er sie nicht verletzen, und so dachte er, es sei netter, ihnen nicht alle Hoffnung zu nehmen. Seine empfindsameren Freunde erklärten ihm, es wäre den Frauen gegenüber netter, ihnen die Wahrheit zu sagen und sie den Bruch verschmerzen zu lassen, als sie hinzuhalten. Doch dazu konnte er sich nicht durchringen. So hofften die Frauen weiter und erhielten ab und zu einen Blumenstrauß zur Entschuldigung, der ihnen Mut machen sollte – oder sie wurden plötzlich zu einem Wochenende in Paris oder für eine Nacht in Jacks Landhaus eingeladen – denn mittlerweile ging es ihm recht gut, seine Mutter war gestorben und hatte ihm das Geschäft vererbt, das er überraschend gut führte. Jack schlief dann noch einmal mit ihnen – weil sie so verletzt wären, wenn er es nicht täte. Dem folgte dann von seiner Seite aus der in die Länge gezogene allmähliche Rückzug, in dessen Verlauf Tränen flossen, es zu Szenen und Selbstmorddrohungen kam – die ihn allesamt nicht berührten – und gerade wenn die betroffene Frau beschloß, sie habe nun endgültig genug von ihm, tauchte er wieder mit Champagner und roten Rosen auf, redete von einem Urlaub in der Sonne, und die ganze Affäre begann von neuem.

Jack war natürlich unbewußt zutiefst befriedigt über den Schmerz und die Verwirrung, die er bei diesen Frauen auslöste. Das war seine unbewußt arrangierte Rache, seine Strafe für die Frauen aus seiner Kindheit, die ihm so viel Schmerz bereitet hatten. Doch wenn ihm irgend jemand gesagt hätte, daß er es genoß, Frauen leiden zu lassen, ohne sich bewußt zu sein, was er tat, wäre er schockiert gewesen und in die Luft gegangen. Er hätte heftigst bestritten, daß er auch nur den leisesten Wunsch verspürte, seine Mutter zu bestrafen, die, wie er behauptet hätte, unter schwierigen Umständen ihr Bestes gegeben habe.

Mutter und Sohn wären beide wesentlich besser dran gewesen, hätten es ihnen die Kultur und das emotionale Klima erlaubt, ihre wirklichen Gefühle füreinander herauszulassen. Lena wäre nicht mit großen unbewußten Schuldgefühlen – die ihre Feindseligkeit Jack gegenüber noch verstärkten – belastet gewesen. Sie hätte nicht all die unglaubwürdigen und verwirrenden Spiele, mit denen sie Liebe heuchelte, aufführen müssen – und auch nicht die subtilen und verheerenden kleinen Messerstiche der Aggression, für die sie zum beiderseitigen Wohle Rationalisierungen fand.

So erlaubte sie ihm zum Beispiel nicht zu weinen – obwohl er erst vier Jahre alt war –, als er seinen Vater verlor.

»Jungen weinen nicht!« sagte sie drohend.

Wenn er zum Beispiel hinfiel und sich das Knie aufschürfte, verspottete und verhöhnte sie ihn, sobald sie die ersten Tränen bei ihm sah. Aber Dominic konnte weinen, soviel er wollte, denn er war das »Baby«.

Als Jack einmal von der Schule eine gute Zensur mitbrachte und stolz nach Hause kam und es ihr erzählte, versetzte sie ihm sofort einen Dämpfer. »Genau das erwarte ich von dir«, sagte sie. »So toll ist die Zensur sowieso nicht. Warum wirst du nicht Klassenbester?«

In Wahrheit ärgerte und regte es sie auf, wenn er gute Leistungen brachte. Sie meinte, daß Dominic durch Erfolge von Jack bedroht würde, so wie sie sich selbst durch die Erfolge ihres älteren Bruders bedroht gefühlt hatte, als sie noch ein Kind war.

Die Sache wäre für sie und Jack dadurch zu lösen gewesen, daß sie ihre Feindseligkeit ihm gegenüber erkannt und akzeptiert hätte in einer Gesellschaft, die das nicht ungewöhnliche Phänomen der Eltern/Kind-Feindseligkeit ruhig und selbstverständlich annehmen könnte.

Dann wäre Lena in der Lage gewesen, irgendeine Beratungsstelle aufzusuchen, so hätte sie durchaus die Möglichkeit zu einer Therapie gehabt, damit sie ihre Gefühle zu Jack hätte verstehen und ändern können. Er hätte auf jeden Fall die Möglichkeit bekommen müssen, eine Beziehung zu einem erfahrenen und sympathischen Profi außerhalb der Familie aufzubauen. Diese Person hätte Jack helfen können, seine Fähigkeiten und seine Identität in sich selbst zu finden – und nicht in der Widerspiegelung der Gefühle seiner Mutter und Kinderfrau für ihn. Jack hätte seine Wut auf diese Frauen erkennen können, und diese Wut hätte auf sie beschränkt und nicht auf Frauen im allgemeinen gewendet werden können. Später hätte er vielleicht entdeckt, daß er eine Frau lieben kann, und hätte so heiraten und selbst Kinder haben können.

Es gibt viele, viele Männer wie Jack, die sich an Frauen für das Elend rächen, das ihnen Frauen in ihrer Kindheit bereitet haben, und auch viele Frauen, die Männer aus demselben Grund bestrafen. Die Nachbarn würden vielleicht schockiert reagieren, wenn eine Frau verkünden würde: »Ich kann meine Kinder nicht ausstehen, und ich weiß auch warum. Doch ich tue mein Bestes, mich um sie zu kümmern und ihre Bedürfnisse zu stillen.« Überraschenderweise ist es weniger schockierend, wenn wir hören: »Ich bete meine kleinen Jungs an, doch ich war heute so in Eile, daß ich vergaß, etwas zu essen einzukaufen.« Unser Image in der Öffentlichkeit muß unaggressiv erscheinen, wie aggressiv wir zu Hause auch immer sein mögen.

Ich erinnere mich, wie mir eine Patientin erzählte: »Meine Mutter wurde stets für eine Heilige gehalten. Jedermann in der Nachbarschaft verehrte sie. Sie tat immer Gutes und Liebes für andere Leute. Aber ich kann mich nicht daran erinnern, daß sie zu uns Kindern nett gewesen wäre. Sie war kalt und distanziert. Sie brachte uns nicht einmal Aufmerksamkeit entgegen. An einen Vorfall kann ich mich besonders gut erinnern. Wir Kinder hatten einen Hund, den wir sehr liebten – einen jungen großen Airedale. Er hieß Tim. Wir hingen sehr an ihm. Eines Tages spielten wir im Garten und hörten einen angstvollen langgezogenen Schrei auf der Straße. Es war Timmy, der von einem Auto überfahren worden war. Kurz darauf erschien der Fahrer des Wagens am Tor, ein Chauffeur in Livree, mit dem schlaffen Körper Timmys im Arm. Wir waren am Boden zerstört. Tim war bewußtlos. Er starb noch, bevor der Tierarzt kam. Wir Kinder rannten nach oben. Wir lagen in meinem Zimmer auf dem Boden und heulten. Inzwischen war die Besitzerin des Wagens im Garten aufgetaucht, schockiert und aufgeregt, um zu sagen, wie leid es ihr täte. Meine Mutter stellte fest, daß sie die Frau kannte. Sie lud sie zu einer Tasse Tee ein. Wir heulten und heulten. Meine Mutter kam nach oben. Sie sagte: ›Kinder, hört auf. Ihr regt Frau X. auf. Hört sofort auf zu weinen!‹ Als wir ruhig waren – sie terrorisierte uns immer, wir waren daran gewöhnt – ging sie wieder hinunter und spielte vor Frau X. die Heilige.

Es schmerzt mich – noch heute –, an diesen schrecklichen Schrei auf der Straße zu denken. Unser armer Timmy, armes Hundchen ...« Die Patientin griff sich ans Herz.

»Sie war zu jedermann gut, nur nicht zu uns«, sagte sie traurig. »Und an noch etwas kann ich mich erinnern – da war eine hübsche, verrückte Frau in der Nachbarschaft, die recht gut Klavier spielen konnte. Sie steckte in Schwierigkeiten. Ihr Ehemann hatte sie verlassen. Sie hatte kein Geld. Meine Mutter beschloß, ihr zu helfen. Sie sollte uns Klavierstunden geben. Eine tolle Idee meiner Mutter – zwei Fliegen mit einer Klappe zu schlagen. Diese Stunden waren ein Alptraum. Die Frau hatte nicht die geringste Ahnung, wie man Kinder unterrichtet. Wir hatten jeder zweimal die Woche eine halbe Stunde bei ihr, während der sie herumschnauzte, uns anknurrte und Stücke spielen ließ, die viel zu schwierig waren. Ich konnte nicht einmal Noten lesen. Jede Chance, ein Musikinstrument zu spielen, wurde mir so für mein ganzes Leben vermiest. Meine Mutter fragte uns nie, wie wir vorankamen. Sie hörte sich nie an, was wir zu spielen versuchten. Doch sie verbrachte eine Menge Zeit mit Mrs. Busby, die meinte, sie sei ein vom Himmel geschickter Engel.«

Aggressionen werden häufig zu Hause gegenüber den Nächsten und Liebsten ausgelebt – und in der Öffentlichkeit wird das Image gütigen und guten Benehmens aufrechterhalten. Unser öffentliches Image scheint im Hinblick auf Aggressionen wichtiger zu sein als unser privates. Männer und Frauen können ihre Gatten – oder Kinder – auf eine Weise anschreien und beschimpfen, wie sie es niemals in einem Sitzungssaal oder Büro oder irgendwo in Gegenwart von Freunden und Kollegen wagen würden. Vielleicht ist die Zurückhaltung hinsichtlich öffentlicher Demonstrationen von Aggression ein nationaler Charakterzug – ein spezifischer Teil der britischen Kultur. In Frankreich können Aggressionen offener und öffentlicher ausgelebt werden.

Vor nicht allzulanger Zeit ging ich in Frankreich in die örtliche Bank und fand eine kleine Menschenmenge am Schalter versammelt. Auf der anderen Seite der Panzerglasscheibe, die eine gewalttätige Aggression in Form von Raub verhindern sollte, führte Marie-Louise, eine der Kassiererinnen, ein leidenschaftliches Telefongespräch. Ihre Zuhörerschaft sah und hörte in respektvollem Schweigen zu, und einige nickten von Zeit zu Zeit zustimmend zu den Argumenten, die sie lautstark vorbrachte. Sie schrie, weinte, schluchzte, bat, brüllte. Schließlich legte sie den Hörer auf, wischte sich über die Augen und wandte sich wieder ihren Pflichten zu. »Es ist nicht fair«, erklärte sie, »mir den Morgen nach dem Feiertag nicht freizugeben. Ich muß mich ja um meine Kinder, meine Schwiegermutter und mein eigenes Leben kümmern. Ich habe seit Monaten keinen Tag frei gehabt.« Teile der Zuhörerschaft nickten wieder und gaben bestätigende Kommentare ab. Niemand schauderte. Niemand lachte. Niemand verzog eine Miene. Niemand schreckte zurück. Eine normale Auseinandersetzung.

Doch während diese offene Akzeptanz von geringerem aggressivem Verhalten zwischen Menschen vermutlich gesund ist, neigen die Franzosen dazu, sich Akte großer Aggressionen zu erlauben, die katastrophal sind. Das bemerkenswerteste Beispiel dafür ist die Art, wie sie Auto und LKW fahren, sie haben eine höhere Unfall- und Todesrate als die meisten anderen Länder des Westens.

Dies bringt uns auf einen weiteren interessanten Aspekt des menschlichen Verstandes und der menschlichen Gefühle. Der Akt der Aggression beeinflußt die Gefühle einer Person nur, wenn er sofort wahrgenommen wird – die auf dem Fuße erfolgende, nackte, eindeutige Verletzung irgendeiner Art. Wird die Aggression hinter der Schutzwand aus Stahl und Glas eines Autos begangen, so hat sie irgendwie für den Fahrer, der es wahrscheinlich niemals fertigbringen würde, eine Axt zu nehmen und sein Opfer im Nahkampf zu verstümmeln, keinerlei Bedeutung. In ähnlicher Weise werden Atombomben, die auf den Pazifikinseln explodieren, oder Hungersnöte in Äthiopien mit Leichtigkeit beiseite gewischt.

Vor einiger Zeit fand an Bord eines amerikanischen Flugzeugträgers, der in einem Mittelmeerhafen vor Anker lag, zur Feier des 4. Juli eine große Party statt. Eine Band, die extra dafür aus Neapel eingeflogen worden war, spielte nostalgische Musik. Hübsche Mädchen flanierten mit gutaussehenden strahlenden jungen Marineoffizieren in tadellosen weißen Uniformen über das Deck. Kleine Gruppen von Gästen konnten mit dem Flugzeug einen Rundflug machen. Jede Maschine wurde erklärt anhand der Zerstörungskraft, die sie erreichen konnte. Darüber regte sich nur ein einziges Mitglied unserer Gruppe auf. Er sagte zu uns: »Sie tun alle so, als wären Sie bei der Chelsea-Blumenshow und würden die Rosen betrachten. ›Oh ja? Wie schön! Wie interessant!‹ – ›Und dieses Flugzeug kann einen nuklearen Sprengkopf transportieren, der mit soundso hoher Geschwindigkeit soundso viele Kilometer zurücklegen kann … und Städte dem Erdboden gleichmachen und soundso viele Tausend Menschen, darunter Kinder, töten, verstümmeln, blind machen und verbrennen kann‹ … ›Wirklich? Wie interessant!‹«.

Er hatte recht. Die eleganten Gäste murmelten und zwitscherten um diese schrecklichen Instrumente der Zerstörung herum, so weit entfernt von jedem Begreifen, daß Atombomben mörderisch sind, wie die Erde vom Mars entfernt ist. Akte der Aggression sind für uns nahezu bedeutungslos, wenn sie nicht unmittelbar vor unseren Augen passieren.

Und dennoch können wir von Symbolen der Aggression höchst berührt sein. Es gibt Leute, die den Anblick scharfer Messer, einer Schere oder eines zerbrochenen Glases nicht ertragen können, Menschen, die beim Anblick von Blut in Ohnmacht fallen oder grün werden, wenn sie sehen, wie Wunden genäht werden. Auch hier haben wir es mit Gedächtnisbrocken und – oder – Dingen zu tun, die in uns Erinnerungen wecken.

Die Gedächtnisbrocken können unsere eigene oder die potentielle Aggression anderer Menschen betreffen, Erinnerungen an Grausamkeiten, die wir in früherer Zeit erfahren haben. Meine eigene Mutter konnte es nicht ertragen, Babykleidung mit kleinen, am Hals zu bindenden Bändeln zu sehen, sie war zweifellos, bewußt oder unbewußt, in Gedanken oder Ängsten gefangen, ihre Babys zu erdrosseln.

Es ist auch bemerkenswert, daß es Menschen gibt, die es nicht aushalten, krank zu sein. Die symbolische oder tatsächliche Hilflosigkeit erinnert sie an die frühkindliche Situation eines schwachen Wesens in der Macht riesiger Monster (wie sie, als sie noch sehr klein waren, die Aggressionen der Eltern empfunden haben müssen).

Ich habe bislang ein umfangreiches Thema von enormer Komplexität nur leicht gestreift, doch das Wesentliche der Aggression ist folgendes: Die Fähigkeit zur Aggression entwickelt sich – in der Darwinschen Bedeutung des Begriffes Evolution – als Eigenschaft der Stärksten, die überleben. Da Aggressivität von so vielen anderen Lebewesen geteilt wird, ist sie eindeutig für das Überleben eine nützliche Eigenschaft. Die Aggression wird geweckt, sobald das Überleben bedroht ist.

In diesem Kontext müssen wir von der Annahme ausgehen, daß unsere gewalttätige Gesellschaft von heute eine große Anzahl von Menschen umfaßt, die ihr Überleben bedroht sehen. Die Lösung für Verbrechen, Straftaten und Gewalt liegt in der Beseitigung der Bedrohung, nicht in dem Versuch, den Menschen zu helfen, ihre aggressiven Gefühle dadurch abzubauen, daß sie Sportereignisse anschauen, joggen, Yoga treiben oder Gewalt im Fernsehen verfolgen.

Konstruktive Aggression

Im letzten Abschnitt habe ich in erster Linie die Nachteile des Aggressionstriebes und die Probleme angesprochen, welche die Aggression für die Menschen in der modernen westlichen Gesellschaft schafft. Doch die Aggression hat auch einen positiven Aspekt. Aggression fördert Energie und Handeln. Nicht jede Aggression muß zwangsläufig schädlich sein. Aggression ist die Triebkraft für Ambitionen, zum Vorwärtsgehen, zum Schaffen, zum Überbordwerfen alter und Entwickeln neuer Wege.

Auch in unserem täglichen Leben ist Aggression notwendig. In einer idealen Welt könnte die Menschheit ohne Aggressionstrieb überleben. Aber die menschlichen Gesellschaften sind emotional genauso »blutrünstig« wie der Dschungel der restlichen Natur. Wenn wir uns nicht erlauben können, aggressiv zu sein, »gehen wir unter«, werden wir Opfer derjenigen Menschen, die in bezug auf Aggression keine Skrupel kennen. Unsere Fähigkeit, aggressiv zu sein, hängt davon ab, was wir als Kinder lernten, und von unserer Meinung über uns selbst, unseren »Rechten«.

Viele von uns sind als Kinder indoktriniert worden, unseren Aggressionstrieb zu verabscheuen. Selbstsucht wurde als böse angesehen, uns wurde beigebracht, mit anderen zu teilen, gewalttätiges Verhalten wurde bestraft. Uns wurde begreiflich gemacht, daß wir eher akzeptiert werden, wenn wir aggressives Verhalten und auch aggressive Gefühle unterdrücken.

Aber wenn unsere Aggression vollständig unterdrückt wird, werden wir zu Sklaven der Bedürfnisse anderer Menschen (was dazu führen kann, daß wir krank werden, wie ich noch näher erläutern werde.) Wir müssen im Alltag in der Lage sein, »nein« zu sagen, eine Ablehnung, von der wir vielleicht meinen, sie werde von der fordernden oder bittenden Person als aggressiver Akt aufgefaßt. Aber »Nein!« ist manchmal eine lebensrettende Weigerung – und wir müssen auch »Nein!« *meinen,* wenn wir das Wort aussprechen. Wir müssen fähig sein, Anweisungen zu erteilen. Wir müssen uns erlauben, Freundlichkeiten, die man uns erweisen will – oder Geschenke oder Großzügigkeit anderer – die uns als Empfänger vielleicht wie aggressives »Nehmen« erscheinen, zu akzeptieren. Doch das »Nehmen« ist häufig überhaupt nicht aggressiv. Manchmal ist es unfreundlicher anderen gegenüber, Geschenke oder Hilfsangebote zurückzuweisen als sie anzunehmen. Wir müssen in der Lage sein, »Nein!« zu denjenigen zu sagen, die etwas von uns wollen, das wir nicht geben wollen. Wenn ein Mann beispielsweise mit einer Frau, die ihn nicht will, Geschlechtsverkehr haben will, muß sie ihn überzeugend ablehnen können, ohne von Schuldgefühlen überwältigt zu werden.

Beim aggressiven Verhalten stellt sich oft die Frage des »sie oder ich«, wessen Bedürfnisse an erster Stelle kommen sollen. Die Selbsterhaltung des »Ich« ist zumeist wichtiger als die trivialen Bedürfnisse eines anderen. Doch hier müssen wir unsere Urteilskraft und unseren Sinn für Moral einsetzen. Tun wir jemandem weh, wenn wir »selbstsüchtig« sind? Wessen Bedürfnisse sind schwerwiegender, die der anderen oder unsere? Es gibt natürlich Situationen, in denen wir »zu Recht« unsere eigenen Bedürfnisse denen anderer Menschen opfern sollten. Aber die Entscheidung, dies zu tun, sollte bewußt erfolgen, und es sollten alle relevanten Emotionen dabei bewußt erfahren werden.

Das Problem, wenn wir uns erlauben – gerechtfertigt und in Maßen – aggressiv zu handeln, ist, daß unsere Skrupel wegen des aggressiven Vorgehens in der Mehrzahl der Fälle unbewußt sind. Hat man uns im Kindesalter beigebracht, daß Aggression der Bosheit gleichkommt, so werden wir, auf bewußter Ebene, nicht einmal wissen, daß die Aggression in bestimmten Situationen notwendig, ja sogar lebenswichtig ist. Wir werden uns wie hilflose Idioten benehmen, weil aggressive Überlegungen und das entsprechende Verhalten von unserem Bewußtsein blockiert, ausgeschlossen werden. Automatisch werden wir in einer direkten Konfrontation die Rolle des Opfers spielen und erst lange nachher darüber fluchen, daß wir eine Übervorteilung durch andere zugelassen haben.

Der »Treppenwitz«, die witzige Erwiderung, die uns nach dem Ende der Konfrontation einfällt, ist vielen von uns vertraut. Wir funktionieren psychisch erst wieder normal, wenn die Lähmung, hervorgerufen durch die unbewußte Angst, aggressiv zu sein, verschwindet. Wie bereits erwähnt, hängt unsere Fähigkeit, sich bewußt aggressiv zu fühlen und mit Vorsatz und bewußt auf aggressive Weise zu handeln, sowohl von den Indoktrinationen unserer Kindheit als auch von unserem Selbstwertgefühl, von unserer »Berechtigung« ab. Wer in der Kindheit abgelehnt worden ist, wer sich nicht wert und nicht wertvoll fühlt, dem wird es schwerfallen, sich selbst zu behaupten, Forderungen zu stellen, abzulehnen und zu verweigern.

Je mehr Selbstvertrauen wir besitzen, je mehr wir uns für wertvoll halten, um so leichter fällt es uns, unsere »Rechte« zu erkennen und auf einer guten Behandlung durch andere zu bestehen. Mit anderen Worten, die gesunden selbstbewußten Mitglieder unserer Gesellschaft, diejenigen, die man in ihrer Kindheit respektiert und umsorgt hat, sind diejenigen, die ihr Aggressionspotential wenn nötig ausschöpfen können. Andere Menschen merken rasch, wenn jemand ganz unterwürfig ist und ganz gleichgültig, wie die Umstände aussehen, nicht aggressiv werden kann. Das Mädchen hinter dem Ladentisch wird sofort diejenigen Kunden erkennen, die es getrost vernachlässigen kann. Sie wird weiter mir ihrer Freundin plaudern, ohne Angst zu haben, daß man gleich nach dem Geschäftsführer ruft. Kriechertum wird in unsere Gesellschaft verabscheut. Liebenswürdigkeit und die Unfähigkeit, Buuh! zu sagen, werden bewundert. Stärke, Macht und selbst Rücksichtslosigkeit werden bewundert – aber auch gehaßt.

Genauso wichtig wie unsere Fähigkeit zur Aggression, wenn sie notwendig ist, ist unser bewußtes Begreifen, wann wir uns aggressiv fühlen *sollten* – d.h., wann unsere »Rechte« bedroht sind, wann wir vernachlässigt oder abgelehnt werden, wann Menschen versuchen, uns zu benutzen oder uns unterzubuttern. Und genauso wichtig ist es, daß wir aggressive Gefühle jeweils dann empfinden können, wenn eine Aggression angebracht ist. Und schließlich sollten wir, wenn wir sofort und im Moment erkennen können, daß Aggression angebracht ist, und unsere logischen aggressiven *Gefühle* empfinden können, in der Lage sein, aggressiv zu *handeln,* falls unsere bewußte moralische Beurteilung der Situation ein derartiges Vorgehen billigt.

Wenn unser Aggressionstrieb vollkommen unterdrückt wird, kann eine Vielzahl von Symptomen auftreten. Zum einen können wir uns sehr müde fühlen. Das Unterdrücken von Aggressionen, die hochkommen, wenn sie logisch und angebracht sind (und dies ist in unserem Alltag häufig der Fall), ist ermüdend, ja sogar erschöpfend. Wie schon erwähnt, ist unser Aggressionstrieb eine Energiequelle. Er nährt unsere täglichen Aktivitäten. Wenn wir nicht damit beschäftigt sind, ihn niederzuhalten, bewegen wir uns schneller, flinker. Kinder, die sich unbewußt selbst verbieten, aggressiv zu sein, sind tolpatschige Wesen, langsam und bei Spiel und Sport schwach, wobei sie mit Gliedmaßen und Körper herumschlenkern müssen. Sie neigen zu schlaffer und gebeugter Körperhaltung, haben krumme Schultern und schieben den Kopf vor. Ihnen fällt es schwer, anderen gerade in die Augen zu sehen, sie schrecken vor dieser symbolischen Herausforderung zurück. Sie lassen Dinge fallen, sie stolpern, sie sind benommen.

Zweitens treten manchmal Depressionen und depressive Erkrankungen auf, wenn die Aggression unterdrückt wird, wie im Kapitel über Depression nachzulesen ist. Drittens können Schmerzen in der verkrampften Muskulatur auftreten, wodurch Rücken- und Nackenschmerzen entstehen. Viertens entwickeln sich manchmal Phobien. Panikanfälle und Angstausbrüche sind außerordentlich unangenehm. Klaustrophobie und Agoraphobie sind sehr hinderlich. Menschen, die unter Klaustrophobie leiden, werden alles tun, nur nicht sich in einem engen Raum aufhalten und einsperren lassen, auch nicht in diesbezüglich »großen« Räumen wie Aufzügen, Skilifts, den Kabinen von Flugzeugen, Luftkissenbooten und Schiffen. Dadurch ist nur ein eingeschränktes Reisen möglich; aber Menschen, die unter Klaustrophobie leiden, müssen außerdem noch andere raffinierte und erschöpfende Vorkehrungen treffen, um Situationen zu meiden, die dem Rest von uns kaum auffallen. Ich kann mich an eine Mutter erinnern, deren Kind krank im obersten Stockwerk eines Londoner Krankenhauses lag. Die arme Frau mußte jedesmal, wenn sie das Kind besuchen wollte – manchmal mehrmals am Tag – zwölf Treppen hochsteigen, weil sie den Lift nicht ertragen konnte. Aufzüge, die rundum mit Metall ausgekleidet sind – und das sind die meisten modernen Typs – sind für eine klaustrophobische Person schlimmer als solche mit offenen Türen. Die gleiche Frau fürchtete sich vor der Aussicht, übers Wochenende bestimmte Freunde zu besuchen, da sie wußte, daß deren Haus die ganze Nacht über abgeschlossen und eine Alarmanlage eingeschaltet sein würde, so daß sie das Haus nicht verlassen könnte, ohne die Sirenen auszulösen. Der Kern des Problems ist folgender: Es gibt keine Möglichkeit, aus Aufzügen und Skilift-Kabinen zu entkommen, wenn sie sich einmal in Bewegung gesetzt haben – oder aus Flugzeugen in der Luft oder aus einem Luftkissenboot. Jeder Ort, der sich wie ein Gefängnis anfühlt, wird schreckliche Panik auslösen. Unter Klaustrophobie Leidende werden anscheinend in schreckliche Angst versetzt, sobald sie »ausgeliefert sind«. Wem oder was? Waren sie als Kleinkinder grausamen Erwachsenen ausgeliefert? Oder haben sie viel mehr Angst vor der eigenen Aggression als vor der anderer? Sehr oft befinden sich Menschen in diesem zutiefst beunruhigenden Zustand in einer Situation der Hilflosigkeit, anscheinend in den Umständen gefangen und gleichermaßen von ihrer Unfähigkeit niedergehalten, aggressiv zu empfinden und zu handeln. Wären sie in der Lage, ihren Aggressionstrieb zu erkennen und einzusetzen, könnten sie sich in der Regel selbst befreien.

Interessanterweise bessern sich die Symptome rasch, wenn unter Klaustrophobie und ähnlichen Panikzuständen leidenden Patienten geholfen werden kann, sich bewußt zu werden, daß sie Grund haben, wütend zu sein, wenn man ihnen helfen kann, Wut zu *empfinden*. Ich war stets der Ansicht, daß die Behandlung derartiger Attacken mit Sedativa oder beruhigenden Antidepressiva weniger wirkungsvoll ist als die Behandlung der Patienten mit stimulierenden Stoffen, die ihnen helfen, ihren Gefühlen freien Lauf zu lassen.

Hier ein Beispiel für Klaustrophobie: Lilian C. war das einzige Kind eines mächtigen und erfolgreichen Industriebosses. Sie hatte eine sehr gute Beziehung zu ihrem Vater, jedoch eine schlechte zu ihrer Mutter, die eine schwierige und eifersüchtige Frau war. Ihr Vater vergötterte sie, aber er war ein sehr besitzergreifender dominierender Mann. Er mußte seinen eigenen Weg gehen können, und das setzte er auch entschlossen durch, zu Hause wie in seinem Büro. Er nahm Lilys Leben schon von einem sehr frühen Zeitpunkt an für sie in die Hand. Sie unterwarf sich der Sicht der Dinge, den Einstellungen, Vorlieben und dem Besitzanspruch ihres lieben Papis, bis sie ungefähr siebzehn Jahre alt war. Sie war eigentlich ein nicht weit vom Baum gefallener Apfel und besaß, obwohl klein und zart und feminin, das starke, unbändige Temperament ihres Vaters. Im Alter von siebzehn Jahren, nachdem sie bislang so ein Goldschatz gewesen war, wurde sie plötzlich ungebärdig. Sie verliebte sich in schneidige und unpassende junge Männer, mit denen sie bei ausgedehnten, weiten Reisen waghalsige und kühne Abenteuer erlebte, und führte ein Leben, das sich von den vornehmen, beschützten Verhältnissen ihrer Kindheit so sehr unterschied, wie man sich nur vorstellen kann.

Ihr Vater war außer sich; er verabscheute die jungen Männer und fand das Benehmen seiner Tochter unerträglich, aber er hielt grimmig durch und wartete darauf, daß diese Phase vorbeiging. Und sie ging vorbei. Eines Nachts wurden Lily und ihr derzeitiger Begleiter, ein Grieche, an einem Strand in Griechenland von Hooligans und Räubern angegriffen. Lily erfaßte plötzlich Panik. Sie machte sich schnellstens auf den Weg nach Hause und fiel ihrem triumphierenden Vater in die Arme. Es folgte eine Zeit, in der Lily geschickt und ruhig war. Papi kümmerte sich um sie, war geduldig und freundlich und sagte nie mehr: »Ich hab's dir ja gesagt.« Lily lehnte sich erneut an ihn an. Und dann beschloß er, daß Lily heiraten sollte – einen Mann *seiner* Wahl, *seiner* Art.

Innerhalb eines Jahres war Lily mit einem netten, wohlerzogenen, geschiedenen Gentleman verheiratet, der doppelt so alt wie sie war und schnell impotent wurde, als er unbewußt erkannte, daß er mit Lilys Vater um Lily konkurrierte. Und Lily begann, unter Klaustrophobie zu leiden.

Sie fühlte sich den beiden Männern auf Gedeih und Verderb ausgeliefert, in erster Linie ihrem Vater, aber auch ihrem Ehemann, wenn ihr das auch nicht bewußt war. Das Leben, das sie führte, genügte anderen, aber sie zog daraus keinerlei Befriedigung – im Gegenteil, sie war zutiefst frustriert. Es war mehr eine Situation des »sie« als des »Ich«. Aber Lily erkannte tatsächlich nicht, wie gefangen und unglücklich sie war. Sie war damit aufgewachsen, ein sehr »nettes« Mädchen zu sein, das nur »nette« Dinge über andere Leute sagte, fühlte und dachte.

Sie erzählte mir häufig, wie wundervoll ihr Vater und wie lieb und gut ihr Ehemann sei. Es stimmte, ihr Vater war großzügig, lieb, ehrlich, erfolgreich usw., doch es stimmte auch, daß er Lilys Leben für sie führen wollte. Das war untragbar, und als sie langsam erkannte, wie dominierend er war, empfand sie das auch als untragbar. Sie wurde auf ihn wütend.

Auf ähnliche Weise tat ihr Ehemann, ein freundlicher und genauso großzügiger Mann, der starke Schuldgefühle wegen seines sexuellen Versagens empfand, sein Bestes, sie liebevoll zu umsorgen – doch das kompensierte Lilys starke Frustration nicht. In Wahrheit waren beide, Lilys Vater und ihr Ehemann, äußerst selbstsüchtige Männer.

Am Ende war Lily in der Lage, ihnen gegenüber aggressiv zu empfinden und zu sein. Sie ließ sich von ihrem Mann scheiden, heiratete einen anderen – einen jungen und leidenschaftlichen Mann (auf den ihr Vater sehr eifersüchtig war) – und begann ihr eigenes, aufregenderes Leben zu führen. Ihre Klaustrophobie wurde zu einer Sache der Vergangenheit, obwohl sie immer wieder von neuem ausbrechen konnte, wenn ihre Lebensumstände ihr das Gefühl, »In der Falle zu sitzen und hilflos zu sein«, vermittelten. Nun jedoch konnte sie sich ihrer Aggressionen besser bewußt werden und sie auch ausleben.

Noch ein weiteres Beispiel für phobische Symptome: Fräulein C. war eine attraktive junge Frau, die sich unglücklicherweise dauernd in höchst unpassende, oft abweisende Männer verliebte. Einige Monate bevor sie mich erstmals aufsuchte, begann sie eine Beziehung mit einem Mann, den sie für anders hielt, einem Mann, der leidenschaftlich, ihr zutiefst zugetan und bereit zu sein schien, mit ihr ein gemeinsames Leben zu beginnen. Sie schmiedeten Zukunftspläne. Sie dachten daran, zu heiraten. Fräulein C. strahlte. Harry lebte und arbeitete in Reading, Fräulein C. in London. Sie fuhr häufig mit dem Zug nach Reading und zurück. Eines Tages saß sie auf der Rückfahrt neben einer Nachbarin von Harry, einer alten Freundin von ihm. Sie begannen zu plaudern.

»Ich habe neulich Harrys Frau gesehen«, sagte diese Frau unschuldig.

»Seine *Frau*?«

Fräulein C. glaubte, in Ohnmacht zu fallen.

»Ja. Wußten Sie das nicht? Sie hat einen Job in Schottland und kommt nur gelegentlich herunter.«

Die Nachbarin bemerkte Fräulein C.s schockierten Gesichtsausdruck, war aufrichtig verstört und begann mit »Oh, oh, meine Liebe, es tut mir so leid ...«

Fräulein C. stand auf und wanderte durch den Eisenbahnwaggon. Als sie bei einer Tür ankam, ergriff sie zum ersten Mal ein Anfall starker Panik. Sie glaubte, sie sei im Begriff, die Tür zu öffnen und sich auf die Gleise zu werfen – obwohl sie keinerlei Wunsch verspürte, sich umzubringen. Sie fühlte einfach, sie werde von einem unwiderstehlichen Drang erfaßt, aus dem schnellfahrenden Zug zu fallen. Sie wurde von Angst übermannt. Unter Schwierigkeiten zog sie sich von der Tür weg und wurde langsam wieder fähig, zu ihrem Platz zurückzukehren. Die Panik verebbte allmählich, kehrte aber bei allen Arten von mysteriösen Umständen wieder, und auch in Umständen, die denen bei der ersten Attacke ähnelten. Sie hatte das Gefühl, sie falle gleich aus der U-Bahn. Sie meinte, sie sei dabei, sich mit ihrem großen Küchenmeser die Kehle durchzuschneiden. Sie glaubte, sie würde unter einem Londoner Bus oder aus dem Fenster ihres hochgelegenen Apartments fallen. Die Panik, die mit dieser Idee eines zwingenden selbstzerstörerischen Dranges einherging, war riesig.

Sie hatte mit Harry eine Auseinandersetzung, der sehr verwirrt und ein bißchen streitsüchtig reagierte. Er hätte ihr schon noch zum richtigen Zeitpunkt von seiner Frau erzählt, sagte er. Er und seine Frau hätten keine Gemeinsamkeiten mehr. Sie würden sich scheiden lassen. Fräulein C. glaubte ihm, weil sie ihm glauben wollte, – doch in Wahrheit war Harry kein bißchen anders als all die anderen Männer, die sie schon zuvor fallengelassen hatten. Die Zeit verging. Auf eine Scheidung Harrys von seiner Frau schien keinerlei Aussicht zu bestehen – und Harry und Fräulein C. sprachen nicht mehr von Heirat. Ihre Panikanfälle, die ein wenig nachgelassen hatten, nachdem Harry mit ihr über die Scheidung von seiner Frau gesprochen hatte, wurden wieder schlimmer. Sie waren so schlimm, daß sie langsam glaubte, nicht mehr U-Bahn fahren zu können, eine Straße mit starkem Verkehr nicht überqueren zu können und kaum mehr ihre eigene Küche betreten zu können, wo allein der Anblick der Messer schon zu einem Anfall führen konnte.

Als ich sie traf, befand sie sich in erbärmlichem Zustand und war durch die Anfälle selbst und die Furcht vor ihnen sehr stark behindert. Unsere Gespräche halfen ihr zu begreifen, daß ihre Reaktion auf die Information über Harrys Frau aus Wut bestanden hatte. Da sie dazu erzogen war, ihre Aggressionen zu unterdrücken und zu verdrängen, konnte sie die Tatsache nicht erkennen, daß sie Harry für den an ihr begangenen Verrat töten wollte. Sie war als Kind abgelehnt worden, und so merkte sie nicht, daß sie das »Recht« besaß, wütend zu sein. Statt dessen war der ganze Komplex aggressiver Feindseligkeit in eine phobische Reaktion gewendet worden, und sie konnte sich nur die Selbstzerstörung erlauben, anstatt der Zerstörung anderer – insbesondere Harrys.

Als sie in der Lage war zu erkennen, daß ihr Wunsch, ihn zu töten, zutraf – oder vielmehr, daß sie so wütend auf ihn war, daß sie ihn hätte umbringen können –, gingen die Panikanfälle vorbei. Sie war wütend, sie war traurig, doch sie hatte keine Angst mehr.

Ein letztes Beispiel: Frau G. litt unter schwerer Klaustrophobie. Sie war mit einem Geschäftsmann verheiratet, dessen Arbeit ihn zwang, Geschäftsleute, zumeist aus dem Ausland, zu bewirten und auszuführen. Dies bedeutete, daß Frau G., in der Rolle der den Ehemann unterstützenden Frau, bei diesen Anlässen dabeisein mußte, wenn die ausländischen Geschäftsmänner ihre Frauen mitbrachten. Es handelte sich hierbei um Abendessen in vollen Restaurants, Theater- und Opernbesuche und kurze Fahrten in Lokale und Hotels auf dem Lande außerhalb Londons. Diese Anlässe, die häufig wiederkehrten, waren für Frau G. ein Alptraum, denn sie fühlte sich in den häufig kleinen Restaurants voller Leute oder auf ihrem Sitz im Theater eingesperrt – wenn sie nicht wundersamerweise einen Platz am Durchgang erwischt hatte – und in den Autos eingesperrt und gefangen, mit denen sie zu den Hotels am Fluß oder auf dem Land fuhren. Da sie sich vor diesen Ausflügen herumquälte, in deren Verlauf stark litt und danach erschöpft war, erschien Frau G. das Leben kaum lebenswert. Sie konnte überhaupt nur überleben, meinte sie, wenn sie hohe Dosen schwerer Beruhigungsmittel schluckte, die ihr der Arzt verschrieben hatte, die sie »high« machten, aber kaum ihre Panik beeinflußten. Als ich sie sah, enthüllte sich mir ihre Situation dergestalt, daß sie mit einem äußerst dominierenden und ernsten Mann verheiratet war, der zudem viel älter als sie war und vor dem sie Ehrfurcht hatte. Wenn er etwas an ihr mißbilligte, so tat er das mit kalter Verachtung, eine Reaktion, die sie fürchtete. Wann immer sie sagte, sie könne die abendlich Gästebewirtung nicht ertragen – etwa mit einem halben Dutzend Japaner und deren Frauen *King Lear* anzusehen, in der Mitte einer Sitzreihe im Parkett zu sitzen und anschließend in einem schicken Restaurant in einem Keller von Mayfair zu dinieren –, mißbilligte er das zutiefst.

Herrn G.s große Waffe gegen seine Frau war ein kalter kritischer Blick, der ihr das Gefühl vermittelte, hoffnungslos unzulänglich zu sein. Wie unter solchen Umständen zu erwarten war, erzählte sie mir, wie gut und freundlich er tatsächlich sei und daß ihr Problem nichts mit ihm zu tun habe. Doch als wir weiter in der Geschichte ihrer Kindheit zurückgingen, wurde klar, daß ihr Ehemann für sie ihre Mutter repräsentierte und daß ihre Heirat ihre Kindheit neu inszenierte. Auch ihre Mutter war hervorragend, kalt und dominierend gewesen. Frau G. hatte Angst vor ihr gehabt – nicht weil sie körperliche Gewalt eingesetzt hätte, sondern weil sie häufig ihrer kleinen Tochter mit kalter Verachtung oder mit schneidendem Sarkasmus begegnete. Sie war auch erdrückend und ließ nicht zu, daß Frau G. eine eigene Persönlichkeit entwickelte. In ihrer Beziehung zu ihrem Ehemann hatte Frau G. das Gefühl, genau wie in ihrer Kindheit müßten ihre eigenen Bedürfnisse zugunsten der ihres Mannes hintangestellt werden.

Frau G. war, ohne dies zu realisieren, eine sehr wütende Frau – oder besser gesagt sie wäre sehr wütend gewesen, hätte sie sich zugestanden, die eigenen Gefühle zu erkennen und auszuleben. Zu allererst war sie natürlich auf ihre Mutter wütend – und dann auf ihren

Mann. Je mehr sie das einsah, desto mehr begann sie, ihre Aggressionen einzusetzen, und als sie das tat, ließen ihre klaustrophobischen Panikanfälle langsam nach. Sie widmete sich beruflich der Inneneinrichtung und gab die geschäftlichen Verpflichtungen auf. Niemand starb deswegen oder fiel in Ohnmacht. Ihr Ehemann akzeptierte unterwürfig die neue Situation. Es scheint, daß, wird den Gefühlen freien Lauf gelassen, die akute Ängstlichkeit verschwindet. Und daß unsere Furcht davor, wie im Fall von Frau G., brutal zerstörerisch zu sein, wenn wir aggressiv werden, kaum begründet ist.

Ich sollte darauf hinweisen, daß manche Menschen mit phobischen Symptomen meinen, Alkohol könne ihnen helfen. Der Grund für diesen Glauben muß der gleiche sein wie bei den stimulierenden Arzneimitteln – der Alkohol ermöglicht es, die Gefühle herauszulassen. Es ist natürlich gefährlich, zu diesem Zweck Alkohol einzusetzen, da man von ihm abhängig werden kann.

Agoraphobie, Panik vor offenen Plätzen, tritt nicht so häufig auf wie Klaustrophobie, die eine vergleichsweise verbreitete Krankheit ist. Es gibt auch Menschen, die Höhenangst haben – die nicht ohne starke Angst über Bergpässe fahren, bergsteigen oder am Rande von Abhängen oder Wasserfällen stehen können.

Furcht ist eine sehr primitive Emotion. Viele Tiere scheinen Furcht noch stärker zu empfinden als wir. Die Feststellung lohnt sich, daß es Tiere gibt, die Angst vor offenen Räumen haben – Mäuse, Spitzmäuse, Maulwürfe – und Tiere, die Angst bekommen, wenn sie eingesperrt sind – Vögel zum Beispiel. Es gibt auch Tiere, die Höhen meiden: Rinder, Schweine oder das Flußpferd. Und es gibt zahlreiche Tiere, die sich instinktiv – d.h. durch eine ererbte Reaktion – vor bestimmten anderen Tieren fürchten.

Auch wir Menschen können angesichts von Schlangen, Spinnen, Mäusen oder Ratten eine phobische Reaktion entwickeln. Doch bei den Menschen sind diese Reaktionen nicht instinktiv. Die Kreatur, vor der wir Angst zu haben glauben, symbolisiert vermutlich etwas anderes, vor dem wir uns tatsächlich fürchten, so kann eine Schlange beispielsweise einen Penis symbolisieren.

Schließlich kann es sich bei unserer phobischen Reaktion, wie bei anderen behindernden Verhaltensmustern, um eine Reaktion handeln, die wir von anderen gelernt und nicht selbst entwickelt haben. Die Tochter einer Frau, die sich vor geschlossenen Räumen fürchtet, kann leicht ebenfalls unter Klaustrophobie leiden. Die Tochter hat sich einfach mit ihrer Mutter identifiziert. Die Mutter kann die Phobie aufgrund einer unterdrückten Aggression entwickelt haben. Im Falle der Tochter liegt kein derartiger Grund vor, was eine Behandlung des Zustandes erschwert.

Ein letztes Wort zum aggressiven Verhalten. Es gibt Menschen, die »routinemäßig« aggressiv sind. Eine depressive Krankheit macht die Menschen reizbar und schlechtgelaunt, das ist auch bei chronischem Alkoholismus der Fall. Minderwertigkeitsgefühle können Menschen aggressiv werden lassen; und die Aggression kann Ängstlichkeit und Trauer kaschieren. Es besteht ein Unterschied zwischen bewußter unkontrollierter schlechter Laune und absichtlichem Drangsalieren und der Aggression, die mit dem Selbsterhaltungstrieb verbunden ist – vermutlich handelt es sich dabei um eine unterschiedliche Qualität der Gefühle.

Wie ich an anderer Stelle erwähnte, ist die Palette unserer Gefühle begrenzt, und jeweils eine Kategorie emotionaler Reaktionen muß vielen Zwecken dienen.

Sexualität

Sex macht Spaß, ist aufregend, versetzt in Taumel, Sex ist Liebe, vereint Liebende, Sex ist derb, böse, ekelhaft, Sex ist Geld, Sex ist Prostitution, Pornographie, Sex ist schön, absurd, verboten, erschreckend, Sex ist AIDS, Sex ist Sünde, schmutzig, degradierend, Sex ist fürs Kinderkriegen, Sex ist für Erpressung geeignet, Sex steht für Fesseln, Transvestitentum, Masochismus, Sex ist gut für die Werbung (von Autos bis Joghurt), Sex in unseren westlichen Gesellschaften ist in Wirklichkeit fast alles, nur nicht der starke, reine Fortpflanzungstrieb, der alle anderen Lebewesen motiviert. Sex ist mit Sicherheit eine mächtige Motivation für den Menschen, aber der Trieb ist verbogen und deformiert worden durch Restriktionen und Tabus, durch Volkstum, Sitte, Kultur und all die Verdrehungen und Aspekte des Sex, die oben aufgezählt wurden. Hunderttausende von Büchern sind über die menschliche Sexualität und sexuelle Praktiken verfaßt worden.

Ich kann hier an dieser Stelle nur kurz ein paar Probleme anreißen, die Kinder durch die sexuellen Gefühle, Gedanken und Verhaltensweisen ihrer Eltern bekommen. Wir erkennen heute, daß alle Menschen mehr oder weniger stark bisexuell veranlagt sind. Manche fühlen sich angeregt, offenen sexuellen Verkehr mit Männern wie Frauen zu haben. Andere sind vielleicht stärker heterosexuell oder homosexuell, doch wir alle sind potentiell in der Lage, Wärme, Zuneigung und körperliche Nähe zu Angehörigen unseres eigenen Geschlechts zu empfinden. In Großbritannien ist die Atmosphäre in den Männer-Clubs stark homosexuell, doch die meisten Mitglieder würden einen Wutanfall bekommen, wenn sie dies hörten. Und trotzdem stimmt es, daß im männlichen Schulterklopfen, in ihren Zoten, den »Männergesprächen« und anderen privaten oder gemeinsamen Männer-Aktivitäten ein sexuelles Element steckt.

Frauen in Gruppen, Büroangestellte oder Krankenschwestern zum Beispiel, erleben gleichfalls eine ähnlich traute Nähe und ein ähnliches gegenseitiges Vertrauen. Die menschliche Welt wäre ohne diese erfreuliche und harmlose Freundschaft und modifizierte Sexualität, die zwischen Angehörigen des gleichen Geschlechts existiert, weniger angenehm.

Alle Menschen sind potentiell sexueller Gefühle fähig, die sehr alten wie die ganz jungen. Alle Menschen sind potentiell in der Lage, sich physisch vom anderen angezogen zu fühlen, »Fremde in der Nacht«, Mütter und Söhne, Mütter und Töchter, Väter und Söhne, Väter und Töchter, Onkel, Nichten, Neffen, Brüder und Schwestern. Wenn alle Tabus aufgehoben würden, könnten alle zum sexuellen Verkehr miteinander angeregt werden, Tag und Nacht, in der Öffentlichkeit oder allein. Aber die menschliche Sexualität ist mit Tabus belegt, wird durch Theorien, religiöse Gebote und die Gesetze des Landes immens kompliziert. Sexuelle Wünsche müssen oft ignoriert oder verdrängt werden.

Die gegenseitige sexuelle Anziehungskraft der Menschen ist mysteriös, beinahe magisch. Da zwei Menschen, die sich noch nie zuvor begegnet sind und nun zum Beispiel an der Bushaltestelle in der Schlange stehen, machtvolle sexuelle Gelüste aufeinander empfinden können, überrascht es auch nicht, daß es im Rahmen des Familienlebens häufig zu sexuellen Leidenschaften kommt, die in der Treibhausatmosphäre des abgeschiedenen Heims so richtig aufblühen. Heterosexualität und Homosexualität werden in der Familie entwickelt, in erster Linie, aber nicht immer, aus dem Bewußtsein verbannt und somit auf bewußter Ebene nicht erkannt; trotzdem wirken sie sich auf Eltern und Kinder aus.

Sexuelle Gefühle zwischen Eltern und Kindern und Brüdern und Schwestern sind natürlich vollkommen normale Erscheinungen. Sind sie gut verborgen und begrenzt und werden nur insgeheim ausgedrückt, so sind diese Gefühle gesund. Kinder kommen aber zu Schaden, wenn das sexuelle Verlangen außer Kontrolle gerät, wenn die sexuellen Gefühle stark sind und über einen langen Zeitraum anhalten und wenn den Gefühlen ein offen sexuelles Verhalten folgt. Auch wenn es zum physischen Verkehr kommt, können Kinder für ihr ganzes Leben durch die sexuelle Leidenschaft eines Elternteils gestört werden.

Kinder können dadurch, daß sie die sexuelle Aufmerksamkeit eines Elternteils erwecken, sehr erregt werden und sind in der Lage, selbst äußerst intensive sexuelle Gefühle zu erleben. Wenn diese mit den intensiven sexuellen Wünschen eines Erwachsenen zusammentreffen, ist das daraus resultierende schädigende Muster für sexuelle Beziehungen sehr stabil und läßt sich im späteren Leben, selbst mit Hilfe beträchtlicher Einsicht und einer Therapie, nur noch schwer ändern.

Wenn Väter kleine Kinder wiederholt vergewaltigen und mit ihnen Analverkehr haben, so löst dies immensen psychologischen und auch körperlichen Schmerz aus, von dem sich die Kinder vielleicht nie mehr erholen. Hier schreitet die Gesetzgebung der meisten zivilisierten Länder ein, doch es muß unzählige Fälle geben, die niemals aufgedeckt werden, genauso wie es eine riesige Anzahl von Kindern geben muß, die von ihren Eltern körperlich angegriffen werden, wovon niemals jemand außerhalb der Familie erfährt. Abgesehen vom körperlichen Schaden – der zerfleischenden Wirkung eines Erwachsenenpenis in einem kleinen verletzlichen Körper – verursacht die unkontrollierbare bewußte oder unbewußte sexuelle Lust der Eltern auf ihre kleinen Mädchen oder Jungen auch großen emotionalen Schaden.

Freud bekam so oft von seinen Patientinnen zu hören, daß sie in ihrer Kindheit von ihren Vätern vergewaltigt worden waren, daß er zu dem Schluß gelangte, die Geschichten würden eine allgemein verbreitete Phantasie enthüllen, einen Aspekt der ödipalen Sehnsucht von seiten des Kindes. Doch je mehr man über sexuelle Aktivitäten und Gefühle in sehr vielen Familien in unserer modernen Gesellschaft erfährt und entdeckt, desto glaubwürdiger wird es, daß es zwischen Vätern und Töchtern zu irgendeiner Form sexuellen Kontaktes kommt. Das kann ein fortgesetztes Streicheln, Liebkosen, Befummeln oder sogar Reiben der Klitoris des Mädchens durch den Vater sein.

Ich erinnere mich an ein sehr verstörtes kleines Mädchen, das die Children Guidance Clinic zu mir schickte, weil es zurückgeblieben zu sein schien und nicht in der Lage war, mit anderen Kindern im Kindergarten zu spielen. Die Eltern waren ganz und gar nicht damit einverstanden, mich aufzusuchen, aber ihr Arzt hatte darauf bestanden. Zunächst schwieg das Mädchen wie betäubt und schien sehr niedergeschlagen. Allmählich fing es an zu erzählen. Am Ende kam heraus, daß ihr Vater immer mal wieder, wenn die Mutter nicht da war, mit ihr ein intimes sexuelles Zusammentreffen hatte, bei dem er sie entkleidete und masturbierte. Sie wurde jedesmal höchst erregt und masturbierte nachts in ihrem Bett selbst. Ihre Mutter, eine grausame Frau, entdeckte, daß das Kind masturbierte und bestrafte es jedesmal hart, wenn sie sah, daß das kleine Mädchen sich berührte. Schließlich konstruierte die Mutter eine Art Zwangsjacke und band das Kind jede Nacht darin ein, so daß es seine Genitalien nicht erreichen konnte. Doch der Vater setzte seine sexuellen Aktivitäten unbeirrt fort, bis ihr Arzt merkte, daß das Mädchen Hilfe brauchte.

Ist ein Elternteil einsam, verlassen worden oder in der Ehe sexuell frustriert, so fühlt er sich vermutlich mit höherer Wahrscheinlichkeit intensiv von einem Kind angezogen. Doch Eltern, die die Tabus und Gesetze brechen und offenen Geschlechtsverkehr mit ihren Kindern praktizieren, sind emotional schwerwiegend gestört. Sie sind »krank«, da sie sich nicht zügeln können, nicht in der Lage oder bereit sind, Wünsche und Aktivitäten in Schach zu halten, die in unserer westlichen Gesellschaft verboten sind. Viele sind wohl selbst in ihrer Kindheit sexuell mißbraucht worden. Andere (etwa Väter, die sich zu ihren kleinen Mädchen hingezogen fühlen) können auf ein sexuelles Verhaltensmuster »fixiert« worden sein, das von Spielen herrührt, die sie als Kind im Kindergarten mit Geschwistern oder dem »kleinen Mädchen von nebenan« gespielt haben. Obwohl derartige Aktivitäten völlig normal sind, wenn die Spiele mit großer Intensität über lange Zeit hinweg gespielt worden sind, wird von seiten der Eltern doch Nachlässigkeit zu verzeichnen gewesen sein – oder sie waren einfach nicht da, denn diese Spiele sollten für eine gesunde Entwicklung eingeschränkt, auf ein Minimum begrenzt werden.

Neben dem körperlichen Schaden und den ernsteren emotionalen oder psychischen Störungen, die ein zu freies sexuelles Verhalten seitens der Eltern verursacht, fügen Mütter und Väter, die bewußt oder unbewußt Lust auf ihre Kinder verspüren, auch viele weniger gravierende Schäden zu. Die sexuelle Entwicklung des Kindes, die Fähigkeit, im Erwachsenenleben sexuelle Freuden auf »normale« Weise zu erleben, kann für immer durcheinandergeraten.

Nach einer langanhaltenden leidenschaftlichen »Affäre« mit einem Elternteil kann eine Person, um sexuelle Befriedigung zu finden, einige oder alle Elemente der ersten sexuellen Erfahrung brauchen. Wenn der entsprechende Elternteil das Kind in eine bestimmte Position brachte, zum Beispiel daß es auf dem Bauch lag, kann der Erwachsene diese Position während des Geschlechtsverkehrs in seinem späteren Leben als die sexuell erregendste empfinden. Wenn der Elternteil stets ein Glas Wasser ans Bett stellte und dem Kind etwas zu naschen gab, gewinnen das Wasser und das Naschwerk sexuelle Bedeutung. Später, wenn sie erwachsen ist, braucht die Person vielleicht ein Glas Wasser und eine Süßigkeit, um sexuell erregt zu werden, und kann es tatsächlich als schwierig empfinden, ohne diese Zutaten zum Orgasmus zu kommen.

Manche Menschen – vor allem Männer – werden durch Geruch und das Gefühl von Gummiunterlagen, wie sie zum Schutz der Matratzen vor dem Bettnässen kleiner Kinder verwandt werden, stark erregt. Man geht davon aus, daß dieses »Stimulans« auf die frühen Jahre eines Mannes zurückgeht, als vielleicht seine Mutter oder Kinderfrau beim Zu-Bett-Bringen mit seinem Penis spielte und ihm so intensive Freude, aber auch einen katastrophalen »Komplex« verschaffte.

Ein weiteres Beispiel ist, wenn ein Kind vielleicht regelmäßig von einem Elternteil in einer sexuell erregenden Situation geschlagen wurde; der sexuelle »Turn-on« wird im Erwachsenenleben eine Tracht Prügel oder sogar ein Auspeitschen sein. Die Erregung kann so geartet sein, daß der Erwachsene die Schläge braucht – oder Gummi –, um überhaupt sexuell auf Touren zu kommen, um also überhaupt eine Erektion zu haben. Dieser Zustand kann auf die Ehe katastrophale Auswirkungen haben. Nehmen wir beispielsweise den Fall von Henry und Mina. Das Paar war, allem Anschein nach, glücklich verheiratet. Geschlechtsverkehr war immer ein Problem, weil Henry zu Impotenz neigte. Sie hatten jedoch Kinder, und allen schien es gutzugehen. Dann, eines Tages nach einem besonders katastrophalen Versuch, miteinander zu schlafen, fühlte Henry den Drang, seine Männlichkeit bei einer Prostituierten unter Beweis zu stellen. Diese berufserfahrene Frau erkannte, daß Henry zusätzliche Stimulierung benötigte, zog sich einen Gummiregenmantel an und schlug ihn sanft mit einem Pantoffel. Henry reagierte höchst erregt und äußerst potent. Er merkte, daß Regenmäntel und Pantöffelchen genau das waren, was er in seiner Ehe vermißte, er sich aber schämte, es Mina zu sagen. Eines Tages fühlte er allerdings den Drang, dies zu gestehen. Mina reagierte alarmiert, angeekelt und verächtlich. Doch da ihr klar war, daß ihre Ehe auf dem Spiel stand und da sie freundlich und intelligent war, unternahm sie einen Versuch. Auch sie trug einen Gummiregenmantel, zog Stiefel an und schwang einen Pantoffel. Das funktionierte anfänglich bei Henry – aber Mina verlor bald alle Lust. Sie fühlte sich nicht mehr länger von Henry angezogen, verlor jedes Interesse an Sex mit ihm, gab das ritualisierte Spiel auf, das sie verabscheute, und ihre Ehe ging in die Brüche. Henry besuchte immer öfter die Prostituierte. Mina fand einen Geliebten. Sie trennten sich, und ihre Kinder litten sehr.

Es gibt noch andere Marotten und Exzentrizitäten des sexuellen Verhaltens, die »normale« Ehen zerbrechen lassen können. Bob C. fühlte sich im Alter von drei bis vier Jahren sexuell stark von seiner Mutter angezogen. Sie hatte sich eigentlich ein Mädchen gewünscht und kleidete Bob manchmal in Mädchenkleider und knuddelte ihn mit intensiver Zuneigung. Als er ihr Bedürfnis – unbewußt – erkannte, begann sich Bob selbst feminin anzuziehen, die Kleider dafür fand er in den Schränken seiner Mutter. Als er in irgendwelchen Unterröcken vor ihr auftauchte und lächerlich, aber süß aussah, umarmte sie ihn mit Ekstase. Es wurde zur Routine, daß er, wenn er das Spiel aufführte, von seiner Mutter sehr viel körperliche Liebe erhielt.

Als Erwachsener wurde der arme Bob Transvestit, jedoch nur im Rahmen des Geschlechtsverkehrs. Seine Frau reagierte auf der Hochzeitsreise wie vom Donner gerührt und erschrocken, als sich Bob ihrem Bett in einem hinreißenden Negligé und einem »Shorty« näherte. Sie versuchte zu lachen und tolerant zu sein, stellte aber fest, daß sie die Situation nicht ertragen konnte.

Es gibt verständige und kluge Frauen, die einen Transvestiten als Ehemann in dem Wissen tolerieren können, daß er stark heterosexuell veranlagt ist, aber erst durch das Anlegen von Frauenkleidern sexuell erregt wird – ohne großen Schaden, wie man meinen könnte. Doch ein Mann in Frauenkleidern ist keine maskuline Person, und die meisten Frauen erwarten und brauchen ein stark männliches Bild von ihrem Mann oder Liebhaber. Unsere Kultur verlangt nach einem aggressiven Bild der Männlichkeit.

In der sexuellen Beziehung zwischen Eltern und Kind können sowohl Eltern wie Kinder sexuell erregt werden. Oder manchmal fühlt sich ein Elternteil vom Kind angezogen, aber das Kind bleibt neutral und passiv. Oder ein Kind wird von Vater oder Mutter stärker erregt als umgekehrt.

Man nimmt an, daß alle Kinder in ihrer sexuellen Entwicklung eine ödipale Phase durchlaufen. Ödipus, wie Sie sich vielleicht erinnern, war der Sohn des Larus, des Königs von Theben. Als er geboren wurde, sagte das Orakel von Delphi voraus, daß er seinen Vater töten und seine Mutter heiraten würde. Der König befahl, das Kind in den Bergen auszusetzen und sterben zu lassen, doch ein Schafhirte fand es und brachte es an den Hof des Königs von Korinth, wo der Junge aufwuchs.

Als junger Mann auf der Reise nach Theben hatte er an einer Kreuzung einen Zusammenstoß mit einem älteren Mann, und im Laufe eines Streits tötete Ödipus diesen Mann. Später, nachdem er das Rätsel der Sphinx gelöst hatte, durfte er die verwitwete Königin von Theben, Jokaste, heiraten. Doch später kam natürlich heraus, daß sie seine Mutter war und daß er an jener Kreuzung seinen Vater getötet hatte, womit sich die Prophezeihung erfüllt hatte. Ödipus blendete sich selbst, und Jokaste beging Selbstmord.

Die Ödipusphase in der Kindheit kennzeichnet das Hingezogensein eines kleinen Kindes zu seinem oder ihrem gegengeschlechtlichen Elternteil in Verbindung mit gleichzeitiger Eifersucht und Feindseligkeit gegenüber dem gleichgeschlechtlichen Elternteil. So fühlen sich kleine Jungen zu ihren Müttern sexuell hingezogen und versuchen, ihre Väter aus deren Rolle des Ehemannes zu boxen. Und kleine Mädchen verlieben sich in ihre Väter und reagieren auf ihre Mütter eifersüchtig und feindselig. Dieser Zustand wird auch Ödipus- oder Elektrakomplex genannt. Das ist, wie gesagt, eine Phase, die unter normalen Umständen vorübergeht und dem Kind die Freiheit läßt, sich weiter hin zur Heterosexualität mit Männern und Frauen außerhalb der Familie zu entwickeln (nach eventuell einer homosexuellen Phase).

Doch es kann zu einer Vielzahl von Problemen kommen, die sich dem letztlich »normalen« Verlieben in eine geeignete Person des anderen Geschlechts in den Weg stellen.

Kinder sind sich natürlich nicht klar, daß ihre Gefühle für den andersgeschlechtlichen Elternteil in der Ödipusphase spezifisch sexueller Natur sind. Sie sind sich normalerweise nur bewußt, daß sie sich danach sehnen, dem betreffenden Elternteil körperlich nahe zu sein, und vielleicht wünschen, in die Beziehung der Eltern zueinander einzubrechen.

Wenn beispielsweise die Eltern im gleichen Bett liegen, ist es bei einem Kind nichts Ungewöhnliches, wenn es – unbewußt motiviert – versucht, sie zu trennen, indem es ins Bett klettert, sich zwischen die Eltern legt und sich an das Objekt seiner Zuneigung kuschelt. In der Regel meint es das Kind jedoch nicht allzu ernst mit dem Wunsch, den rivalisierenden Elternteil loszuwerden.

Das Kind anerkennt unbewußt die Notwendigkeit, die »Affäre« mit dem betreffenden Elternteil unter Kontrolle und Aufsicht des anderen Elternteils zu halten – also des Vaters im Falle eines ödipalen Abenteuers mit der Mutter – und der Mutter im Falle einer Tochter, die sich zum Vater hingezogen fühlt. Häufig ist der »kontrollierende« Elternteil nicht anwesend, wenn die Beziehung zwischen den »Geliebten«, etwa Mutter und Sohn, aus dem Ruder läuft. Das Kind kann sich unbewußt ein Leben lang auf Vater oder Mutter »fixieren«, emotional und sexuell an ihn oder sie binden.

Wenn die Eltern glücklich verheiratet sind und dem ödipalen Kind klar ist, daß der Vater oder die Mutter nicht zulassen wird, daß das Kind vom anderen Elternteil Besitz ergreift, geht die Ödipusphase langsam vorüber und das Kind kann andere Beziehungen aufbauen. Doch selbst glückliche Eltern können die Demonstration körperlicher Zuneigung für ein Kind in dessen ödipaler Phase übertreiben, sie oder ihn zu höchsten sexuellen Gefühlen übererregen, das Kind »verführen«, und zwar emotional wie körperlich.

Während die offene sexuelle Aktivität eines Elternteils mit einem Kind zweifelsohne schweren Schaden hervorruft, gibt es noch Dutzende anderer Möglichkeiten, auf weniger direkte Art einem Kind permanenten Schaden oder Schmerz zuzufügen, ein Beispiel: Vivienne war schön, verantwortungslos und, es muß gesagt werden, eine grausame Mutter. Sie war geschieden. Ihr Ehemann hatte sie verlassen, als ihre Kinder noch klein waren (Quentin war neun, Lucy sechs und Deirdre vier Jahre alt). Ihr Ehemann verließ sie, nach vielen Streitigkeiten, wegen einer anderen Frau und zeigte für seine Kinder kein sonderlich großes Interesse. Vivienne, wütend und in der Stimmung zu bestrafen, fing an, sich eine Reihe von Liebhabern zu halten, manchmal mehr als einen gleichzeitig. Sie benahm sich extravagant, holte die Männer ins Haus, schlief beinahe unter den Augen der Kinder mit ihnen, wanderte halbnackt umher und verlor alle Hemmungen.

Quentin fühlte sich abgestoßen und fasziniert zugleich – doch in Wahrheit wurde er durch das verführerische Benehmen seiner Mutter gegenüber ihren Liebhabern und ihre ungehemmten sexuellen Aktivitäten und Gespräche, was mehrere Jahre so ging, sexuell stark erregt. Er wurde in seinem Sexualverhalten auf ältere Frauen fixiert, die körperlich leicht verfügbar, doch nicht für eine Heirat oder auch nur eine längere Beziehung frei waren. Ihn zogen auch Frauen stark an, die eine Position der Autorität innehatten oder symbolisch

»Spitzen«-Frauen waren – bekannte Filmstars oder Schauspielerinnen, Geschäftsfrauen, Prinzessinnen, Models usw. Im Schlaf drehten sich seine Träume häufig um eine Beziehung mit der »Königin«, die seine Mutter symbolisierte.

Die Folge war, daß all seine Beziehungen in die Brüche gingen. Viele Frauen, die ihn anzogen, waren verheiratet, und obwohl sie auf eine diskrete Affäre mit ihm eingingen, waren sie doch nicht an einer längeren Beziehung interessiert. Als zusätzliches Problem litt Quentin zwischendurch unter Impotenz. Einem Mann ist es untersagt, mit seiner Mutter zu schlafen – man bedenke, was mit Ödipus passiert ist – und Quentins Liebhaberinnen waren immer Mutterfiguren, symbolische Mütter. Impotenz ist eine verbreitete Erscheinung bei Männern, die unbewußt ihre Geliebte als »verboten« ansehen. Quentin führte ein einsames Leben mit einer Geliebten nach der anderen, wurde älter und damit für ältere Frauen weniger attraktiv. Zu allem Elend war er auch noch von seinem Vater verlassen worden, so daß er nur wenig Selbstwertgefühl besaß. Er setzte seinem tragischen Leben durch Selbstmord ein Ende.

Viviennes Töchter wurden ebenfalls geschädigt. Die eine identifizierte sich mit ihrer Mutter, trat exakt in die mütterlichen Fußspuren, heiratete, ließ sich scheiden und hatte immerzu Liebhaber. Die andere, das jüngste Kind, schlug genau den entgegengesetzten Weg ein. Sie hatte Angst vor Männern wie vor Frauen und fühlte sich von ihnen abgestoßen. Sie lebte einsam mit einer Reihe von Haustieren vor sich hin, die sie zu lieben vermochte. Aber sie konnte weder Menschen lieben noch zulassen, daß sie von ihnen geliebt wurde.

Verführerische Mütter können ihren Kindern schaden, ohne so weit zu gehen wie Vivienne. Der entscheidende

Faktor ist die Einstellung der Mutter, nicht ihr Tun (wenn es auch für die Kinder besser ist, eine Mutter zu haben, die sich lieber diskret als schamlos benimmt). Wenn eine Mutter den starken sexuellen Gefühlen zu ihren Kindern nachgibt oder sich wünscht, daß sie sich sexuell zu ihr hingezogen fühlen, werden die Kinder darauf entsprechend reagieren. Man ist der Ansicht, daß den Jungen, die in der ödipalen Phase steckenbleiben, als Erwachsenen nur bestimmte Wege offenstehen, sobald sie versuchen, Beziehungen zu anderen Menschen aufzubauen: Erstens können sie sich nur zu Elternfiguren, die symbolisch für Vater oder Mutter stehen, hingezogen fühlen – also zu älteren Männern und Frauen. Zweitens fühlen sie sich vielleicht zu Verheirateten hingezogen, wodurch sie den Verheiratetenstatus ihrer Eltern wieder aufleben lassen. Drittens können Männer alles mögliche versuchen, um das »Verbrechen« oder einen Akt, der dem Inzest ähnelt, zu vermeiden, d.h. den Geschlechtsverkehr mit einer Frau, die die Mutter symbolisiert. Dieser Symbolismus beinhaltet allerdings nicht unbedingt, daß die Frau älter sein muß. Sie muß zur selben »Kategorie« gehören – sozial, vom Bildungsniveau her, moralisch. Das heißt, sie muß eine »anständige« oder »reine« Frau sein, damit sie die Mutterfigur symbolisieren kann. In derartigen Fällen wird der Mann, der unbewußt einen »Inzest« zu vermeiden sucht, entweder »gute« und »anständige« Frauen überhaupt meiden oder bei so einer Frau impotent sein. Ein Mann stellt vielleicht fest, daß es bei ihm sexuell nur mit einer »unanständigen« oder »schlechten« Frau klappt, also einer Prostituierten oder einem Callgirl. Auf jeden Fall wird er wahrscheinlich, selbst wenn es sexuell auch mit einer »guten« Frau klappt, Sex mit einer Nicht-Mutter-Frau, einer Mätresse, Prostituierten usw. unendlich erregender oder befriedigender empfinden. Viertens können sie homosexuell sein. Ganz einfach ausgedrückt, das Element der Angst, die ursprüngliche Liebe – also die Mutter – zu »verraten«, kommt ins Bild. Eine Liebesaffäre mit einer anderen Frau zu haben, würde unbewußt als Verbrechen an der Frau betrachtet, mit der man sich in der Kindheit verlobt hatte. Fünftens lassen sie vielleicht nur zu, Menschen zu lieben, die sich so stark wie nur möglich von ihrer Mutter unterscheiden – in Rasse, Klasse, Hautfarbe, Religion, äußerer Erscheinung und Charakter. Dunkelhaarige Menschen verlieben sich beispielsweise nur in Blonde. Weiße angelsächsische Protestanten verlieben sich in schwarze Frauen oder in Griechinnen oder Angehörige der Latinos.

Was ich über Mütter und Söhne gesagt habe, gilt in gleicher Weise auch für Väter und Töchter.

Manchmal werden die Kinder unbewußt motiviert, der Umklammerung ihres lüsternen Elternteils zu entkommen. Ich kann mich an ein äußerst bekümmertes heranwachsendes Mädchen erinnern, das stark übergewichtig war. Sie weinte viel, während sie mir ihre Geschichte erzählte. Sie konnte einfach nicht aufhören zu essen, wie sehr sie es auch versuchte. Sie wurde dicker und dicker. Bis vor zwei Jahren war sie schlank wie eine Nymphe gewesen und hatte mit dem Überessen keinerlei Probleme gehabt.

Im Verlauf unseres Gesprächs erzählte sie mir wieder und wieder, daß ihr Übergewicht vor allem deshalb so ärgerlich sei, weil ihr Vater dicke Frauen hasse. Langsam wurde in der einen Stunde, die wir miteinander verbrachten, klar, daß M.s Vater sich von ihr körperlich sehr stark angezogen gefühlt hatte. Sie war »Papas Mädchen« gewesen. Er hatte sie bei jeder Gelegenheit bemuttert und liebkost, mit ihr gekuschelt und sie geküßt und umarmt (aber er erkannte vermutlich den sexuellen Aspekt seiner Liebe nicht bewußt). All dies war in Ordnung gewesen, solange sie noch ein kleines Mädchen war, doch als sie größer und zur jungen Frau wurde, empfand sie diese Aufmerksamkeiten als überwältigend und störend – wenn sie diese Tatsache auch nicht bewußt wahrnahm. Wie konnte sie der Situation ohne katastrophale Aggression ihm gegenüber entkommen? Ihr Unterbewußtsein fand eine Lösung. »Werde dick. Dicke Frauen machen ihn nicht an.«

Und so wurde sie dick. Ihr Vater zog sich zurück und klagte darüber, daß sie ekelhaft aussähe. Und ekelhaft fühlte sie sich auch, sehr zu ihrem Kummer – doch entweder dies oder eine Liebesaffäre mit ihrem Vater. Nicht daß sie bewußt begriffen hätte, was ich soeben beschrieben habe. Im Bewußtsein hatte sie lediglich, daß sie übergewichtig war und daß sie, wie sehr sie sich auch anstrengte, nicht die Stärke fand, Diät zu halten. Und daß ihr Vater dicke Frauen nicht ausstehen konnte, machte alles nur noch schlimmer.

Größeren Mädchen gelingt es manchmal, ihren Vätern zu sagen, daß sie keine sexuelle Beziehung mehr wünschen. Es ist nur zu bekannt, daß kleine Kinder selten wegen einer sexuellen »Attacke« eines Elternteils gegen diesen protestieren oder darüber sprechen. Das ist wohl teilweise darauf zurückzuführen, daß der betreffende Elternteil die Botschaft ausgibt, daß die Beziehung höchst geheim und vor anderen zu verschweigen ist. Das Kind reagiert auf diese Botschaft. Außerdem haben Kleinkinder natürlich keine Ahnung, was an einer Situation in bezug auf ihre Eltern richtig oder falsch ist. Sie befinden sich völlig in der Macht der Eltern und sind es gewohnt, untertänig alles zu akzeptieren, was die Eltern mit ihnen machen.

Hin und wieder bedrohen Eltern natürlich offen die von ihnen mißbrauchten Kinder mit schrecklicher Strafe oder schrecklichen Konsequenzen, falls das Kind jemand anderem von dem, was da abläuft, erzählen sollte: »Wenn du deiner Mutter davon erzählst, werfe ich dein Hündchen in den Fluß«, oder »Wenn du etwas sagst, wird jemand in der Nacht kommen und dich fortholen.«

Das Kind mag das Sexualverhalten des einen Elternteils – vom Herumspielen bis zum Geschlechtsverkehr – ekelhaft oder erschreckend finden, aber es wird nur selten dem anderen Elternteil davon erzählen.

Man nimmt an, daß Mütter häufig spüren oder wissen oder ahnen, daß der Vater eine Affäre mit ihrer Tochter hat, aber nur selten etwas unternehmen, um dies zu unterbinden. Die Mutter ist eine Art Komplizin – vielleicht weil sie sowieso ihrem Kind ablehnend gegenübersteht, vielleicht weil sie Angst vor dem Vater hat oder sich fürchtet, die fürchterliche Wahrheit auszusprechen. Oder vielleicht ist die Mutter dankbar, daß die Tochter den sexuellen Drang des Vaters befriedigt, da sie die Nase voll hat.

Was auch immer der Grund sein mag, es ist eine Tatsache, daß Mütter im allgemeinen ihre Ehemänner nicht des Inzests – oder eines anderen sexuellen Spiels – mit ihren Töchtern bezichtigen und die Kinder nicht beschützen.

In diesem Zusammenhang habe ich über Väter und Töchter gesprochen, nicht über Mütter und Söhne. Geschlechtsverkehr zwischen Müttern und Söhnen kommt vermutlich wesentlich seltener vor als zwischen Vätern und Töchtern – oder Vätern und Söhnen. Offene homosexuelle Aktivitäten geschehen natürlich auch in Familien. Vielleicht der schmerzlichste Aspekt sexueller

Beziehungen zwischen Eltern und Kindern ist der, daß kleine Kinder unterwürfig, vertrauensvoll, leidend alles akzeptieren, was Eltern beschließen, ihnen anzutun. Sie haben keine Alternative und können nicht wissen, was am Verhalten der Eltern »richtig« und was »falsch« ist. In unserer Gesellschaft besitzen die Eltern über ihre Kinder die absolute und tödlich geheime Macht. Solange sie nicht das Gesetz brechen und jemand außerhalb der Familie ebendies beweisen kann, können sie mit ihren Kindern tun und lassen, was sei wollen.

Vor hundert Jahren versuchte Lord Shaftesbury, die Arbeitsbedingungen für Kinder in Fabriken und anderswo zu verbessern, aber er war nicht bereit, das Problem des Kindesmißbrauchs zu Hause anzugehen: »Das Übel ist enorm und unbestreitbar, doch es hat einen so privaten, internen und häuslichen Charakter, daß es jenseits der Reichweite des Gesetzes steht ...« Können wir so sicher sein, daß seine Worte nicht auch heute noch zutreffen?

Sex kann von Männern und Frauen dazu benutzt werden, ein wackeliges Selbstwertgefühl zu stützen. Kinder, die von den Eltern abgelehnt wurden, können plötzlich in der Spätphase der Pubertät feststellen, daß sie in der Lage sind, sexuell anziehend zu wirken. Das ist manchmal eine berauschende Entdeckung: »Komm und krieg mich« wird ein sehr attraktives Spiel für diejenigen, die ein unzureichendes Selbstwertgefühl haben. Die Person, die anziehend wirkt, bleibt vermutlich kühl und unberührt. Die Person, die sich angezogen fühlt, kann äußerst leidenschaftlich sein.

Nachdem seine Anziehungskraft gewirkt hat, zieht der Attraktive weiter und läßt einen verblüfften und leidenden Liebenden zurück. Der Attraktive ist sich seiner wahren Gründe für den Wunsch, anziehend zu sein, nicht bewußt, doch er zieht häufig große Befriedigung daraus, die angezogene Person in Verzweiflung über die verlorene Liebe zu sehen.

Andererseits gibt es Leute, die nur anziehend sein wollen, weil sie unbewußt die Liebesbeziehung zu Vater oder Mutter wiederholen. Diese Menschen empfinden die sich daraus ergebenden Beziehungen mit in der Regel älteren Elternfiguren als große Last. Sie befreien sich nur mit Schwierigkeiten, sind bekümmert über den Schmerz, den sie verursachen – und machen weiter.

Sex kann auch als Mittel der Belohnung oder Bestrafung eingesetzt werden. Manchmal geschieht dies bewußt. Ich habe Frauen kennengelernt, die in der Lage waren, herzlich und sexuell verfügbar zu sein, wenn sie von einem Mann ein Geschenk erhalten hatten – ein Schmuckstück oder Ähnliches. Doch wenn es kein Geschenk gab, gab es auch keinen Sex.

Neben der bewußten Unterbindung der sexuellen Verfügbarkeit kann es auch eine unbewußte Blockade sexueller Gefühle unter bestimmten Umständen geben. Diese »Blockierung« tritt hauptsächlich bei Frauen auf, obwohl manche Männer ebenfalls davon betroffen sind.

Die Blockierung ist die Folge einer Verletzung, einer Beleidigung oder eines Kummers. Daraus kann Frigidität resultieren. Diejenigen, die Sex als Waffe einsetzen, sind häufig im Kindesalter stark gestört worden. Ein Elternteil hat ihnen vielleicht mehrfach Avancen gemacht. Sie sind vielleicht emotional oder körperlich abgewiesen und mißhandelt worden. Als hilflose Kinder, gezwungen, zu akzeptieren und einzustecken, entdecken sie langsam, wenn sie größer werden, daß auch sie Macht über andere besitzen. Sie rächen sich eventuell unbewußt an den Eltern. Sie sind vermutlich so geschädigt, daß sie selbst keine sexuellen Empfindungen mehr erleben können, was ihre Distanz erklärt.

Masturbation

Masturbation – Stimulierung der eigenen Geschlechtsteile, um zum Orgasmus zu gelangen – ist eine vollkommen normale Sache. Die Menschen masturbieren ganz natürlich von Kindesbeinen an bis ins hohe Alter. Die Masturbation ist eine der erfolgreichsten Möglichkeiten, einen Orgasmus zu gewährleisten.

Masturbation wurde jahrhundertelang als eine üble, lasterhafte und gefährliche Sache betrachtet. Selbst heute noch empfinden manche Menschen beim Masturbieren Schuldgefühle. Früher glaubte man, Masturbation könne zu Schwachsinn, Erblindung und anderen körperlichen Degenerationen führen. Die Ursprünge dieser unheimlichen Verdammung eines Naturphänomens sind in der Überlieferung und im Aberglauben zu suchen. Wenn kleine Kinder exzessiv masturbieren, haben sie ein emotionales Problem, irgendeine Angst, die näher untersucht werden sollte und die vermutlich nicht sexuellen Ursprung ist. Das Kind masturbiert, um Streß und Spannungen abzubauen.

Frigidität und Impotenz

Die Frigidität hat zumeist in einer emotionalen Störung ihren Ursprung.

Um sich während eines homosexuellen oder heterosexuellen Verkehrs einen Orgasmus zuzugestehen, muß den Frauen von den Eltern sozusagen erlaubt worden sein, den Sex zu genießen. Frigide Mütter, die Geschlechtsverkehr hassen oder aus anderen Gründen Männer hassen, vermitteln ihren Töchtern die Botschaft von Mißtrauen und Abscheu gegenüber dem Sex.

Sex läßt sich als »falsch«, sündig, böse, schmutzig usw. vermitteln, je nach Einstellung der Mütter – und

Großmütter und Urgroßmütter. Die Botschaft wird von Generation zu Generation weitergeleitet. In der Regel muß eine Frau ihrem Partner vollkommen vertrauen können, damit sie einen Orgasmus hat. Sie muß sich entspannt, unbefangen, begehrt und vergnügt fühlen.

Menschen mit einem schlechten Selbstbild fällt es schwerer, sich sexuell »gehenzulassen«. Die Zurückweisung eines Mädchens durch den Vater prädisponiert es im besonderen für Frigidität. Frigidität tritt auch aufgrund des Gefühls auf, daß Sex »verboten« ist, aus all den mit den Eltern in Zusammenhang stehenden Gründen, die ich an früherer Stelle beschrieben habe.

Eine Frau, die Geschlechtsverkehr mit ihrem Vater im Kleinkindalter hatte, wird wahrscheinlich Angst vor Schmerzen als Begleiterscheinung der Penetration haben. Viele Frauen fürchten wirklich, daß der Verkehr aus physischen oder psychosomatischen Gründen schmerzhaft sein wird – manchmal ist das auch der Fall.

Viele junge Männer haben gleichfalls Angst vor dem Geschlechtsverkehr. Eine Angst besteht darin, daß sie einer Frau körperlichen Schaden zufügen; eine andere ist die, daß die Frau ihnen Schaden zufügt – oder sie kastriert. Eine weitere Angst betrifft die Vorstellung, daß Sex »schmutzig« ist und daß sie beim Verkehr mit einer »reinen« und »guten« Frau diese besudeln und die Frau sie zurückweisen wird. Die Potenz ist dann nur den weniger »guten« Frauen verfügbar, d.h. den Prostituierten oder Mätressen.

Manche Männer sind impotent, wenn sie das Gefühl haben, daß sie mit dem Geschlechtsverkehr eine andere Frau verraten – die Ehefrau oder Verlobte. Schuldgefühle führen häufig zu Impotenz.

Mit Ausnahme der Impotenz, der eine physische Ursache zugrunde liegt, hat die Unfähigkeit zur Erektion bei den meisten Männern mit den Ansichten der Eltern zu tun, die diese ihnen in der Kindheit vermittelt haben. Der Geschlechtsverkehr ist vermutlich für junge Leute in der heutigen freizügigen Zeit weniger mit Schwierigkeiten befrachtet, als er es für ihre Eltern und Großeltern war.

Liebe

In den vorangegangenen Kapiteln habe ich wieder und wieder auf die Tatsache hingewiesen, daß ein geliebtes Kind seinen Wert und seine Würde spürt und sich infolgedessen sein Leben lang zuversichtlich und sicher fühlt.

Das ist richtig – doch die elterliche Liebe sollte, soweit wie möglich, ein wenig distanziert sein und dem Kind die Freiheit lassen, eine eigene Identität zu entwickeln. Allzu intensive, besitzergreifende Liebe kann für ein Kind erstickend sein, und das Kind kann sich dann emotional zurückziehen und Schwierigkeiten haben, Liebe zu erwidern.

Ich werde niemals die Schilderung eines sehr klugen Psychotherapeuten vergessen, den ich vor Jahren kennenlernte. Er sagte: »Wenn Sie in den Richmond Park gehen und das Wild füttern wollen, hat es keinen Sinn, es aufzuspüren, ihm zu folgen und ihm die Sandwiches hinzuhalten. Bei jedem Schritt, den Sie auf sie zu machen, werden die Tiere sich einen Schritt von Ihnen entfernen. Am besten ist es, Sie setzen sich hin, legen die Sandwiches auf den Boden in Ihrer Nähe und lesen dann ein Buch. Sie werden bald feststellen, daß die Tiere näherkommen und die Sandwiches knabbern. Mit der Liebe ist es genauso. Lieben Sie, aber halten Sie sich ein bißchen zurück, und lassen sie den Geliebten auf sich zukommen.«

Die meisten Eltern, die ihre Kinder lieben, erwarten von den Kindern, daß diese sie wiederum lieben, und sind enttäuscht, verletzt und wütend, wenn die Kinder sich ablehnend und feindselig verhalten: »Nach allem, was ich für dich getan habe ...«; »Ich habe nicht darum gebeten, auf die Welt zu kommen ...«, sind zwei weitverbreitete Herzensschreie.

Wird einem Kind zuviel Liebe entgegengebracht, so wird das für das Kind zu einer Last. Sehr oft müssen Einzelkinder alle Hoffnungen und Erwartungen ihrer Eltern mitschleppen. In China, wo Einzelkinder die Regel sind, sagt man, daß es in diesem Punkt in der Kinderbevölkerung große emotionale Probleme gibt. So kann das, obwohl die Begrenzung der Kinderzahl in einer Familie für die menschliche Rasse als Ganzes von großem Vorteil ist, für ein Einzelkind schädlich sein. (In der Tierwelt hat, wie Darwin beschrieb, häufig das Individuum einer Spezies zu leiden, während die ganze Gruppe gedeiht). Doch wenn Eltern zur eigenen emotionalen Befriedigung weniger von ihren Kindern abhängig wären, hätten die Einzelkinder weniger Probleme.

»Über«geliebte Kinder können einen riesigen Erfolgsdruck auf sich lasten fühlen, da die liebenden Eltern sich für ihr Kind wünschen, daß es zum eigenen wie zu ihrem Wohl Erfolg hat – genauso wie sie es gut finden, wenn ihr Kind gesund und glücklich ist. Aber die Erwartung der Eltern, daß ihr Kind erfolgreich, gesund und glücklich ist, kann überwältigend werden, zu stark, als daß ein Kind es ertragen kann.

Und so ein Kind kann, so pervers das auch erscheinen mag, scheitern oder eine psychosomatische Krankheit entwickeln oder als eine Art Protest Delikte begehen.

Überwältigende Liebe, »zwanghafte« Liebe und besitzergreifende Liebe sind häufig die Folge von Einsamkeit und Trauer bei den Eltern. Ein Mann oder eine Frau, die verwitwet sind, ein verlassener oder zutiefst benachteiligter Elternteil kann sich auf der Suche nach Trost und Erfüllung dem Kind zuwenden.

Frau M. J. wurde Witwe, als ihr Sohn Thomas drei Jahre alt war. Ihr Ehemann, der ihr sehr nahegestanden hatte, starb plötzlich während einer Geschäftsreise im Ausland. Er hatte einen Herzinfarkt, obwohl er bis zu dem Augenblick, als er starb, nie krank gewesen war oder irgendwelche Symptome gezeigt hatte. Der Schock für Frau M. J. war enorm. Sie verfiel in tiefe Depression, ihr einziger Trost war Thomas. Von diesem Zeitpunkt an wurde er in gewissem Sinne für die Gemütsruhe, das Glück und die emotionale Erfüllung seiner Mutter verantwortlich. Obwohl natürlich auch immer ein sexuelles Element in der Beziehung zwischen Mutter und Sohn enthalten ist, so war es in ihrem Fall jedoch nicht stark ausgeprägt.

Frau M. J. wandte sich an ihren Sohn, wie sie sich an einen Vater oder eine Mutter um Trost in ihrem Kummer gewandt hätte. Hätte sie, sagen wir, einen Hund anstatt eines Kindes gehabt, hätte sie vielleicht zu diesem Tier eine Beziehung starker Abhängigkeit entwickelt.

Frau M. J. war eine schüchterne und empfindsame Frau, der es schwerfiel, Freundschaften zu schließen, und so war sie isoliert, vor allem da ihr Haus auf dem Lande in England ziemlich weit vom nächsten Dorf entfernt lag. Liebe Freunde und Nachbarn versuchten ihr zu helfen, aber mit Ausnahme ihres Sohnes stand ihr niemand wirklich nahe. Unter diesen Umständen ist es leicht verständlich, daß ihr Sohn beinahe eine Lebensquelle für sie darzustellen schien und sie ihn wirklich tiefgehend liebte und brauchte.

Thomas fand ihre Liebe sehr beunruhigend. Er spürte, daß sie von ihm enorm viele emotionale Äußerungen brauchte und fühlte sich unzulänglich und unfähig – Gefühle, die ihn sein Leben lang nicht loslassen sollten, wenn es um Frauen ging. In jungen Jahren versuchte er zu sein, wie seine Mutter ihn brauchte. Er war ihr enger Gefährte.

Als er sechs oder sieben war, nahm sie ihn ins Theater mit, zu Konzerten, Gemäldeausstellungen, in den Urlaub im Ausland. Er tat sein Bestes, um verantwortungsvoll und angenehm zu sein – doch er war in Wirklichkeit einsam und verschlossen. Seine eigene Fähigkeit zu lieben wurde verdrängt, weil er wie das Wild auch die Freiheit haben mußte, von sich aus auf jemanden zuzugehen, statt sich gejagt zu fühlen.

Seine Mutter schickte ihn auf eine Tagesschule, da sie es nicht ertragen konnte, daß er in ein Internat ging. Hier versuchte er alles, um freundlich und akzeptabel zu sein, obwohl es ihm schwerfiel, sich unter die anderen Kinder zu mischen, und er wurde von ihnen drangsaliert und schikaniert.

Als er ungefähr dreizehn war, heiratete die Mutter von Thomas wieder. Sein neuer Stiefvater begann ihn abzulehnen, da er merkte, daß seine Frau ihrem Sohn allzu nahe stand. Thomas befand sich somit inmitten eines Krieges zwischen den beiden. Schließlich wurde er in ein Internat für schwererziehbare Jungen geschickt, wo er sich, so gut er konnte, fünf unglückliche Jahre lang durchkämpfte. Er war nicht gut gerüstet für den Umgang mit anderen Jungen, doch einige seiner Lehrer mochten ihn. In diesen Jahren wurde er langsam homosexuell, obwohl er sich vielleicht, wäre er anderen prägenden

Einflüsssen ausgesetzt gewesen, insbesondere der Gesellschaft attraktiver Mädchen und Frauen, statt dessen zu einem Heterosexuellen hätte entwickeln können. Thomas fühlte unbewußt, daß Frauen ihn überwältigen, ihn unterdrücken, ihn unfähig machen konnten. Dennoch sehnte er sich danach, ihnen zu gefallen. Er wurde von Schuldgefühlen verfolgt. Er hatte Angst, seiner Mutter wehzutun, er fürchtete sich davor, daß sie hinter seine Homosexualität kommen könnte; er begann zu glauben, er werde sterben, zunächst an Krebs, dann an AIDS. Er bestrafte sich unbarmherzig selbst. Er stand kurz vor dem Selbstmord – und gelangte so zur Behandlung bei einem Psychotherapeuten.

Somit kann elterliche Liebe (jede Liebe) eine gleichermaßen zerstörerische wie auch eine geheimnisvolle Kraft sein.

Manchmal, wenn Mütter – oder Väter – von ihren Partnern vernachlässigt werden, konzentrieren sie ihre Emotionen statt dessen auf ihre Kinder. Kinder werden häufig als Ersatzobjekte für Liebe benutzt. Die Liebe ist aufrichtig – doch zu stark, was die Verantwortung für das Kind betrifft, wie in dem Fall, den ich schon beschrieben habe.

Und das gleiche gilt für Eltern, die den Ehemann oder die Ehefrau nicht mögen oder hassen. Auch sie können sich statt dessen auf die Kinder fixieren.

Wendet sich das Kind nicht von dem es mit seiner Liebe erdrückenden Elternteil ab, so hat es nur die Alternative, die ihm auferlegte Rolle zu akzeptieren. Es gibt Kinder, die wirklich versuchen, für Vater oder Mutter zu sein, was diese brauchen. Diese Kinder werden an die Eltern gekettet – manchmal das ganze Leben lang.

Frau Paula D. hatte einen Ehemann, der ewig Affären hatte. Immer wieder stellte sie fest, daß er, wenn er behauptete, er müsse eine Geschäftsreise unternehmen, in Wirklichkeit mit seiner Sekretärin in Birmingham war. Wenn er behauptete, er müsse zu einem Abendessen in die Stadt, blieb er auf dem Nachhauseweg noch ein paar Stunden bei einer anderen Frau. Wenn er sagte, er wolle allein im Park spazierengehen, damit er einen klaren Kopf bekäme, dann war er in einem Hotel in der Nähe des Parks für einen weiteren kleinen Seitensprung. Er bereute nichts und war widerspenstig. Paula geriet in Verzweiflung. Sie hatten ein Kind, ihre Tochter Mirabelle. Mirabelle war ein hübsches und charmantes kleines Mädchen, und Paula fand in der Beziehung zu ihrer Tochter großen Trost.

Die zwei lehnten sich immer stärker aneinander an. Als Mirabelle ein bißchen älter geworden war – aber noch nicht alt genug, um wirklich alles zu verstehen und damit fertig zu werden –, benutzte Paula sie als ihre Vertraute. Sie erzählte Mirabelle von den Affären ihres Ehemannes. Für das Kind war es höchst beunruhigend, derartige Neuigkeiten über ihren Vater zu erfahren. Sie weinten zusammen, sie heiterten sich gegenseitig auf. Aber Mirabelle handelte wirklich wie eine Mutter oder ältere Schwester ihrer Mutter gegenüber – eine Rolle, für die sie noch nicht ausreichend gerüstet war. Sie wurde ein seltsames, verschlossenes Mädchen, das völlig in der Beziehung zu Paula befangen war, die wiederum nicht begriff, was sie ihrer Tochter antat. Im Gegenteil, sie war stolz und angenehm berührt über Mirabelles Zuwendung und sagte häufig: »Wir sind wie Schwestern, nicht?«

Herr D. verließ schließlich seine Familie und zog zu einer anderen Frau, wodurch er Paula und Mirabelle noch mehr isolierte. Sie trennten sich nie. Auch als Mirabelle erwachsen war und einen Job annahm, lebten sie und ihre Mutter weiter zusammen, und als es mit Paula langsam zu Ende ging, kümmerte sich Mirabelle um sie. Beim Tode ihrer Mutter war sie natürlich am Boden zerstört. Mittleren Alters, emotional ausgelaugt und traurig – Mirabelle ist heute eine einsame Frau.

Es gibt viele Männer und Frauen in der westlichen Gesellschaft von heute, die sich in Mirabelles Lage befinden, ihr Leben der Pflege eines liebenden Elternteils gewidmet haben, der niemals erkannte, welchen Schaden er oder sie dem Kind zufügte.

Eine andere Art elterlicher Liebe, die für ein Kind gefährlich ist, ist die Liebe einer zwanghaften Persönlichkeit. Zwanghafte Menschen sind, wie erwähnt, Perfektionisten, und zwanghafte Eltern sind bei ihren Kindern auf Perfektion aus. Sie können alles daran setzen, daß ihre Kinder untadelige und mustergültige kleine Jungen und Mädchen werden, bei denen sich jedes Haar stets an einem Platz befindet und die niemals einen Fleck auf ihrem Kinderkleidchen haben. Die Kinder hemmungslos Zwanghafter neigen dazu, entweder selbst perfekt gepflegte Zwangscharaktere zu werden, oder sie gehen den entgegengesetzten Weg und sind die unordentlichsten und ungepflegtesten Menschen. Bis zum entgegengesetzten Extrem zu gehen ist genauso wenig hilfreich für einen Menschen, wie mit der Belastung durch das konstante Bedürfnis nach Perfektion zu leben. Chaos, Unordnung und totale Desorganisation können sich auf das Leben eines Menschen äußerst zerstörerisch auswirken, doch die rigide, überkontrollierte und überkontrollierende Haltung des hemmungslosen Perfektionisten ist ebenfalls schädlich. Zwanghafte Eltern mögen kein Durcheinander, keinen Lärm, kein wildes Benehmen; das Kind muß schnell lernen, seine Blase und den Darm zu kontrollieren, häufig noch bevor es überhaupt so weit ist. Schuldgefühle stehen ganz weit oben. Schmutz ist skandalös. Untertäniger Gehorsam wird gelobt. Am Ende kommt dabei ein höchst konformer, gesetztestreuer, emotional verarmter, braver Bürger heraus – oder ein gewalttätiger, undisziplinierter Rebell gegen die Gesellschaft. Extreme bringen neue Extreme hervor.

Was ist zu tun, wenn ein Elternteil einen zwanghaften Charakter hat? Man kann sich bemühen, das Kind nicht in einen kleinen »Musterknaben« zu verwandeln. Wie schwierig es für den Elternteil auch sein mag, er muß Durcheinander, Lärm und völlige Desorganisation der Allerjüngsten tolerieren. Beim Drang nach Kontrolle muß die Bremse gezogen werden. Der betreffende Elternteil sollte wegschauen und das Kind in kleine Schwierigkeiten geraten lassen, es kreischen, kleine Verletzungen erleiden, es mit seinem Essen herumspritzen und im Matsch spielen lassen. Leichter gesagt als getan – doch es ist zu schaffen, wenn sich der zwanghafte Elternteil, der häufig gleichzeitig sehr fürsorglich ist, darum bemüht.

Genauso beunruhigend ist ein äußerst chaotischer Elternteil. Extreme Unordentlichkeit, verspätete Mahlzeiten, ein Mangel an Organisation, Unpünktlichkeit bei anderen Dingen und kein System im Alltag machen Kinder unsicher und ängstlich. Kinder mögen und brauchen, wie Haustiere auch, Routine, Vertrautheit und die Wiederholungen des immer gleichen. Wie warm und zugetan sie auch sein mag, es bringt ein Kind aus der Fassung, wenn es seine Mutter in einem dürftigen Morgenrock im Garten arbeiten sieht und bereits die ersten Gäste für eine Dinnerparty kommen. Oder wenn es tausendmal gebeten wird, bei der Suche nach verlegten Schlüsseln, verlegten Brillen, verlorenen Handtaschen, fehlenden Schraubenziehern usw. zu helfen. Auch hier trifft das Kind unbewußt die Wahl zwischen der Identifizierung mit dem Leben des Elternteils und somit Wiederholung desselben oder dem Gegenteil dessen, d.h. es beschließt, ein gutorganisierter zwanghafter Mensch zu werden – oder zwischen beiden Verhaltens- und Gefühlsweisen hin- und herzuwechseln.

Allzu viel Liebe zwischen den Angehörigen einer Familie kann deren Mitglieder in der Familie einsperren. Ich traf einmal eine Familie, in der alle sich gegenseitig mit freudiger Intensität liebten. Die Eltern beteten sich und ihre Kinder an. Und die Kinder liebten ihre Eltern und ihre Geschwister abgöttisch. Es war ein verzauberter abgeschotteter Kreis. Kein Fremder wagte es, einzudringen. Am Hochzeitstag von einem der Jungen rannte dem Bräutigam die Braut davon, in dem richtigen Gefühl, daß sie weder jemals zu dieser engen Familie gehören noch jenseits von deren Einfluß ein unabhängiges Heim errichten könnte.

Eine andere Liebe, die gefährlich und schädlich sein kann, ist die zwischen Geschwistern. Auch hier kann ein sexuelles Element vorhanden sein, aber oft besteht die Beziehung größtenteils in aus Einsamkeit, wechselseitiger Abhängigkeit und gemeinsamem Leiden geborener Liebe.

In diesem Fall sind die Eltern vermutlich nachlässig, weniger fürsorglich oder sogar aggressiv und grausam. Die Kinder werden vielleicht beiseite geschoben, während die Eltern mit ihrem eigenen Leben beschäftigt sind. Da es an einer richtigen elterlichen Fürsorge fehlt, kann ein Kind in der Familie unbewußt versuchen, für das oder die anderen die Mutter oder den Vater zu spielen. Oder die Kinder hängen mit einem Übermaß an gegenseitiger kindlicher Liebe aneinander, weil es keine Eltern gibt, die sie lieben können.

Tamara und Vincent waren die letzten beiden Kinder, die in eine große Familie hineingeboren wurden. Als sie auf die Welt kamen, war die Mutter, eine schöne Frau, die sehr viel Gesellschaft suchte, der Kinder müde und überdrüssig. Sie hatte bereits vier ältere Kinder, zu denen ihre Beziehung gut war.

Sie schob Tamara und Vincent zu einer reichlich gleichgültigen Kinderfrau ab und zog sich zurück. Die Kinder lebten mit ihrer Kinderfrau in einem kleinen Seitenflügel des Hauses, und hin und wieder kam einer der beiden Eltern und vielleicht ihre Brüder und Schwestern sie besuchen. Sie waren seltsam isoliert – und blieben es, bis sie alt genug waren, in die Schule zu gehen und sich den anderen erwachsenen Familienmitgliedern anzuschließen.

Sie waren unglückliche kleine Kinder, die sich sehr zurückgewiesen fühlten, als nicht »gut« genug, um im Hauptteil des Hauses akzeptiert zu werden. Ihre Liebe wandte sich dem jeweils anderen zu, da die Eltern nicht ausreichend sichtbar waren oder sich selbst nicht genug liebten, um Objekte für die Liebe der kleinen Kinder zu werden.

Die beiden wuchsen mit einer starken gegenseitigen Abhängigkeit auf – aber die eigentlichen Wurzeln dieser engen Beziehung versanken im Unbewußten. Beide gingen ihren Weg. Sie trafen sich selten, doch wenn sie es taten, war es jedesmal eine freudige Wiedervereinigung – aber Tamara ging nach Kanada und Vincent nach Frankreich. Sie heirateten nicht. Tamara, die sehr promiskuitiv war, suchte ständig nach dem nicht existierenden Idealmann.

Es schien sich um eine außergewöhnliche Häufung von Zufällen zu handeln, doch Tamara verliebte sich oft in Männer, die in Wirklichkeit homosexuell – oder bise-

165

xuell waren. Waren dies dunkle Abbilder ihres Bruders in der Kindheit? Denn Vincent wurde als Erwachsener offen homosexuell – vielleicht seine unbewußt motivierte Möglichkeit, seiner Kindheitsliebe für die kleine Schwester treu zu bleiben.

Und noch eine andere Form elterlicher Liebe kann Kinder in Unruhe versetzen, nämlich die, bei der das Leid der Eltern aus der Fürsorge für das Kind erklärt wird. In den ersten Lebensjahren eines Kindes sind gute Eltern unweigerlich zur Selbstaufopferung aufgerufen. Doch wenn das Kind alt genug ist, die Identität und die Bedürfnisse seiner Eltern zu erkennen, ist es wichtig, daß Vater oder Mutter zeigen und beweisen, daß er oder sie sich selbst genauso stark lieben wie das Kind. Diese Demonstration der Selbstschätzung stellt ein Modell dar, mit dem sich das Kind identifizieren kann. Und es hilft auch dem Kind, keine Schuldgefühle zu entwickeln, weil es den Eltern schadet.

Wenn Eltern klarstellen, daß er oder sie benachteiligt wird, damit das Kind mehr bekommt, fühlt sich das Kind »schlecht«. Nur wenige Kinder werden die Privilegien genießen, die sie auf Kosten einer offensichtlichen Benachteiligung eines Elternteils erhalten. Liebende Eltern verzichten häufig auf Dinge, um ihren Kindern wichtige Vorteile zu verschaffen, doch das darf das Kind niemals erfahren.

Bei kleineren Dingen ist es für die Kinder hilfreich, wenn sie sehen, daß die Eltern auch in den Genuß besonderer Freuden oder eines Luxus kommen. Ich erinnere mich noch, wie sehr mich einmal eine schweizerische Mutter bei einer Bergwanderung beeindruckt hat. Alle Wanderer waren müde und setzten sich zu einer Rast nieder. Diese Mutter mit zwei kleinen Kindern zog eine Tafel Schokolade aus ihrer Handtasche und teilte sie genau in drei gleiche Teile, einen für jedes Kind und einen für sich. Dann verzehrten sie alle drei ihre Schokolade mit großem Genuß. Ein triviales Ereignis – aber eine Lektion in bewundernswerter Elternschaft.

Nachdem ich die Nachteile einiger Aspekte der Liebe herausgearbeitet habe, muß ich nochmals betonen, daß nichts im Leben hilfreicher und konstruktiver für ein Kind ist, als die maßvolle aufrichtige Liebe, Zuneigung und Fürsorge seiner Eltern. Liebende Eltern haben liebende Kinder. Wer niemals die Liebe in der Kindheit erlernt hat, weil er selbst nicht geliebt wurde, dem wird es im Erwachsenenalter schwerfallen oder sogar unmöglich sein zu lieben. Und zu lieben – die Fähigkeit haben zu lieben – ist wohl genauso wunderbar wie geliebt zu werden.

Aggression und Liebe

Frau S. war eine Patientin, die ich nur ein einziges Mal vor vielen Jahren gesehen habe, doch unser Zusammentreffen hat bei mir einen so starken Eindruck hinterlassen, daß ich sie und ihre Geschichte nicht vergessen konnte. Sie wurde zu mir als Notfall überwiesen, als Patientin, die sofort behandelt werden mußte. Ihr Arzt, der bereits mit mir am Telefon gesprochen hatte, schickte mir auch einen Brief, den mir Frau S. mit schmaler zitternder Hand entgegenstreckte:

> Frau S., siebenunddreißig Jahre alt, hat mit ihrem Mann in Kuwait gelebt. Sie kam zur Geburt ihres ersten Kindes nach Großbritannien – ein kleines Mädchen, das fünf Wochen zu früh geboren wurde ... Mutter und Kind sind wohlauf, aber die Mutter war vor kurzem sehr aufgewühlt und bat gestern darum, einen Psychologen sprechen zu können ... Vermute

postnatale Depression ... Sie will mir das Problem nicht schildern ... ist auf sich selbst gestellt ... Ehemann abberufen ... Herzlichen Dank etc.

Frau S. war eine kleine, gepflegte Frau, sorgfältig gekleidet, mit ordentlicher Frisur und perfekt aufgelegtem Make-up. (Sehr kranken Menschen ist es zumeist egal, wie sie aussehen, sie tragen alte Kleider und ziehen kaum einen Kamm durchs Haar. Auch sehr niedergedrückte Frauen legen das Make-up zumeist – wenn überhaupt – chaotisch auf, ziehen sich ungleiche Augenbrauen, pflastern den Lidschatten geradezu auf und verwischen den Lippenstift.) Diese Frau hatte sich sehr bemüht, absolut normal auszusehen. Sie versuchte sogar, höflich zu lächeln, als sie sich vorsichtig auf der Sofakante niederließ.

Sie sah trotz ihrer gepflegten Erscheinung sehr müde aus – hatte schwarze Schatten der Ermüdung unter den müden und ängstlichen Augen. Sie wußte nicht, wie sie anfangen sollte, und schwieg. Was sie mir zu sagen hatte, war zu schrecklich, wie es schien, um in Worte gekleidet, um laut zwischen zwei Menschen ausgesprochen zu werden. Damit wir ins Gespräch kamen, fragte ich sie nach ihrem Ehemann. Über ihn konnte sie sprechen. Sie sagte, er arbeite als eine Art Störungssucher bei den Ölquellen: »Wenn es ein Problem gibt, schicken sie nach ihm, und er muß hin, das ist seine Aufgabe – er kann nicht nein sagen.«

Ich fragte: »War er zur Geburt des Babys hier?«

»Ja«, antwortete sie, »nur ... er mußte gleich wieder weg.«

»Wo ist das Baby jetzt?« fragte ich.

»Dr. N. (der Arzt) sorgte dafür, daß sich seine Arzthelferin um das Baby kümmert«, sagte sie.

Sie sah gehetzt aus.

»Hat das Problem mit dem Baby zu tun?« fragte ich.

»Ja.« Das kam fast geflüstert.

Schließlich kam es heraus.

»Ich habe Angst, ich werde sie umbringen. ... Ich habe Angst ... Ich will es nicht – ich liebe sie – ich habe sie mir so gewünscht. Aber ich denke dauernd ...«

Einen Augenblick lang schwiegen wir beide ...

»Erzählen Sie es mir.«

Sie lebte in einer möblierten Wohnung, die kalt und ziemlich langweilig war. Da gab es den Gasofen. Er mußte angestellt werden, denn sonst war es für das Baby zu kalt ... ein großes Feuer mit blauen Flammen. »Ich denke dauernd«, sagte sie, und ihr begannen Tränen übers Gesicht zu fließen, »ich denke dauernd – ich habe dauernd den Gedanken, daß ich das Baby ins Feuer werfen werde ... ich kann ihn nicht stoppen«, sagte sie, während ihr die Tränenströme weiter über die Wangen liefen. »Er ist immer da – ich werde gleich das Baby ins Feuer werfen ... Ich merke, ich werde das Baby gleich ins Feuer werfen ...«

Erneutes Schweigen.

»Was wäre, wenn das Feuer nicht da wäre?«

»Das habe ich auch überlegt. Ich wollte das Feuer nicht anzünden ... aber da ist das Fenster – immer ist das Fenster da – wir sind im fünften Stock.«

»Ich liebe mein Baby«, sagte sie. »Ich liebe sie. Ich habe Angst ... Werde ich sie umbringen?«

»Nein«, sagte ich. »Natürlich werden Sie sie nicht umbringen. Sie scheinen sehr erschöpft zu sein. Es hört sich an, als ob das Baby zu viel für Sie wäre. Erzählen Sie mir über das Baby. Wie heißt es? Geht es ihm gut?«

»Angela.«

Dem Baby ging es nicht gut – nichts Ernstes, es hatte eine Erkältung, schniefte und weinte, wollte nichts essen, nicht schlafen, es wurde immer müder, und je müder es wurde, desto mehr weinte es ...

Frau S. hatte selbst seit drei Nächten oder noch länger nicht geschlafen. Je schwieriger das Baby wurde, desto ängstlicher fühlte sich Frau S.

»Sind Sie ganz auf sich allein gestellt?«

»Ja.«

»Haben Sie keine Familie?«

»Ich komme aus dem Norden, aus Sheffield. Ich habe noch meine Mutter – sie ist natürlich alt – und eine Schwester. Das ist alles. Ich kenne in London keine Menschenseele.«

»Könnten die beiden Ihnen nicht helfen? Könnten Sie hinfahren, oder könnte vielleicht Ihre Schwester hierherkommen?«

»Eigentlich nicht. Meine Mutter lebt bei meiner Schwester. Es ist ein kleines Haus. Meine Schwester hat ihre eigene Familie ...«

Ich überlegte, ob Frau S. vielleicht mit ihrer Mutter und Schwester nicht gut auskam.

»Wann wird ihr Mann zurückkommen?«

»Das können wir nicht sagen. Das hängt von seinem Job ab.«

»Ich nehme an, wir könnten ihn auf jeden Fall zurückholen.«

Sie weinte wieder. »Ich schäme mich so ... Ich habe solche Angst ...«

Ich mußte entscheiden, ob Frau S. unter einer postnatalen Depression litt, oder ob sie einfach am Ende ihrer Kraft war. Sie war fürs erste Kind relativ alt. Ich stellte noch viele Fragen.

Wenn sie an einer Depression litt, war die Situation

weitaus gefährlicher. Sie könnte einen Punkt der Qual erreichen, an dem sie vielleicht ihr Kind umbringen würde. Dann sollten wir sie sofort in ein Krankenhaus einweisen. Wenn sie für ihr Baby eine Gefahr darstellte, müßten wir sie trennen. Ich fragte: »Haben Sie Angst davor, Angela zu berühren – sie zu versorgen – sie zu baden, sie umzuziehen – all solche Dinge?« Ich wollte erfahren, ob sie das Gefühl hatte, schon die geringste Berührung könnte dem Kind schaden.

»Nein«, sagte sie, »das kann ich alles – bis auf den Punkt, daß ich immer ein wenig nervös wegen ihr bin – ich bin mir nicht sicher, daß ich das Richtige tue – sie ist so winzig ... Ich bin an Babys nicht gewöhnt ... bevor ich geheiratet habe, habe ich gearbeitet. Ich bin erst seit drei Jahren verheiratet ...«

»Haben Sie als kleines Kind mit Puppen gespielt?«

»Nein ... es ist schon komisch, aber ich glaube, das habe ich nie gemacht. Ich kann mich an keine Puppen erinnern. Ich hatte andere Spielsachen ... an eine Ente kann ich mich erinnern und an einen Teddybär ...«

Ihre Antwort bestärkte mich in meinem ersten Eindruck, daß Frau S. keine sehr gute Beziehung zu ihrer Mutter hatte.

Kleine Mädchen, die sich in ihrer Beziehung zu ihren Müttern sicher und glücklich fühlen, spielen gerne die Mutter/Kind-Situation mit ihren Puppen durch. Doch wenn die Mutter/Kind-Situation bei dem Kind Spannungen und Elend auslöst, wird es für seine Puppe nicht die Mutter spielen.

»Wann wird Ihr Mann zurückkommen?«

»Das weiß ich nicht – sobald er seinen Job beendet hat. Das kann jederzeit sein ...«

»Was haben Sie weiter vor? Werden Sie wieder nach Kuwait gehen?«

»Das wissen wir nicht. Mit dem Baby ist es schwieriger ...«

Sie hatte sich beruhigt, während wir uns unterhielten, doch nun wurde sie wieder ängstlich.

»Könnten Sie nicht feste Pläne machen? Muß sich Ihr Ehemann denn wirklich die meiste Zeit in Kuwait aufhalten?«

»Nein – nicht ständig – er wird auch an andere Orte geschickt. Wir haben überlegt, wir kommen vielleicht wieder hierher – und leben auf dem Lande, nicht allzu weit vom Flughafen entfernt ...«

Die Ungewißheit ihrer Zukunft muß ihre Probleme noch verschärft haben, doch im Augenblick war da nichts zu machen. Ich sagte sanft: »Sie meinen doch nicht wirklich, daß Sie daran denken, daß Baby ins Feuer zu werfen?«

»Ich würde lieber alles tun als das – doch der Gedanke, es zu tun, kommt immer wieder – und wieder ...«

»Hätten Sie es lieber nicht bekommen?«

»Nein! Nein! Ich liebe sie, natürlich will ich sie nicht loswerden.«

»Manche Menschen wollen ihre Babys nicht ...«

»Aber ich will meines. Ich liebe sie – und Ken – das ist mein Mann – er ist Feuer und Flamme für sie – wir beide sind es ...«

Sie begann von neuem zu weinen.

»Es sind einfach diese Gedanken, die – die meinen Verstand beherrschen – und ich kann sie nicht stoppen ... Je mehr Angst ich bekomme, desto mehr weint sie – und je mehr sie weint – desto schlimmer wird es ...«

Ich stellte mir Frau S. in ihrem ziemlich kalten möblierten Appartement vor, allein in fremder Umgebung – der Gaskamin brennt ... das Baby schreit. Ich sah, wie sie mit dem verzweifelten kleinen Wesen rang, voller Angst, ihm wehzutun – beide zusammengesperrt und fast wahnsinnig vor Erschöpfung.

Und mir fiel eine andere Szene ein. Es war mitten in der Nacht in der Kabine eines riesigen Flugzeugs auf seiner Reise um die halbe Welt. Die Lichter waren gedämpft. Schattenhafte Umrisse von Menschen, in Decken gehüllt, die sich ruhelos bewegten und vergeblich auf Schlaf hofften. In der Vorderreihe schrie ein Baby, verzweifelte, endlose quälende Schreie, die einen an den Rand des Wahnsinns brachten. Neben dem Flugzeug-Kinderbett saß ein junges Paar, das sich aneinanderklammerte. Tränen rannen über das Gesicht der Mutter; das Gesicht des jungen Mannes war grau. Hilflos hielten sie sich aneinander fest, während das Baby schrie und schrie. Sie hatten getan, was sie konnten, um das Kind zu beruhigen, es gefüttert, seine Windel gewechselt, es hochgehalten, damit die Luft aus seinem Bäuchlein hinaus konnte, es geschaukelt, es hochgehoben, es hingelegt. Nichts hatte geholfen. »Er ist übermüdet«, sagte die Mutter und wischte sich die Tränen weg. »Er ist übermüdet und kann nicht einschlafen.«

»Mutter«, sagte eine kräftige und fröhliche Stimme – und eine kräftige und fröhliche Frau kam nach vorne. »Lassen Sie mich ihn bitte halten? Vielleicht kann ich ihn beruhigen. Ich bin Kinderschwester – ich bin es gewohnt, daß sie schreien. – Darf ich ihn hochnehmen? Das ist so etwas wie ein Trick – sie zum Schlafen zu bringen ...«

Nicht lange danach herrschte in der Kabine Schweigen und jedermann döste mit paradiesischer Erleichterung vor sich hin. Es war, als ob ein Engel aus dem Sternenhimmel draußen die Boeing betreten hätte.

Ich beschloß, daß ein anderer menschlicher Engel zur Rettung von Frau S. kommen mußte. Sie litt nicht unter

Depressionen, dachte ich, sondern unter schwerer Erschöpfung – totaler Müdigkeit, die sie wütend auf das Baby gemacht hatte, weil es so schwierig war – doch es war eine Wut, die sie sich nicht eingestehen durfte. Ihr Unbewußtes übernahm die Leitung und sandte Botschaften ins Bewußtsein, die den Vorschlag machten, das Baby müsse getötet werden.

Wenn es zum unbewußten Disput zwischen Überleben – oder Selbsterhaltung – und Zerstörung kommt, der aus der übermäßig beanspruchenden Fürsorge für andere resultiert, scheint unser eigenes Überleben wichtiger zu sein – das heißt im Unbewußten. Bewußt scheinen Männer und Frauen, wenn sie den Konflikt erkennen und die Wahl zwischen ihrem eigenen Überleben und dem anderen haben, zu heroischen Akten der Selbstopferung fähig zu sein. Frau S. konnte sich, wie so viele andere Mütter, ihre Wut auf ihr Baby, das ihr physisch wie psychisch wehtat, nicht eingestehen.

Wut ist eine häufig aufsteigende Emotion bei Menschen, die Hilflose, Invalide und Abhängige versorgen. Aber diejenigen, die Menschen lieben, die ihnen gleichzeitig zur Last fallen, reagieren häufig mit Schrecken auf das, was sie für eine häßliche und unwürdige Emotion halten. Man braucht Mut, um die Wut zu erkennen und zu bewältigen, wenn man sich um eine geliebte abhängige Person kümmert. Die Wut erscheint um so gefährlicher, je fragiler das Wesen ist, das sie provoziert hat.

Das »Verhalten« gegenüber dem Provokateur der Wut – der provoziert aufgrund von Abhängigkeit, Hilflosigkeit, Bedürftigkeit – bedarf der besonderen zusätzlichen Kontrolle. Aber wir könnten uns erlauben, die Wutgefühle zu erkennen – da durch deren Erkennen die Gefühle meist schwinden.

Ich erklärte einiges davon Frau S. Ich sagte ihr sehr entschieden, ich sei der Meinung, es bestünde kaum Gefahr, daß sie ihr Baby wirklich ins Feuer werfen würde – daß sie aber durch ihr Kind so ausgelaugt sei, so leer, daß ihr eigener Drang zu überleben sich in den Vordergrund ihres Kopfes schiebe. Ich sagte, sie brauche einen Dritten, der eine Zeitlang in ihre Beziehung – zwischen ihr und ihrem Baby – eingreife, da Fremde oder Profis nicht die Zweifel und Schuldgefühle hegen, die Eltern empfinden. Frau S. mußte einfach schlafen und ein bißchen Zeit für sich haben können. Dr. B. und ich würden versuchen, alles für sie zu arrangieren. Vielleicht ein oder zwei Tage Klinikaufenthalt, dann jemand, der jeden Tag vorbeischaute und dafür sorgte, daß Mutter und Kind wohlauf wären, bis ihr Ehemann zurückkomme.

Das funktionierte. Frau S. schreckliche Mordgedanken legten sich und verschwanden, als sie sich wieder erholte, und sie gewann die Kontrolle über sich, das Baby und die Umgebung langsam wieder zurück.

Es gibt natürlich Mütter, die ihre Babys tatsächlich töten, und ein gewisser Prozentsatz der Todesfälle im Säuglingsalter ist beispielsweise auf Ersticken oder Schlagen des Babys durch Vater oder Mutter oder beide zurückzuführen. Ich hatte Patienten, die über den Kopf ihres Babys eine Plastiktüte stülpten oder ihm ein Kissen aufs Gesicht drückten. Diese Menschen sind psychisch und emotional schwer krank. Sie treten in eine alptraumhafte Welt ein, in der ihnen die einzig mögliche Erlösung aus ihrer totalen Qual in der Tötung ihres Kindes zu bestehen scheint. Im normalen Alltag finden sich viele andere Lösungen für Leute, die lieber kein Kind hätten. Eine Adoption durch andere Eltern, die sich sehnlichst Kinder wünschen, aber keine eigenen bekommen können, läßt sich sehr leicht arrangieren.

Doch diese simple Lösung fällt Menschen, die ihre Kinder umbringen, nicht ein. Ich erinnere mich an eine Patientin, die schließlich ihr Baby erstickte; sie war in eine schlaflose gehetzte Welt eingetreten, als sie anfing zu glauben, das Baby sei der Grund, warum ihr Mann sie verlassen hatte – er hatte sie tatsächlich verlassen, als das Baby zur Welt kam, jedoch aus Gründen, die in Verbindung zu seiner eigenen Kindheit standen. Die Mutter hatte als Säugling und Kleinkind selbst zahlreiche Erfahrungen damit gemacht, von den Eltern verlassen zu werden, die kein Interesse an dem Kind zeigten und es einer brutalen und grausamen Kinderfrau überließen. Fairerweise muß man sagen, daß die Eltern keine Ahnung von dem wilden Wesen der Kinderfrau hatten, bis sie zwei Jahre später dahinterkamen. In gewissem Sinne gaben diese Eltern meiner Patientin ein Vorbild. Sie empfanden ihr Baby als Nervensäge und schoben es an eine Kinderfrau ab, um ihr eigenes Leben führen zu können. Ihrer Tochter ging es mit ihrem Baby genauso, sie wurde es jedoch auf äußerst tragische und schreckliche Weise wirklich »los«.

Nicht nur Babys, auch kranke Menschen, Behinderte oder abhängige Verwandte wie etwa alternde Mütter rufen, wie schon erwähnt, bei denjenigen, die sie versorgen, Wut hervor. Manchmal bringt eine abhängige Mutter oder Schwiegermutter, die bei ihrer Familie lebt, das Böseste in jedem zum Vorschein und wird zum Grund, daß Ehen auseinandergehen usw., wie ja allgemein bekannt ist. Verletztliche Wesen rufen all unsere Ängste vor unserer möglichen Zerstörungskraft auf den Plan. Sollten wir uns vom Ärger oder von der Wut fortreißen lassen, sollten wir so stark provoziert werden, daß wir »die Beherrschung verlieren«, so können wir ernsthaften Schaden anrichten, fürchten wir.

Wir könnten eine monströse Phantasie wüstester Verletzungen tatsächlich ausführen, Wirklichkeit werden lassen. Menschen schlagen in glühender Wut wirklich zu, und Menschen begehen aus Wut tatsächlich einen Mord.

Diese Tatsachen tragen nicht zu einer Verringerung der komplexen Ängste, Phantasien, selbstzerstörerischen Neigungen, psychosomatischen Erkrankungen bei, der Schlaflosigkeit und der phobischen Zustände, die Menschen, die für geliebte (und gehaßte) Behinderte sorgen, manchmal durchmachen. Hier ein typisches Beispiel dafür, was geschehen kann: Frau P. war eine hervorragende und charmante Geschäftsfrau. Sie erreichte die Spitzenposition der »Geschäftsleitung« in der Firma, für die sie arbeitete, und da ihre Karriere ihr so viel bedeutete, widerstand sie allen Heiratsanträgen, bis sie dreiunddreißig war und einen nahezu idealen Partner kennenlernte. Auch er war Geschäftsmann, besaß jedoch ein großes ererbtes Vermögen und mußte nicht arbeiten. Er besaß den Familiensitz, ein großes Haus in Yorkshire mit Bauernhöfen und Liegenschaften, wo er sich aufhalten und seine Angestellten beaufsichtigen mußte. Er war ein sanftmütiger und witziger Mann, und er betete Frau P. an. Gegen eine Heirat sprach lediglich, daß Frau P. dann ihre Arbeit aufgeben mußte – aber, so versprach er ihr, sie könnte ihm bei der Leitung seines Besitzes helfen.

Hin- und hergerissen zwischen ihrer Liebe zu Rupert und ihrer Liebe zu ihrem Job, entschied sie sich für Rupert, wobei sie sich sagte, daß sie bald für eine Heirat und für Kinder zu alt sein würde, wenn sie jetzt nicht »den Absprung« schaffe. Ihre Flitterwochen verbrachten sie in der Schweiz. Eines Tages hatten sie vor, sich einer Gruppe von Leuten aus dem Hotel anzuschließen, die eine lange Wanderung auf den nahegelegenen Berg unternehmen wollten. Die Expedition sollte am frühen Morgen aufbrechen. Frau P., die sich faul fühlte, beschloß, im Hotel zu bleiben, und Rupert ging mit den anderen alleine los. Am späten Nachmittag wurde Frau P. unruhig und schlug den Weg ein, den die Gruppe genommen hatte. Weit voraus, auf einem wesentlich steileren Abhang über ihr, sah sie die Gruppe langsam herunterkommen. Es sah so aus, als würde einer von ihnen auf einer Bahre getragen – und wirklich, als sie auf sie zueilte, trug die Bergwacht einen Mann auf einer Bahre – es war Rupert!

Er hatte am steilsten Teil des Aufstiegs einen Herzinfarkt erlitten. Mitglieder der Gruppe hatten Hilfe geholt, es waren ein Arzt und Träger mit einer Bahre gekommen. Er überlebte und lebte noch einige Jahre. Doch noch vor Ablauf eines Jahres hatte er einen weiteren Herzinfarkt und danach noch einen dritten. Sein Zustand war äußerst fragil. Frau P. stellte fest, daß sie einen Invaliden und nicht den erfolgreichen Besitzer riesiger Liegenschaften geheiratet hatte. Einer seiner Brüder übernahm die Leitung der Höfe und Ländereien, und Herr und Frau P. zogen in ein kleineres, weniger aufwendiges Haus auf einer der Höfe um. Doch das Haus war alt, hatte schwere Türen und Flügelfenster, die sich nur mit Mühe öffnen und schließen ließen. Sie wären mit einem modernen Haus mit leichter zu handhabender Ausstattung besser dran gewesen. Der Garten war riesig und sehr schön, aber durch ihn floß ein recht großer Fluß, und er hatte auch einen Teich. Ich erwähne diese Einzelheiten von Haus und Garten, da sie für das Leben von Herrn und Frau P. bedeutsam wurden.

In den wenigen Jahren ihrer Ehe fühlte sich Frau P. mehr und mehr zu ihrem Mann hingezogen. In den Jahren vor seiner zweiten Herzthrombose verlebten sie eine höchst angenehme Zeit miteinander – manchmal fuhren sie nach London, hin und wieder besuchten sie Freunde im Ausland. Doch nach dem zweiten Herzanfall wurden derartige Reisen selten. Sie waren mehr oder weniger ans Haus gebunden. Statt des aufregenden aktiven Lebens, das sie vor ihrer Heirat geführt hatte, wurde Frau P. nun Krankenschwester und Hausfrau, überwachte Putzfrauen und Gärtner und erledigte im örtlichen Supermarkt die Einkäufe. Das machte ihr doch einiges aus. Sie vermißte ihr Londoner Leben – aber sie liebte ihren Mann, und sie waren gute Gefährten. Dennoch begann sie unter schweren und behindernden Kopfschmerzen, unter Schmerzen in verschiedenen Körperteilen und unter einer intensiven und sich verstärkenden Ängstlichkeit zu leiden, die schließlich den Höhepunkt erreichten. Sie wachte über ihren Mann wie ein Habicht. Sie beobachtete ihn andauernd, um sicherzugehen, daß seine Atmung und Farbe normal waren. Jedesmal, wenn er eines dieser schweren Flügelfenster öffnete oder schloß, meinte sie, er würde kollabieren. Jedesmal, wenn er alleine in den Garten ging, vor allem nachts, sah sie ihn schon mit einer weiteren Herzattacke mit dem Gesicht nach unten im Wasser des Flusses oder des Teiches liegen.

Da sie eine intelligente und empfindsame Frau war, versuchte sie, Rupert ihre Ängstlichkeit nicht merken zu lassen. Sie sorgte sich im Stillen, sagte niemals: »Bitte öffne das Fenster nicht, das ist zu schwer für dich!« oder »Meinst du, es ist wirklich klug, bei diesem kalten Wind und Regen allein hinauszugehen?« Sie dachte vielmehr: »Wenn er bei jedem Schritt, den er macht, aufpassen muß, ist sein Leben nicht mehr lebenswert.« Insgeheim von unerträglichen Ängsten aufgefressen, teilte sie schließlich ihrem Arzt mit, daß sie zu einem Therapeuten in Behandlung gehen wolle.

Geschehen war natürlich folgendes: Sie war äußerst wütend auf ihren Ehemann geworden. Sie war wütend, daß er sie »mit einem Trick« dazu gebracht hatte, ihren Job aufzugeben, wütend, daß er sich auf die Bergwanderung begeben und dort seinen ersten Infarkt erlitten hatte, wütend, daß er sie in dieses ungünstige, abgelegene Bauernhaus gebracht hatte, wütend, daß er Fenster öffnete, wütend, daß er alleine spazierenging, wütend, daß sie aufs Land verbannt war, und wütend, daß sie wegen ihm unter diesen Ängsten litt.

Da ihre Wut völlig unvernünftig und tadelnswert erschien – denn er konnte weder etwas dafür noch hatte er diese Wut beabsichtigt – konnte sie sich nicht erlauben, sie als solche zu erkennen. Die Wut manifestierte sich lediglich in Visionen von ihrem toten Mann und darin, daß sie unter Kopfschmerzen, Schlaflosigkeit und Magenverstimmungen litt.

Daß sie möglicherweise wütend war, erfuhr Frau P. von dem Therapeuten. So wenig angenehm Frau P. dieses Bild von sich auch empfand, war sie doch in der Lage, diese vorgeschlagene Diagnose zu akzeptieren. Das Problem ließ sich damit lösen, daß sie zumindest einen Tag in der Woche von zu Hause wegkam – um etwas Aufregung in ihr Leben zu bringen, einen äußeren Anreiz, der das nach innen gerichtete, abgeschiedene Leben im Bauernhaus ausgleichen konnte. Einen Tag und eine Nacht einmal in der Woche in London, vielleicht irgendeine Teilzeitarbeit oder eine, die sie zu Hause ausführen könnte, und sie würde feststellen, daß ihre Ängstlichkeit und Ungeduld nachließen, und auch die Kopfschmerzen und die anderen Wehwehchen. Und dies erwies sich als richtig.

Diese Fälle illustrieren eine Tatsache, die alle Menschen betrifft. Unsere eigenen Bedürfnisse sind für uns von grundlegender Bedeutung. Wenn wir nicht etwas für uns selbst tun, können wir nicht unbegrenzt etwas für andere tun, ohne auf irgendeine Weise zusammenzubrechen. Vielleicht hat diese »Selbstsüchtigkeit« etwas mit unserer Entwicklung zu tun – der Art und Weise, wie wir im Laufe der Evolution entstanden sind. Unser individuelles Überleben ist von alles überragender Bedeutung – aus welchem Grund auch immer, die Tatsache als solche muß einfach akzeptiert werden: Wir können alle auf dem Gebiet der Versorgung anderer viel mehr leisten, wenn wir uns auch um uns kümmern.

Es gibt natürlich legendäre Gestalten und viele ganz gewöhnliche Leute, die sich in völlige Selbstaufopferung ganz der Fürsorge für andere verschreiben. Ihre Belohnung dafür, das, wovon sie zehren können, beziehen sie auf dem Wege oder durch die Hilfe und Fürsorge, die sie anderen Menschen oder Lebewesen angedeihen lassen. Sie sind glücklich und zufrieden, wenn sie die Dankbarkeit der Menschen, denen sie helfen, erleben, wenn sie die Erleichterung und Beruhigung auf einem Gesicht bemerken, das zuvor noch von Schmerz und Beschwerden verzerrt gewesen war, wenn sie Verletzungen lindern – oder wenn sie, in größerem Rahmen, wissen, daß aufgrund ihrer Bemühungen hungernde Menschen zu essen haben oder dieses Jahr in Afrika kein Kind an den Pocken sterben wird. Doch die meisten von uns empfinden das starke Anforderungen stellende Sorgen für andere als erschöpfend und auslaugend. Unsere Reserven an gutem Willen müssen regelmäßig »nachgefüllt« werden. Wir sind vor allem Individuen mit einem starken Interesse an unserem eigenen Überleben.

Grausamkeit

Die Menschen besitzen die außergewöhnliche Fähigkeit, grausam zu sein. Man könnte eine endlose Liste aufstellen, wie der Mensch mit grauenhaften Taten seinen Mitmenschen oder anderen Lebewesen schreckliches Leid zufügt. Diese Taten werden häufig vernünftig begründet. Die Inquisition arbeitete im Auftrag der Christenheit. Viele abstoßende Tierexperimente werden im Namen der »Wissenschaft« durchgeführt. Zum Wohle der Demokratie oder des Kommunismus oder Faschismus wird brutal gefoltert. Aber kein einziger Mensch wäre zu diesen fürchterlichen Taten fähig, wenn in ihm nicht das unbewußte Bedürfnis vorhanden wäre, grausam zu sein.

Wie läßt sich menschliche Grausamkeit erklären? Die Natur ist natürlich für unsere Augen schrecklich grausam. Das Überleben zahlreicher Tiere hängt vom Töten anderer Tiere ab. Die Opfer müssen dabei häufig fürchterlich leiden. Doch mit Ausnahme der Menschheit beschließt kein Lebewesen vorsätzlich, anderen Schmerz zu bereiten. Kein anderes Lebewesen greift ein anderes an, außer es reagiert auf instinktiv motivierte Versuche zu überleben. Die Befriedigung oder das Vergnügen der Menschen daran, Leid zuzufügen, existiert in der Tierwelt nicht.

Viele Kinder in unseren »normalen« westlichen Gesellschaften sind tagtäglich gemeinen Grausamkeiten von seiten ihrer Eltern ausgesetzt. Vor kurzem hob eine Mutter ihr Baby hoch und setzte das kleine Mädchen mit Absicht auf eine heiße Herdplatte. Manchmal sieht man in den Krankenhäusern Kinder mit einer Vielzahl Brandwunden von brennenden Zigaretten, die tief in die Haut gedrückt wurden. Es werden Knochen gebrochen, nicht einmal aus Wut, sondern einer nach dem anderen, immer mal wieder. In den Gesichtern von Babys sieht man ab und an blaugeschlagene Augen. Kleine schreiende Kinder, in Angst und Schrecken versetzt, werden stundenlang in dunklen Schränken eingesperrt oder in Schubladen geschoben, die dann geschlossen werden, so daß sie fast ersticken. Kinder verhungern, werden mit Vorsatz geschlagen, mißhandelt, und zwar von Menschen – darauf muß man hinweisen – die oft in ihrer Kindheit genauso behandelt wurden. Unter außergewöhnlichen Umständen sind schon Kinder, wie andere hilflose Wesen auch, aus purem Vergnügen gefoltert worden.

Hilflosigkeit auf seiten des Opfers scheint ein wesentlicher Bestandteil von Grausamkeit zu sein. Die Menschen versuchen nicht, gegenüber anderen, die stärker und mächtiger als sie selbst sind, physisch grausam zu sein. Somit steckt in der Grausamkeit ein Element der Feigheit – oder regt vielleicht Hilflosigkeit zu Grausamkeit an?

Es besteht kein Zweifel, daß »Opfer« zu Grausamkeiten herausfordern. Ein Mensch, der in der Kindheit mißhandelt wurde, neigt dazu, sein Leben lang Peiniger anzuziehen.

Grausam behandelte Kinder sind zumeist verwirrt und schwer gestört. Sie haben Probleme, einem Außenstehenden – oder selbst einem Freund – zu gestehen, daß Vater oder Mutter grausam gewesen ist. Sie leugnen vielleicht sogar, daß es zu Grausamkeiten gekommen ist, trotz der Blutergüsse und Schnitte. Und aus irgendeinem seltsamen Grund widerstrebt es Außenstehenden, einzugreifen.

Heutzutage versucht man, den Kindern zu helfen, indem man die Lehrer auffordert, als Ersatzeltern zu fungieren, so daß sie die Beziehung zu ihren kleinen Schülern in der Schule nützen und über Mißbräuche zu Hause sprechen können. In einer Schule in Frankreich wurden kürzlich Siebenjährige aufgefordert, über das häusliche Leben einen Aufsatz zu schreiben. Ein Kind schrieb: »Die Mutter liebt den Vater. Der Vater liebt die Mutter. Das Kind liebt die Eltern. Wie ist es dann möglich, daß so etwas passiert?«

»So etwas« stellte sich als systematische Grausamkeit der Mutter gegenüber dem Kind heraus. Das Mädchen wurde wegen einer kleinen Ausrede stundenlang ununterbrochen an sein Bett gefesselt, und zwar so, daß es sich nicht bewegen konnte. Wenn sie ihre Blase entleeren wollte, durfte sie nicht auf die Toilette gehen. Wenn sie vor Verzweiflung ins Bett machte, wurde sie geschlagen. Der Vater akzeptierte das Tun seiner Frau, ein passiver Kollaborateur. Die Verwirrung des Mädchens wird in ihrem kleinen Aufsatz deutlich. Eltern sollen ihr Kind lieben. Sie sollen sich gegenseitig lieben. Wie konnte die Mutter sich so benehmen? Wie konnte der Vater das Kind nicht retten?

»Rettung« ist die erste unmittelbare Lösung für das Kind grausamer Eltern. Doch die Rettung erfolgt häufig aus einem von zwei möglichen Gründen nicht. Erstens widerstrebt es dem Kind, wie bereits erwähnt, über die Grausamkeit der Eltern zu sprechen – oder sich eine derartige Grausamkeit auch nur selbst einzugestehen. Zweitens widerstrebt es Nachbarn, Augenzeugen und sogar Partnern, einzugreifen, die Behörden einzuschalten. Die Menschen in unserer westlichen Gesellschaft neigen dazu, abzuleugnen, daß Eltern oft grausam zu ihren Kindern sind, sie häufig mißbrauchen. Selbstverständlich muß es sich bei der Grausamkeit schon um eine starke Form handeln, damit man die »Behörden«, also das

Gesetz, auf den Plan rufen kann. Doch selbst unter normalen Umständen reicht es vielfach, dem enstprechenden Elternteil exakt klarzumachen, was er oder sie tut, damit er Schuldgefühle empfindet, die weitere Grausamkeiten verhindern; die Tatsache, daß andere davon wissen, genügt manchmal bereits, um die physische Grausamkeit eines Elternteils gegenüber einem Kind zu stoppen.

Je subtiler die Grausamkeiten sind, desto schwerer wird es, sie zu definieren und ihnen Einhalt zu gebieten. Schneidender Sarkasmus, der routinemäßig eingesetzt wird, Spott, verheerende Verachtung, brutale Sprache – das sind häufig die Waffen grausamer Eltern. Das Wesentliche an der Grausamkeit ist der Wunsch, Schmerz oder Leid zuzufügen. Es ist die Sehnsucht, zu verletzen oder gar zu zerstören, um die Befriedigung, die Verletzung zustandezubringen. Kinder sind leicht zu verletzen, ebenso wie Gefangene, in Ketten gelegte oder mit Seilen gefesselte Menschen, Tiere in Käfigen. Wie erklären wir dann, daß der Mensch mit Absicht die Hilflosen verletzt? Und daß Menschen sich mit Absicht die monströsesten Methoden ausdenken, wie man Schmerz bereiten kann?

Grausamkeit ist eine Verzerrung aggressiver Gefühle, die aufgrund von Tabus ins Unbewußte verbannt wurden. Aber wir wissen mit Sicherheit lediglich, daß Grausamkeit und Brutalität in der einen oder anderen Form von einer Generation an die nächste weitergegeben werden.

Ein freundlicher Mann, den ich einmal kannte, ein Arzt, wurde in seiner Kindheit von seinem Vater auf schrecklichste Weise mißhandelt. Er wurde wegen des leisesten Fehlers oder der kleinsten Unartigkeit schwer verprügelt – immer und immer wieder. Er wuchs mit dem Schwur auf, daß er mit seinen Kindern so etwas niemals machen würde. Er wurde ein mitfühlender und fürsorglicher Arzt, heiratete und hatte drei Söhne. Der jüngste war Bettnässer – ein Leiden, das die meisten Ärzte entweder auf eine emotionale Störung oder auf eine angeborene Muskelschwäche der Blase zurückführen. Wie wir das Problem auch betrachten, wir sind doch nicht der Ansicht, daß hier ein absichtliches Verschulden des Kindes vorliegt. Doch dieser Arzt entschied, sein Sohn sei nur auf eine einzige Art vom nächtlichen Bettnässen zu kurieren, durch Schläge. Und er schlug ihn, Nacht für Nacht. Eines Tages erzählte er es mir.

»Aber Bob«, sagte ich erschrocken. »Sie machen genau das gleiche, was Ihr Vater mit Ihnen getan hat.«

»Das ist nicht das gleiche«, sagte er hartnäckig, »der Junge muß es lernen, und ich habe die Absicht, ihn nachts trocken zu kriegen, und wenn es ihn umbringt.«

Und er wollte einfach nicht mehr hören, was ich vielleicht zu sagen gehabt hätte.

Doch selbst wenn Kinder brutaler und grausamer Eltern manchmal die Grausamkeit bei ihren eigenen Kindern wieder durchspielen, so ist das noch keine Entschuldigung für ein derartiges Verhalten. Anders als die Aggression, die eine »Überlebens«reaktion ist, ist Grausamkeit ein Konzept, ein vorsätzlich erdachter Plan, wie man verletzten kann. Der Wunsch, grausam zu sein, läßt sich bewußt kontrollieren. Aber grausame Eltern und grausame Menschen empfinden nur selten Schuldgefühle. Sie lehnen sie ab – verdrängen, unterdrücken und rationalisieren.

Nicht jeder ist zu großer Grausamkeit fähig. Nicht jeder könnte angebundenen Gefangenen Elektroschocks verabreichen oder sie, während sie gefesselt, nackt und hilflos sind, zusammenschlagen. Oder Babys die Faust aufs Auge schlagen. Aber wir sind alle Kollaborateure. Wir akzeptieren die Grausamkeiten anderer ohne Protest. Wir verfolgen im Fernsehen, wie Tausende Kinder und ihre Eltern verhungern, weil grausame Leute die Lastwagen mit Lebensmitteln nicht zu diesen Menschen durchfahren lassen. Eine zivilisierte Menschheit sollte so etwas nicht zulassen. Wir tun es.

Und manchmal wenden wir uns ab, wenn wir ein Nachbarskind fürchterlich schreien hören.

Eifersucht

Noch ziemlich zu Anfang meiner Karriere als Psychotherapeutin, erinnere ich mich, bat ich darum, den Vater eines gestörten und unglücklichen Kindes sprechen zu können. Am meisten Probleme bereiteten dem Kind die unablässige Schroffheit seines Vaters, die nörglerischen Kritteleien und der Spott. Ich hatte gerade für größeres Verständnis und mehr Toleranz gegenüber seinem Sohn plädiert, und Herr G. hatte mit düsterem und saurem Gesicht zugehört. Da sprang er ohne jede Vorwarnung auf, schlug mit seiner Faust auf meinen Schreibtisch und schrie: »Ich wurde auf die harte Tour erzogen! Warum sollte es bei ihm anders sein?«

Damals war ich schockiert und überrascht. Sicher kämpfen Väter sich doch zum Teil durchs Leben, um ihren Kindern ein besseres Leben bieten zu können, als sie selbst hatten, mehr Privilegien, weniger Elend? Doch mir wurde klar, daß es Väter gibt, die die Tatsache nicht ertragen können, daß es ihren Söhnen in der Kindheit besser geht als ihnen selbst. Ein paar Wochen, nachdem ich Herrn G. gesprochen hatte, bat ich einen weiteren

Vater um einen Besuch bei mir. Diesmal handelte es sich um einen viel sanfteren Mann, einen Firmenleiter, einen Self-made-Man, einen Senkrechtstarter seiner Generation. Er hörte zu, was ich über seinen verängstigten, unreifen und körperlich zarten heranwachsenden Sohn zu sagen hatte. Dann bestand er, entgegen meines Rates, weiterhin darauf, daß sein Sohn nach Abschluß der Schule ein Jahr in der Gießerei zubringen sollte. Nein, er sollte nicht die Universität besuchen (»Ich habe auch nicht studiert, und ich weiß auch nicht, was das bringen soll ...«). Ein Jahr Arbeit bei den Männern in den Stahlwerken sei genau, was sein Sohn brauche. »Ich mußte es machen«, sagte Herr X., »warum sollte er es nicht auch tun? Das wird ihm guttun«, fügte er ein bißchen rachsüchtig hinzu.

Da mußte ich akzeptieren, daß es Eltern gibt, die auf ihre Kinder genauso eifersüchtig sind, wie wir es auf Menschen sind, die ein besseres Leben als wir selbst haben – oder gehabt haben. Klar, die Unterprivilegierten beneiden die Wohlhabenden, die Unattraktiven die Gutaussehenden, die Erfolglosen die Erfolgreichen. Dies trifft auch auf bestimmte Eltern zu. Sie beneiden ihre Kinder aus den beschriebenen Gründen. Sie hatten nicht, als sie noch jung waren, die Vorteile, die ihren Kindern zuteil werden. Da es ihnen an Liebe für und Stolz auf ihre Kinder fehlt, was beides kompensierend wirken würde, verspüren sie in erster Linie Rivalität.

Doch es gibt noch andere Gründe neben purem Neid, die Eltern auf ihre Kinder eifersüchtig machen. Diese Gründe haben mit der Kindheit des entsprechenden Elternteils zu tun, und mit seinen oder ihren Eifersuchtserfahrungen als Kind in der Beziehung zu seinen oder ihren Geschwistern. Wenn wir Kinder haben, spielen wir unsere eigene Kindheit noch einmal durch. Wir identifizieren uns mit dem einen oder anderen unserer Kinder – demjenigen, das uns hinsichtlich Temperament am meisten zu ähneln scheint oder das die gleiche Position wie wir früher innerhalb der Familie hat – ältestes Kind oder mittleres oder jüngstes usw. Wir können uns, wenn wir selbst als Kind nervös oder schüchtern waren, mit dem nervösesten und schüchternsten unserer eigenen Kinder identifizieren.

Und wenn wir als Kinder eifersüchtig auf einen Bruder oder eine Schwester waren, dann gehen wir unbewußt davon aus, daß unser eigenes Kind, mit dem wir uns identifiziert haben, gleichfalls auf einen Bruder oder eine Schwester eifersüchtig sein wird. Wenn wir beispielsweise das älteste Kind waren und eifersüchtig auf das jüngste, werden wir annehmen, unser ältestes Kind, mit dem wir uns identifiziert haben, sei eifersüchtig auf sein jüngstes Geschwister. Da wir durch unser Kind, mit dem wir uns identifiziert haben, unbewußt nochmals unsere eigene Kindheit erleben, werden wir seinetwegen Feindseligkeiten und Eifersucht für das entsprechende Familienmitglied empfinden. Wir werden dazu neigen, unser »zweites Selbst« zu verhätscheln und zu beschützen und unserem Geschwisterchen der »nächsten Generation« gegenüber feindselige Gefühle entwickeln. Die Gründe für diese Gefühle liegen beinahe immer im Unbewußten begraben. Wir können zu dem Kind, daß stellvertretend für das Geschwister steht, auf das wir als Kind eifersüchtig waren, sogar ganz besonders unangenehm sein und uns auf diese Weise für die alten Narben der in der Vergangenheit durchgemachten schmerzlichen Erfahrungen rächen.

Hier ein Beispiel für die »Eifersucht aus zweiter Hand«. Joyce B. war das älteste Kind der Familie, die zärtlich geliebte Tochter. Jahrelang war sie das einzige

Kind, die Zentralfigur der Familie, wurde von ihrem Vater angebetet und von ihrer Mutter verwöhnt. Doch als sie acht Jahre alt war, wurde ihre Mutter unerwartet schwanger und gebar einen prächtigen Sohn.

Nach einigen Monaten starb Joyces Vater an einem Herzinfarkt. Die Mutter begann in ihrer Trauer und Einsamkeit all ihre Liebe und Aufmerksamkeit auf Peter, den kleinen Jungen, zu konzentrieren. Joyce war natürlich jeden Tag in der Schule, aber selbst wenn sie zu Hause war, mußte sie feststellen, daß sie wegen Peter beiseite geschoben wurde. Sie fing an, Peter mit glühender und heftiger Eifersucht zu hassen.

Viele Jahre später heiratete Joyce und bekam selbst Kinder. Sie freute sich über ihr erstes, hübsches Mädchen. Nach einigen Jahren bekam sie noch ein Kind. Schon während der Schwangerschaft begann sie, sich vor der Geburt zu fürchten und empfand Aggressionen gegen das Wesen in ihrem Bauch. Als das Kind – ein weiteres Mädchen – zur Welt gekommen war, entwickelte sie ihm gegenüber eine ganz heftige Abneigung. Später bekam sie noch ein drittes Kind, einen sanftmütigen kleinen Jungen, und empfand ihm gegenüber die gleiche wütende Feindseligkeit wie gegenüber dem zweiten Mädchen.

Wir müssen davon ausgehen, daß sie sich unbewußt mit dem älteren Mädchen identifiziert hatte und ihre eigene Rolle in der Kindheit wieder durchlebte. Der zweiten Tochter wurde die Feindseligkeit zuteil, die sie gegen ihren Bruder Peter entwickelt hatte. Selbst obwohl dieses Kind ein Mädchen war, spielte es die Rolle dessen, der dem ältesten Mädchen seine Stellung streitig macht.

Joyces Einstellung gegenüber den beiden jüngeren Kindern war grausam und verbittert. Ihre Eifersuchtsgefühle waren zum Teil ihre eigenen und zum Teil die von Cynthia, dem ältesten Kind. Sie schaffte es, daß sich Cynthia durch die jüngeren Geschwister höchst bedroht fühlte. Joyce stand ruhig daneben, wenn Cynthia ihre Geschwister schlecht behandelte, und es gefiel ihr sogar, wenn die Kleinen leiden mußten.

Joyce war der Ursprung ihrer Gefühle nicht klar. Sie wußte lediglich, daß es sie vor Wut krank machte, wenn eines der jüngeren Kinder sich auf irgendeinem Gebiet hervortat. Sie fand es unerträglich, wenn ein Freund oder Nachbar eines der beiden Kinder lobte. Die jüngeren Kinder mußten alle Privilegien mit Cynthia teilen. Keines durfte ein Geschenk oder auch nur eine Tafel Schokolade haben, wenn nicht Cynthia ebenfalls das gleiche erhielt. Das ganze Leben ihrer Kinder spielte sich für Joyce so ab, als sei sie Cynthia, und die kleineren seien ihr Bruder Peter.

Ich habe einen Extremfall von Kindheitsemotionen beschrieben, die aktiviert werden, wenn derjenige eigene Kinder hat. Aber es ist völlig normal, daß sich Menschen unbewußt mit dem Kind oder den Kindern identifizieren, die ihre eigene Rolle in der Vergangenheit repräsentieren. Das hat vielfach für die Kinder keine ernsten Konsequenzen – doch wenn der Elternteil in seiner Kindheit mit Eifersucht zu kämpfen hatte, wird er die damit verbundenen Probleme vermutlich »in der zweiten Runde« wiederholen.

Ein weiterer Grund für die Eifersucht eines Elterteils auf ein Kind hat mit sexuellen Gefühlen zu tun. Wenn eine Tochter von ihrem Vater wie eine Geliebte angebetet wird und die Mutter das Gefühl hegt, erst an zweiter Stelle zu rangieren, so muß diese Mutter geradezu eifersüchtig auf ihr Kind sein. Das gilt natürlich genauso für Väter, die auf das besondere Verhältnis zwischen Söhnen und Müttern mit Eifersucht reagieren können. Die sexuellen Mutter/Sohn-Beziehungen und gleicherweise die Vater/Tochter-Beziehungen werden ödipal genannt – wegen Ödipus, der seinen Vater umbrachte und seine Mutter ehelichte. Die Ödipus-Sage hat die Liebesbeziehung zwischen Mutter und Sohn zum Mittelpunkt – aber sie beginnt mit dem König, dem Vater von Ödipus, der die Warnungen der Wahrsager gehört und befohlen hat, das Baby in die Berge zu bringen und dort sterben zu lassen. Väterliche Eifersucht aufgrund der Mutter/Sohn-Beziehung ist weit verbreitet. Darüber haben wir schon auf den Seiten 143–146 ausführlich gesprochen.

Väter entwickeln auch Eifersucht auf ihre Kinder, da diese die Zeit und Energie der Mutter ganz für sich beanspruchen. Ein Vater, der abends nach einem harten Arbeitstag nach Hause kommt, will seine Frau vielleicht ganz für sich haben, muß jedoch feststellen, daß er sie mit einem kreischenden Säugling, einem heulenden Zweijährigen oder einem kranken Fünfjährigen teilen muß. Und zumeist haben die Kinder Vorrang, was den Ernährer der Familie leicht aufbringt und ihn in wütende Eifersucht versetzen kann: »Warum sind die Kinder nicht im Bett, wenn ich nach Hause komme?«

Doch weder die sexuelle Eifersucht noch die der aus der Vorrangstellung verdrängten Väter hat einen derartigen umfassenden verheerenden Effekt wie schlichter, aber intensiver Neid. Die sexuelle Eifersucht wie die Eifersucht, wenn die Mutter die Kinder an die erste Stelle setzt, lassen dem betroffenen Elternteil noch Raum, die Kinder gleichzeitig zu lieben.

Kinder spüren natürlich die Eifersucht eines Elternteils, genauso wie sie, zumeist unbewußt, die auf anderen Gründen beruhende Feindseligkeit der Eltern wahrnehmen. Die Eifersucht wird gewöhnlich unbewußt aufgenommen, da sich der betreffende Elternteil normalerweise der Tatsache überhaupt nicht voll bewußt ist, daß er oder sie auf das Kind eifersüchtig ist. Die Vorstellung, daß ein Elternteil auf seine oder ihre Kinder eifersüchtig ist, wird in unserer Gesellschaft als ungehörig empfunden. Eltern dürfen derartige Gefühle nicht haben – und deshalb versucht der Betreffende in der Regel, die Eifersucht auf die Kinder zu unterdrücken. Dadurch wird die Eifersucht unbewußt, und die Botschaften der Eltern an das Kind laufen von Unbewußtem zu Unbewußtem. Wie kann ein Kind intensive Eifersucht von seiten eines seiner Eltern verkraften? Eine Möglichkeit ist die, daß es die Eifersucht zu reduzieren versucht, indem es die Notwendigkeit zur Eifersucht verringert. Das heißt, wenn die hervorragende Leistung eines Kindes Eifersucht hervorruft, muß das Kind aufhören, hervorragend zu sein. Das Kind versucht, Eifersucht nicht zu erregen, indem es ein schwaches Profil zeigt, also sicherstellt, daß der Elternteil niemals überflügelt wird.

Wenn die Schönheit eines Kindes die Eifersucht eines Elternteils entfacht, muß das Kind eben weniger schön werden. Schönheit kann man vermindern, indem man Gewicht zulegt – oder hungert, bis man wie ein abgehärmtes Skelett aussieht. Wir sind auch in der Lage, uns zu entstellen, indem wir Hautinfektionen verursachen, etwa Gesichtshaare mit einer schmutzigen Pinzette auszupfen, uns kratzen und wundscheuern. Manchmal reißt sich ein Kind, Haar um Haar, die Augenbrauen und das Kopfhaar aus. Ein Kind kann zu Unfällen neigen, leicht hinfallen, sich Knochen brechen, sich selbst verstümmeln. Indem es sich selbst schädigt, kann das Kind zeitweilig die Eifersucht eines Elternteils zerstreuen.

Hier die Geschichte eines solchen Kindes, Charles B. Sie beleuchtet eine Reaktion auf elterliche Eifersucht, die bei dieser Problemstellung keineswegs ungewöhnlich ist, wenn die Details natürlich auch bei jeder Person anders aussehen. Der diensthabende Arzt auf der Unfallstation des Bezirkskrankenhauses erkannte sofort den Namen von Charles B., dem Mann, der aus der Ambulanz gebracht wurde, wieder, weil dieser Name ab und an in der Zeitung auftauchte. Übernahme-Angebote, der Queen's Award for Industry, astronomische Exporte, in diesem Zusammenhang wurde er erwähnt. Alle Welt wußte, daß er mit nichts angefangen hatte und mit Vierzig Millionär war.

Charles B. hatte noch einmal Glück gehabt. Er war des Nachts zu schnell eine dunkle Landstraße mit dreimal mehr Alkohol im Blut als erlaubt entlanggefahren, hatte die Kontrolle über seinen Wagen verloren und war an einen Baum gerast. Er stand unter Schock, war benommen und hatte gebrochene Rippen, war aber ansonsten nicht schwer verletzt. Zusätzlich zum Alkohol hatte er auch mehrere Tranquilizer geschluckt, die ihn von der durch Kokain hervorgerufenen Erregung befreien sollten. Was in Verbindung mit dem Alkohol und den Drogen dazu führte, daß ihm für ein Jahr der Führerschein entzogen wurde. Aufgrund dessen und wegen der Schmerzen in seinen gebrochenen Rippen beschloß er, den Rat des Arztes anzunehmen und einen Psychologen aufzusuchen, wogegen er sich in der Vergangenheit stets gesträubt hatte.

Er wurde gefragt, ob er besondere Sorgen habe. Sofort regte er sich auf und wurde ängstlich, denn seine Frau und seine Mutter hatten eine Reihe schrecklicher Auseinandersetzungen gehabt. Seine Frau konnte seine Mutter nicht leiden, sagte er, was er sehr störend empfand, und sie versuche stets, Streit mit seiner Mutter anzufangen. Das machte Charles B. extrem ängstlich.

Noch etwas? Ja – komischerweise passierte das gleiche mit seiner alten Katze Sheila. Sie hatten einen jungen Hund gekauft – einen großen strammen Apportierhund – und Sheila hörte nicht auf, zu knurren und zu fauchen. Charles B. befürchtete, der Hund würde durchdrehen und Sheila anfallen. Andere unmittelbare Sorgen hatte er nicht – die üblichen geschäftlichen Probleme, aber nichts, das seiner Ansicht nach außer Kontrolle geraten war.

Er gab zu, daß er die letzten Jahre ziemlich stark getrunken – und in den letzten Jahren Kokain geschnupft hatte. Er hatte versucht, es aufzugeben, als er heiratete – hatte es aber nicht geschafft. Er und seine Frau hatten ein Kind – ein kleines Mädchen. Er betete sie an. Er fand es gut, daß es ein Mädchen war – er war sich nicht sicher, wie er zu einem Sohn gestanden hätte.

Er selbst war ein Einzelkind. Seinen Eltern ging es nicht besonders gut (er hatte sie nun gut versorgt), aber sie waren in seiner Kindheit nicht arm gewesen. Sein Vater arbeitete in einer Bank, hatte es allerdings nie geschafft, in eine höhere Position aufzusteigen, obwohl er ein intelligenter Mann war. Seine Mutter ging nicht arbeiten; sie kümmerte sich um den Haushalt. Sie war allerdings stärker und zäher als sein Vater, geistig wie physisch. »Sie hatte die Hosen an«, sagte Charles B. mit einem ziemlich nervösen Lächeln.

Charles meinte, er schlage mehr nach seiner Mutter als nach seinem Vater – aber er glaubte nicht, daß er so herrisch und dominierend sei wie sie. Als er ein Kind war, tat er, was sie sagte – sein Vater machte es auch so. Wenn sie sagte, er solle seine dicke Unterwäsche anziehen, zog er sie eben an, auch wenn es ein warmer Tag war und er schwitzte. Er wechselte die Socken und nahm ein Bad, wann sie es verlangte, etc. etc. »Ja«, sagte er, »ich denke, ich hatte ein klein wenig Angst vor ihr – habe ich vielleicht heute noch. Ja – vielleicht ist das der Grund, warum ich mich so aufrege, wenn meine Frau sie ärgert ...«

Enttäuschend war gewesen, daß sein Vater ihn ihr gegenüber nicht unterstützt hatte. Sein Vater hatte sich einfach nicht für ihn interessiert – schon von Anfang an nicht – selbst wenn seine Mutter wirklich unvernünftig war. Er konnte sich nicht daran erinnern, daß sein Vater jemals mit ihm gespielt hatte; er hatte ihn nie mit zum Fußball oder Cricket genommen, wie es andere Väter taten. Als Kind hatte Charles einen Großteil seiner Freizeit alleine verbracht, im Hof einen Ball herumgekickt und sich einen Bruder oder eine Schwester gewünscht.

Während unseres Gesprächs fielen ihm wieder eine ganze Reihe in Vergessenheit geratener Vorfälle ein. Als er elf Jahre alt war, muß eine seiner Lehrerinnen in der Schule gemerkt haben, was zu Hause vor sich ging. Sie ließ Charles einen Test absolvieren. Dann bestellte sie die Eltern zu sich, zeigte ihnen in Charles' Beisein das Testergebnis und teilte ihnen mit, daß sie einen äußerst cleveren Sohn hätten. Wenn sie ihn ermutigten, sich ins Zeug zu legen, könne er es noch weit bringen. Sie meinte, er solle sich um ein Stipendium an einer der besten Schulen des Bezirks bewerben. Seine Eltern hatten schweigend zugehört, bis sie das Stipendium erwähnte, und riefen dann: »Wir haben kein großes Interesse daran, daß er ein Stipendium bekommt. Wir sind nicht der Ansicht, daß man ihn mit Prüfungen belasten sollte. Alles was wir wollen«, sagten sie, »ist, daß er glücklich ist«. Er könne wie sein Vater bei der Bank arbeiten, und das sei gut genug für ihn.

Er erinnerte sich daran, daß sein Vater ihm niemals etwas geschenkt hatte. Es war seine Mutter, die an

Weihnachten und zu seinem Geburtstag das Geschenk kaufen und ihm überreichen mußte. Sie schenkte Charles vorzugweise nützliche Dinge wie Hemden und Strümpfe und nichts, was Spaß machte.

Er erinnerte sich weiter, daß sie ihm einmal zum Geburtstag eine Puppe geschenkt hatte. Er wußte nicht, was er davon halten sollte. Vielleicht wollte sie die Puppe in Wirklichkeit selbst haben, hatte er gedacht, hatte sie gekauft und beschlossen, sie ihm zu geben.

Als er etwas älter war, dämmerte ihm langsam, daß er, wenn er etwas erreichen wollte, auf sich allein gestellt sein würde. Sie würden ihm nicht helfen. Er begann, hart zu arbeiten, und verschaffte sich einen Studienplatz an der Universität, obwohl sie ihm Schuldgefühle vermittelten, weil er kein Geld verdiente, um ihnen zu helfen. Er ließ sich dennoch nicht beirren, und heute sorgt er natürlich für sie – finanziell.

Ihm fiel ein, wie er sein erstes großes Geschäft gemacht hatte – das war in Südamerika gewesen; er war sehr aufgeregt nach Hause zurückgekommen und gleich nach der Landung des Flugzeuges zu ihnen geeilt. Als er ankam, las sein Vater die Fußballberichte vor dem Kamin im Wohnzimmer. »Paps«, sagte er, »ich komme gerade aus Brasilien zurück. Ich habe ein Geschäft gemacht, das mir eine halbe Million Dollar bringen wird.« Sein Vater sah nicht von der Zeitung auf. »Ach ja?« sagte er. »Ich sehe gerade, daß ›Arsenal‹ am Samstag verloren hat ...« Charles ging in die Küche, wo seine Mutter Tee kochte.

»Ich habe gerade in Südamerika ein Geschäft abgeschlossen«, sagte er. »Ich habe fünfhunderttausend Dollar verdient.«

Sie sah wütend aus. »DU ziehst dir zu große Schuhe an, oder, Charles?« Dann sagte sie: »Hier, bring das deinem Vater«, und streckte ihm das Tablett mit den Tassen hin. Mehr hörte er nicht; keine Fragen, keinen Beifall.

Er erwähnte die Sache nicht mehr und beschloß, ihnen von seinen Erfolgen nichts zu erzählen. Ja, er hatte schon seit langem getrunken – seit seiner Zeit an der Universität, dachte er zurückblickend. »Aber zumindest rauche ich nicht«, fügte er mit einem beschwichtigenden Lächeln hinzu, als sei ihm vollkommen klar, daß Alkohol eine zerstörende, wenn nicht gar tödliche Wirkung besitzt. Sein einiger Zeit, seit die Streitigkeiten zwischen seiner Frau und seiner Mutter begonnen hatten, trank er noch mehr. Er fühlte sich sehr aufgewühlt, und das Trinken schien ihn zu beruhigen. Und er machte sich um die Katze Sorgen ... obwohl das vielleicht absurd erscheinen mag ...

Vielleicht wird klar, daß Charles B. unbewußt versuchte, die Eifersucht seiner Eltern abzuwenden. Sein Vater war vor allem auf ihn neidisch; seine Mutter war wütend. Im Laufe der Therapie kam heraus, daß sie sich eigentlich ein Mädchen gewünscht hatte und bei Charles' Geburt tief enttäuscht gewesen war. Während seiner ganzen Kindheit hatte Charles unbewußt gehofft, daß er durch sehr gutes und sehr unterwürfiges und passives Verhalten die Feindseligkeiten seiner Eltern auf niedriger Ebene halten könnte. Indem er in der Schule nur mittelmäßige Leistungen brachte, »gut« war und keine Forderungen stellte, hatte er eine Strategie gefunden, die das rachsüchtige Verhalten seines Vaters weitgehend unterband.

Als ihm bewußt wurde, daß er es, wollte er es besser haben, aus eigener Kraft schaffen müßte, und er einen Studienplatz erhielt, trieb ihn eine unbewußte Angst dazu, sich durch das Trinken selbst zu schaden. Es war, als ob er seinem Vater damit eine Botschaft folgenden

Inhalts übermittelte: »Ich bin vielleicht bei der Sache gut, aber andererseits zerstöre ich mich selbst, so daß du keinen Grund hast, eifersüchtig zu sein ...« Diese kompensatorische Selbstzerstörung ist bei Kindern, die die Feindseligkeit eines eifersüchtigen Elternteils nicht herausfordern wollen, gar nicht ungewöhnlich. Es hatte tatsächlich noch andere Möglichkeiten gegeben, mit denen Charles gehofft hatte, seine Eltern beruhigen zu können, daß er nicht besonders toll sei, auch wenn er beruflich erfolgreich war.

Er hatte erst vergleichsweise spät geheiratet und sich statt dessen darum bemüht, seine Eltern höchst regelmäßig zu besuchen, ihnen Geschenke mitzubringen und ihre Wünsche zu erfüllen. Sobald er dazu in der Lage war, hatte er ihnen ein komfortables Haus gekauft, sie dort einquartiert und ihnen beträchtliche Einkünfte zukommen lassen. Er hatte alles mit ihnen geteilt. Als er dann heiratete, fanden sie hunderterlei Gründe gegen seine Braut und weigerten sich beinahe, zu seiner Hochzeit zu kommen.

Nun, da es zwischen seiner Frau und seiner Mutter Probleme gab, das heißt, nun, da seine Mutter durch seine Frau in Rage gebracht war, fühlte er sich innerlich in Angst und Schrecken versetzt, und er identifizierte sich mit der Katze, die, würde sie den Hund provozieren, vielleicht zerfleischt würde. Menschen, die anscheinend auf einem Gebiet Erfolg haben, auf anderen hingegen überhaupt nicht, haben oder hatten eventuell mit einem eifersüchtigen Elternteil Probleme. Manchmal bieten sie zur Beschwichtigung eine Krankheit an, manchmal wird unbewußt ein Unfall geplant, doch dem Ganzen liegt stets das gleiche zugrunde: »Du mußt nicht eifersüchtig sein – es gibt nichts, worauf du eifersüchtig sein könntest – schau mich an – ich bin ein Wrack ...«

Die Eifersucht eines Elternteils muß diesem nicht bewußt sein. Im Fall von Charles' Eltern könnte der Vater fast einen Schimmer Einsicht in seine Gefühle besessen haben. Er könnte gedacht haben: »Warum kann Charles nicht damit zufrieden sein, dasselbe zu tun, was ich getan habe? Ich hatte immer einen sicheren Job, habe genug für die Familie verdient; warum will er mehr?« Aber es gibt Eltern, die sich wegen ihrer Eifersucht so schuldig fühlen, daß sie eine derartige Erkenntnis niemals an die Oberfläche kommen lassen. Bei ihnen muß das benachteiligende oder feindselige Verhalten gegenüber ihren Kindern rationalisiert werden. Etwa so:

Frau Linda G. verweigerte ihrer Tochter die Erlaubnis, Lippenstift oder anderes Make-up zu benutzen, als es alle anderen Mädchen taten. Sie erlaubte ihr keine schicken Kleider und Schuhe. Zu ihrer Verteidigung sagte sie: »Cindy hat das ganze Leben vor sich. Sie kann noch viele Jahre lang Make-up auflegen. Wenn ich es ihr jetzt erlaube, verkürzt das ihre Kindheit.« Frau Linda G. könnte damit recht gehabt haben – oder auch nicht, je nachdem. Aber der eigentliche Punkt war, daß alle Mädchen, die im gleichen Alter wie Cindy waren, Make-up tragen durften. Cindy war die Außenseiterin, kam sich dumm, häßlich und schlecht behandelt vor. Sie war tatsächlich sehr unglücklich wegen dieser scheinbar nebensächlichen Sache. Aber die nebensächliche Angelegenheit hatte ihre Wurzeln in der Eifersucht von Frau G., die Cindy spürte und weswegen sie sich als Opfer fühlte. Frau G. hielt in Wirklichkeit Cindy davon ab, sich vom Kind zu einer jungen Frau zu entwickeln – zu einer äußerst attraktiven jungen Frau, die weitaus hübscher war, als Linda G. es jemals gewesen war.

Man hört keineswegs selten Mütter über ihre Töchter sagen: »Wir sind wie Schwestern«, was manchmal (nicht immer) auf versteckte Eifersucht hinweist. Einer Mutter kann es schwerfallen, den Generationsunterschied zu akzeptieren, und es kann ihr widerstreben, gegenüber der strahlenden Jugend ihrer Tochter die Rolle der älter werdenden Mutter anzunehmen.

Doch Mangel an Erfolg (oder schwindende Schönheit) ist nicht der einzige Grund für die Eifersucht von Vater und Mutter. Viele, die auf der Erfolgsleiter weit nach oben gelangt sind, können nur widerstrebend zulassen, daß ihr Kind sich auf das Gebiet ihres eigenen Talents begibt, sie fürchten, daß das Kind, in Konkurrenz mit ihnen, besser als sie sein könnte. Bestsellerautoren, weltberühmte Musiker und Künstler, Anwälte, Verwaltungsfachleute, Forscher ... unter ihnen allen gibt es Personen, die Ablehnung ihrem Kind gegenüber empfanden, weil es »in ihre Fußstapfen trat«. Sie versuchen vielleicht, das Kind von einer der ihren ähnlichen Karrieren mit falschen Gründen abzubringen: wie schwierig es sei, damit Geld zu verdienen usw. Die Wahrheit lautet vermutlich, daß jeder lieber alleine im Rampenlicht steht. Der Star will ein Star bleiben. Der Löwe will, selbst wenn er altert, der einzige Löwe sein.

3. Teil

Widrige Umstände im Leben eines Kindes

Widrige Umstände im Leben eines Kindes

In unserer Welt sind Nachteile, Unglücksfälle und emotionale Benachteiligung keineswegs eine Seltenheit. Innerhalb des Familienlebens ergeben sich zahlreiche Gelegenheiten, bei denen Kindern von den Eltern unbeabsichtigt Schaden zugefügt wird – Eltern, die nicht den leisesten Wunsch oder Drang verspüren, ihren Kindern weh zu tun. Doch Eltern müssen ihr eigenes Leben leben. Eltern haben das Bedürfnis, aus unglücklichen Ehen auszubrechen. Eltern können psychisch oder körperlich krank werden, an einer Krankheit oder durch einen Unfall sterben. Eltern können arbeitslos oder behindert sein. Eltern können vielleicht nicht zu Hause sein, weil ihre Arbeit sie abruft. Derartige Situationen und die daraus resultierenden Folgen kommen in den folgenden Kapiteln zur Sprache.

Verlust von Vater oder Mutter

»Meine Mutter starb, als ich vier Jahre alt war ...«

»Meine Mutter starb, als ich zwei war ...«

»Meine Eltern wurden geschieden, als ich sechs Jahre alt war ...«

»Mein Vater hat dreimal geheiratet ... deshalb hatte ich mehrere Stiefmütter und viele Halbbrüder und Halbschwestern ...«

»Mein Vater verließ uns, als ich fünf war ...«

»Meine Mutter ging mit einem anderen Mann fort, als ich neun Jahre alt war, und ich habe sie nie wiedergesehen ... Ich glaube, sie wollte uns einige Jahre später einmal sehen, aber ich glaube, das hat mein Vater nicht erlaubt ...«

»Meine Mutter starb, als ich zwei Jahre alt war. Mein Vater wurde mit uns fünf Kindern nicht fertig. Wir kamen alle in ein Heim. Er ging fort. Ich habe ihn erst wiedergetroffen, als ich siebzehn Jahre alt war ...«

»Mein Vater starb, als ich vier war; mein Bruder war drei Jahre alt. Meiner Mutter wollte nicht mit kleinen Kindern belastet sein. Sie steckte uns in ein Internat für Waisen ...«

»Meine Eltern ließen sich scheiden. An meinen Vater kann ich mich nicht erinnern. Ich war noch zu klein, als es passierte. Er ging fort und heiratete wieder, hat man mir erzählt ...«

»Meine Eltern lebten in Indien. Sie hielten es für keine gute Idee, uns dort großzuziehen – Krankheiten, das Klima – ich weiß nicht warum. Wir wurden nach England geschickt. Ich war vier, mein Bruder sieben Jahre alt. Wir blieben in einer Art Internat für Kinder, deren Eltern im Ausland lebten. Die anderen Kinder waren alle älter als ich. Ich habe meine Eltern zwei Jahre lang nicht gesehen, bis sie auf Urlaub heimkamen ...«

»Meine Mutter hat mich großgezogen. Ich habe meinen Vater nie gekannt ...«

Diese und ähnliche Geschichten sind im Behandlungszimmer eines Psychotherapeuten an der Tagesordnung. Der Verlust eines Elternteils führt häufig zu langfristiger oder wiederholter emotionaler Instabilität. Unsere heutige westliche Gesellschaft, in der Kleinfamilien in vergleichsweise abgeschotteten Einfamilienhäusern oder –wohnungen leben, macht Kinder in hohem Maße abhängig von der fortgesetzten Anwesenheit der Eltern, also von Vater wie auch Mutter. Zum erweiterten Familienkreis, wie wir ihn in Asien oder Afrika vorfinden, zählen Großeltern, Onkel, Tanten und Cousins und Cousinen, die sich alle an der Versorgung und Aufzucht von Kleinkindern beteiligen. So verfügt das Kind über eine ganze Menge elternähnlicher Personen, zu denen es eine Beziehung aufbauen kann. Doch im Westen hat es ein Kind in allen Phasen seiner emotionalen Entwicklung nur mit seinen beiden Eltern zu tun – und manchmal nur mit einem Elternteil. In unseren Gesellschaften gilt die Theorie, daß die beiden »echten« Eltern für die Versorgung eines Kindes am geeignetsten sind. Aber diese Theorie basiert vielleicht auf falschen Prämissen. Es ist denkbar, daß Pflegeeltern, Großeltern, Freunde oder Verwandte hervorragende Ersatzpersonen für

Eltern abgeben – und das ist tatsächlich häufig der Fall, wenn die »echten« Eltern nicht da sind oder grausam sind und ihren Kindern schaden. Würde die Ansicht, daß Ersatzeltern für Kinder genauso gut sind wie die »echten«, allgemein akzeptiert, würde vielen Kindern – und vielen Eltern – das Leben wesentlich leichter gemacht.

Aber zum heutigen Zeitpunkt herrscht in unseren westlichen Gesellschaften die Theorie vor, daß jedes Kind das Recht auf zwei »echte« oder natürliche Eltern besitzt. Wenn ein Elternteil ausfällt, fühlt sich das Kind »schlecht«, meint, »zu kurz zu kommen«, anders als andere, »benachteiligt« zu sein.

Die Theorie, daß die »echten« Eltern auch die besten Eltern sind, löst oft bei Menschen, die ein Kind adoptieren, bewußt oder unbewußt Gefühle des Unbehagens, vielleicht sogar leichte Schuldgefühle aus. Das kann sich in der Art und Weise widerspiegeln, wie sie mit dem Kind umgehen, und ihre Gefühle können unbewußt an das Kind weitergegeben werden, das sie wiederum unbewußt aufnimmt.

Jedes Kind braucht männliche und weibliche Personen um sich, denen es seine Liebe schenkt, seine sexuellen Gefühle, seine Wut und anderen Emotionen – und mit denen es sich identifiziert. Aber vielleicht würde auch eine Gruppe solcher Personen in seinem Umfeld seine Bedürfnisse erfüllen, wobei das Kind mit jedem in einer Beziehung des Gebens und Nehmens steht.

Doch gegenwärtig tragen die Eltern in unserer Gesellschaft – und vor allem Alleinerziehende – enorme Verantwortung für die physischen und psychischen Bedürfnisse ihrer Kinder – ein anstrengender und häufig aufreibender Zustand. Wenn ein Kind unter diesen Umständen einen Elternteil durch Tod oder Scheidung verliert oder ein Elternteil oder beide Eltern das Kind oder die Kinder verlassen, ist das Ergebnis verheerend.

Tod

Abgesehen von dem niederschmetternden Kummer und dem Gefühl der Unsicherheit, die auf den Verlust eines Elternteils folgen, gelangt ein noch sehr kleines Kind, das den Tod oder andere Gründe für das Verschwinden des betreffenden Elternteils nicht verstehen kann, zu dem Schluß, daß der Elternteil nicht dableiben wollte. Folglich muß das Kind glauben, daß er oder sie nicht anziehend, schön, wertvoll genug war – oder jede andere rationalisierte Ansicht von sich selbst –, um den Elternteil zu halten. Dem Kind bleibt dann das Gefühl, unzulänglich zu sein, das es sein ganzes weiteres Leben begleiten wird.

Die Trauer und Unsicherheit kann sich vergrößern und noch komplizierter werden, wenn der Elternteil in einem entscheidenden, wichtigen Augenblick im Leben des Kindes verschwindet. In diesem Moment kann ein besonders starkes Bedürfnis nach dem Elternteil vorhanden sein, der dem Kind durch eine vorübergehende emotionale Phase helfen soll, eine Stimmung, etwa Feindseligkeit, oder eine Periode intensiver sexueller Zuneigung, die normalerweise vorbeigehen oder anderen Gefühlen oder Zuneigungen weichen würde.

Der Tod eines Elternteils nimmt dem Kind natürlich jede Möglichkeit, diese emotional Krise jemals in den Griff zu bekommen oder zu bewältigen. Die kurzfristige Wut oder aggressive Stimmung – des Elternteils gegenüber dem Kind oder umgekehrt –, die ein baldiges Ende gefunden hätte, bleibt für immer im Kopf des Kindes eingeschlossen wie eine Fliege im Bernstein und bereitet ihm sein Leben lang Pein.

Ich erinnere mich an drei Fälle, in denen der Tod eines Elternteils – oder beider Eltern – die Kinder mit einer untragbaren Belastung durch Schuldgefühle zurückließ, die beinahe ihr Leben zerstörten. Zunächst war da ein zehnjähriges Mädchen, das in einem Streit mit seiner Mutter, die sie frustriert hatte, schrie – wie Kinder es oft tun – »Ich wünschte, du wärst tot!« Schrecklicherweise starb die Mutter kurz nach dieser Auseinandersetzung tatsächlich ganz plötzlich. Die Todesursache war eine Gehirnblutung, die auf eine Anomalie in einer Arterie zurückging, mit der sie bereits zur Welt gekommen war. Ihre Tochter meinte selbstverständlich, sie habe ihre Mutter umgebracht. Wir alle neigen dazu, an Magie zu glauben, an die übernatürliche Macht von Gefühlen oder Worten, und vor allem Kinder sind für den Glauben geradezu prädestiniert, daß Gefühle der Aggression töten können. Hätte die Mutter weitergelebt, so hätten sie und ihre Tochter sicherlich den Zwist beendet, was dem Kind zu innerem Frieden verholfen hätte.

Der zweite Fall waren zwei kleine, neun und elf Jahre alte Jungen. Die Eltern hatten beschlossen, einen kurzen Wochenendtrip nach Paris zu unternehmen – nur um einmal alleine zu sein. Die Kinder sollten so lange bei einer Tante bleiben, die sie nicht mochten. Es kam zu einem Streit. Die Kinder waren sauer. Die Eltern, die sich ein wenig schuldig fühlten, waren ebenfalls sauer. Als sie das Haus verließen, herrschte eine Stimmung wechselseitiger Feindseligkeit. Die Eltern wollten bei ihrer Ankunft in Paris eigentlich anrufen, doch dies erwies sich als schwierig, und da sie bereits am nächsten Tag zurückkehren wollten, beschlossen sie, auf den Anruf zu verzichten.

Das Flugzeug, mit dem sie den Rückflug antraten, stürzte ab, keiner der Passagiere und der Crew überlebte das Unglück. Die Kinder standen mit einem ungelösten Streit da, und auch sie glaubten fast, daß ihre Wutgefühle für den Tod der Eltern verantwortlich waren.

Die Feindseligkeit in den beiden beschriebenen Fällen ging natürlich nicht nur auf die aus dem unmittelbaren Streit resultierende Verärgerung zurück. Sie war tiefer und älter, vermischt mit Liebe und sexuellen Gefühlen, ödipaler Eifersucht und Leidenschaft der Kinder. Der Tod machte es den Kindern unmöglich, sich über ihre Gefühle gegenüber den Eltern klar zu werden. Sie blieben in höchst verstörtem Zustand zurück, erregt, kummervoll, verlassen und schuldig, voller Reue über ihre Wut vor der Abreise ihrer Eltern. Beide verfielen in eine schwere Depression – eine Depression, die vermutlich in ihrem Leben noch häufiger auftauchen wird.

Die dritte Person, die den verheerenden Verlust ihrer Eltern erlitt, war ein Mädchen aus der Hitler-Zeit. Ihre Eltern waren tschechoslowakische Juden. Ihr Vater war gestorben, als sie fünf Jahre alt war. Sie und ihre Mutter lebten unter schwierigen Umständen zusammen. Die Wohnung war klein. Die Mutter hatte die Hoffnung, sich wieder zu verheiraten, empfand das Kind als Last, verhielt sich häufig zurückweisend, ungeduldig und gereizt. Das Kind wiederum war natürlich unglücklich, weinte viel, war eingeschnappt und wütend auf die Mutter. Hitlers Truppen marschierten in die Tschechoslowakei ein. Die Deutschen trieben die Juden in Konzentrationslagern zusammen. Sie wurden wie Vieh in Lastwagen transportiert, dicht zusammengedrängt schaukelten und schwankten sie mit jedem Schlingern des Lasters hin und her. Manche fielen um, wurden von den anderen niedergetrampelt und starben. Eine davon war die Mutter des Kindes. Hatte auch das Mädchen auf den Körper seiner Mutter getreten? Der Gedanke, daß auch sie die Mutter getreten haben könnte, terrorisierte sie. So mußte sie nicht nur den Horror des Konzentrationslagers überstehen – sondern auch die Horrorvorstellung, daß sie eventuell den Tod ihrer Mutter mitverursacht hatte. Sie überlebte, doch eine schwere Depression verdunkelte jahrelang ihr Leben.

Die angeführten Fälle mögen extrem erscheinen, doch das wesentliche Ereignis, der Verlust eines Elternteils in einem entscheidenden Augenblick, ist nichts Ungewöhnliches. Kinder beginnen, auf das Verschwinden eines Elternteils verletzlich zu reagieren, bereits im Alter von sechs Monaten – einer Zeit, in der einem Kind durch die Abwesenheit der Eltern, ganz gleichgültig wie lange, und sei es nur für einen Urlaub, dauerhafter emotionaler Schaden zugefügt werden kann.

In jeder Phase seiner Entwicklung hat ein Kind andere Bedürfnisse – aber alle Phasen machen die Anwesenheit von Eltern oder Elternfiguren erforderlich. Wenn ein Elternteil verschwindet, tritt bei dem verlassenen Kind die starke Tendenz auf, sich bewußt oder unbewußt nach Ersatzeltern umzusehen. Manchmal versuchen kleine Kinder, die Eltern ihrer Freunde zu »übernehmen«, klettern ihnen zur allgemeinen Verlegenheit auf den Schoß, halten ihre Hand, hängen sich an Elternfiguren, die sie attraktiv finden. Dieser Prozeß kann ein Leben lang fortdauern, wobei Kinder und Erwachsene immerwährend nach Elternfiguren suchen. Auf diese Weise verlieben sich junge Mädchen in alte Männer, heiraten junge Männer Frauen, die dem Alter nach ihre Mütter sein könnten. Wie Orpheus in der Unterwelt suchen verlassene Kinder unter Geistern und Schatten nach dem Ebenbild ihrer verlorenen Geliebten.

Scheidung

Fällt es Kindern schon schwer, den Tod eines Elternteils zu verwinden, so haben sie manchmal noch mehr Schwierigkeiten, die Scheidung ihrer Eltern zu überstehen. Viele, viele Eltern, die sich scheiden lassen, voller Haß und Wut sind und Rache suchen, benutzen ihre Kinder dazu, ihre Partner zu bestrafen. Die Kinder werden in die Streitigkeiten und die Gerichtsverhandlungen hineingezogen und dazu gebracht, Partei zu ergreifen. Gezwungen zu sein, für den einen oder anderen Elternteil Partei zu ergreifen, passiert Kindern in normalen häuslichen Auseinandersetzungen natürlich recht häufig. Manchmal kämpfen die Eltern in einer langen kaputten Ehe erbittert miteinander, ohne sich jemals scheiden zu lassen. Die Kinder werden unausweichlich mit hineingezogen und genauso unausweichlich geschädigt. Doch das Partei ergreifen während einer Scheidung drückt dem Ganzen noch einen offiziellen Stempel auf. Eltern kämpfen vor Gericht darum, wer das Sorgerecht für die Kinder erhält, wer sie aufziehen und erziehen darf.

Ältere Kinder werden manchmal vor Gericht geladen und aufgefordert zu sagen, bei welchem Elternteil sie lieber leben möchten – oder ob sie den einen oder den anderen der getrennt lebenden Eltern besuchen möchten oder nicht – und ihre diesbezüglichen Wünsche zu begründen. Mütter drehen vor den Vätern, die gekommen sind, die Kinder für das ihnen gesetzlich zugestandene Wochenende abzuholen, manchmal den Schlüssel im Türschloß um. Väter weigern sich hin und wieder nach dem zugestandenen Wochenende oder nach den Ferien, die Kinder zur Mutter zurückzubringen (die das »Sorge-« und »Erziehungsrecht« besitzt). Eltern »kidnappen« ihre Kinder von den geschiedenen oder getrennt lebenden Partnern. Eltern werden wieder und wieder bei Anwälten vorstellig und beschweren sich über den früheren Partner und sein oder ihr Verhalten den Kindern gegenüber während der ihnen zugestandenen Zeit, die sie zusammen verbringen durften. Die Kinder sind sich dieses Tauziehens bewußt – und es ist tatsächlich ein Krieg.

Ein besonderer Fall von Schlacht ist mir im Gedächtnis haften geblieben. Eine berühmte und erfolgreiche Schauspielerin, Electra G., ließ sich von einem gleichermaßen bekannten Senkrechtstarter und Geschäftsmann scheiden, der sich in eine andere Frau verliebt hatte. Sunny G., der Geschäftsmann, hing sehr an seinen Kindern, aber er haßte seine Exfrau. Sie benutzte ihre drei Kinder (alles Mädchen) dazu, Sunny zu quälen und in Rage zu versetzen, während er mit seiner Macht und seinem Reichtum die Kinder von Electra wegzulocken versuchte.

Electras Hauptlebenszweck bestand darin, die Kinder dazu zu bringen, sich zu weigern, ihren Vater zu sehen, und einen Gerichtsbeschluß zu erwirken, der ihm verbieten würde, sie zu treffen. Sie kam zu mir in der Hoffnung, daß ich, nachdem ich die Schilderung, die auch lüsterne Details über Sunnys Sexualleben enthielt, gehört hatte, einen Bericht des Inhalts schreiben würde, daß er kein guter Vater sei und daß seinen Töchtern jeder Kontakt mit ihm schaden würde. (In Wahrheit sind nur sehr wenige Eltern für ihre Kinder »ungeeignet«, schädlich oder gefährlich in dem Grad, daß ihnen jeder Kontakt durch das Gesetz verboten werden muß.)

Electra beschrieb unter anderem, wie krank die Kinder wären, nachdem sie bei Sunny und seiner neuen Frau gewesen wären, wie nervös sie geworden seien, wie sich ihre schulischen Leistungen verschlechtert hätten und wie unglücklich sie seien, wenn sie erführen, daß sie ihren Vater treffen sollten.

Ich bat darum, die Kinder zu sehen. Sie kamen. Ich traf sie zunächst alle zusammen. Sie saßen in einer Reihe auf dem Sofa und starrten mich an. Ich schaute in diese jungen, unsicheren, besorgten, unschuldigen und trotzigen Gesichter. Sie wußten, was sie sagen sollten, und wir alle wußten, daß sie vor der Abfahrt von ihrer Mutter gut instruiert worden waren. Mir sank das Herz. Wir unterhielten uns – zuerst ganz allgemein, dann über das eigentliche Thema. Es gab widersprüchliche Ansichten. Allmählich wurden sie lebhafter. Es hatte den Anschein, als sei es die mittlere Tochter, die am meisten dagegen einzuwenden hatte, ihren Vater zu sehen.

»Daddy war zu Betty bei unserem letzten Besuch sehr unfreundlich«, erklärte Samantha, die älteste, in ernstem Ton.

»Wie unfreundlich?«

»Ja, schauen Sie, er wollte, daß wir die Pferde besuchen gingen – was ich gerne mache, und auch Dolly (die jüngste), aber Betty mag das nicht, also, sie wollte nicht mit und sie hatten einen Streit und dann schlug Daddy sie ...«

»Er schlug sie?«

»Na ja, irgendwie, er stieß sie irgendwie ...«

»Nein, er hat mich geschlagen«, sagte Betty unnachgiebig.

»Ja also, dann machte sie alleine einen langen Spaziergang bis zum See, und dann war Daddy beleidigt, und am Ende ging niemand von uns zu den Pferden, was Dolly« – sie zeigte auf das kleinste Mädchen – »und mich sehr traurig machte ...«

»Ist es wirklich so schlimm bei eurem Daddy, daß ihr nie wieder hingeht, oder zumindest eine lange Zeit nicht?«

Hier brach Dolly in Tränen aus und sagte, sie *wolle* ihren Daddy sehen und hingehen und bei ihm bleiben.

Es herrschte Schweigen, während sie sich die Tränen abwischte, und die beiden anderen blickten unbehaglich drein. Ich sprach mit jeder allein und gelangte zu der starken Überzeugung, daß es auf Sunnys Wochenendfarm nicht so schrecklich war, daß die Kinder ihres Vaters und umgekehrt beraubt werden sollten. Demzufolge schrieb ich einen Bericht, den Electra vernichtete. Dann weigerte sie sich, mein Honorar zu begleichen.

Ich sage, daß es auf Sunnys Farm »nicht so schrecklich« war – doch ich wußte hundertprozentig, daß er, wenn die Kinder mit ihm zusammen waren, versuchte, sich ihre Zuneigung zu erkaufen und sie gegen ihre Mutter aufzuhetzen. Zu diesem Zweck hielt er Electra, die die Schauspielerei die letzten Jahre über an den Nagel gehängt hatte, finanziell so kurz, wie er nur konnte, so daß es aussah, als kämen die Mädchen zu kurz, wenn sie zu ihren extravaganten Forderungen nein sagen mußte.

Eltern spielen alle möglichen Spiele, wenn sie die Kinder als Waffe bei Scheidungsprozessen benutzen, und alle sind gemein und sehr zerstörerisch. Selbst wenn sich die Eltern bei einer Scheidung sehr verantwortungsbewußt und zivilisiert benehmen, ist das Hin- und Herpendeln von einem elterlichen Zuhause zum anderen für kleine Kinder schwierig und manchmal schmerzlich. Auch Heranwachsende, die am Beginn ihres eigenen Lebens stehen, empfinden es als nervend und störend, Freunde, Arbeit und soziales Engagement übers Wochenende oder in den Ferien hinter sich zu lassen, wenn sie zu Vater oder Mutter oder wie auch immer gehen und dort bleiben *müssen*. »Gehen müssen« hört man oft. Kinder werden manchmal wie Pakete behandelt.

»Muß ich unbedingt gehen?«
»Ja, das mußt du.«
»Warum?«
»Vati/Mutti wartet auf dich. Es ist sein/ihr Wochenende.«
»Doch ich bin zu dieser Party eingeladen!«
»Das macht nichts. Du gehst zu Vati/Mutti. Es gibt noch mehr Partys.«

Einer der traurigsten Aspekte bei einer Scheidung ist die Tendenz der Kinder geschiedener Eltern, ihr eigenes Zuhause wiederum durch eine Scheidung zu zerstören, wenn sie später heiraten und Kinder haben. Manchmal verspüren Menschen, die das Auseinanderfallen der Ehe ihrer Eltern erlebt haben, den inneren Zwang, sich scheiden zu lassen, selbst wenn es dafür keine ernsthaften bewußten Gründe gibt. Hier ein Beispiel:

Ein Rechtsanwalt bat mich, mir ein junges Ehepaar, Edith und Daniel anzusehen, der ihn konsultiert hatte, da Edith die Scheidung verlangte. Der Anwalt war verblüfft, denn er konnte nicht verstehen, warum Edith meinte, ihre Ehe beenden und dazu noch ihre Kinder bei Daniel lassen zu müssen. Sehr oft, wenn ein Mann oder eine Frau plötzlich die Scheidung will, steht eine andere Liebesbeziehung dahinter – aber in diesem Fall gab es in Ediths Leben mit ziemlicher Sicherheit keinen anderen Mann.

So kam als erstes Edith zu mir. Sie war eine gutaussehende, gutgekleidete junge Frau, sah jedoch verwirrt aus; ihr fehlte es an Selbstvertrauen, sie war recht kindlich und beinahe trotzig, so als stünde sie mit dem Rücken zur Wand. Sie war absolut entschlossen, sich scheiden zu lassen, erzählte sie mir – und dann brach sie in Tränen aus.

Als sie sich beruhigt hatte, setzten wir die Unterhaltung vorsichtig fort. Sie hatte offensichtlich Angst vor dem, was sie vorhatte, fühlte sich aber irgendwie dazu getrieben. Ich fragte sie, warum sie ein so starkes Gefühl hege, Daniel und die Kinder verlassen zu müssen?

Das fiel ihr schwer zu erklären. Sie brachte ein paar wenig überzeugende Beschwerden über ihren Ehemann vor. Er sei instabil, meinte sie, habe Geld an der Börse verloren, könne sich nicht entscheiden, ob sie in London oder in Devon leben sollten (sie hatte zuvor in Kenia gelebt, wo er mehrere Jahre gearbeitet hatte). Nun hatte ihm seine Firma freigestellt, selbst zu bestimmen, wo er arbeiten wollte.

»Noch andere Klagen in bezug auf Daniel?« fragte ich.

Sie überlegte eine Weile. »Er ist ... schwierig«, sagte sie reichlich vage.

»Was ist mit den Kindern?«

Ihnen ging es gut. Sie hatte vier Kinder, das jüngste war drei Jahre alt. Sie beabsichtigte, sie bei ihrem Ehemann zu lassen.

»Obwohl er instabil ist?«

Er könne ihnen ein wesentlich besseres Heim bieten als sie, sagte sie.

»Selbst dem jüngsten Kind?«

Ihr stiegen erneut Tränen in die Augen.

Daniel wisse sich besser um die Kinder zu kümmern als sie. Sie wolle arbeiten gehen. Sie sehnte sich nach einer Arbeit außer Haus. Sie brauchte unbedingt einen Job.

Könnte sie nicht auch arbeiten, ohne das Haus verlassen zu müssen?

Das glaubte sie nicht.

Mit dem Fortgang unseres Gesprächs wurde klar, daß für Ediths Wunsch, ihren Mann zu verlassen, keine guten Gründe vorlagen. Er war ein lieber, einfühlsamer Mann. Es gab keine ernsten finanziellen Probleme, keine sexuellen Schwierigkeiten, keine großen Unvereinbarkeiten.

Dann kam er zu mir. Ein ernster junger Mann, genauso gutaussehend wie seine Frau, und gleichfalls ein wenig nervös und mit wenig Selbstvertrauen, aber tüchtig, dachte ich, und energiegeladen. Ihn regte die Aussicht einer Scheidung sehr auf, er liebte Edith innig, sagte er, und er konnte nicht ganz begreifen, worüber sie sich beklagte. Es stimmte, sie fand die Kinder schwierig und schien in letzter Zeit sehr niedergedrückt. Wenn sie entschlossen sei zu gehen, sagte er, käme er mit den Kindern zurecht, die er ebenfalls sehr liebe. Ob ich wirklich der Ansicht sei, daß sie die Scheidung einreichen müßten? Ich sagte, darüber hätte nicht ich zu befinden, doch ich würde Edith noch einmal treffen. Vielleicht wäre eine sechsmonatige Trennung die bessere Idee.

Diese Möglichkeit munterte ihn auf, und Edith besuchte mich ein weiteres Mal.

Sicherlich wolle sie nicht ihr dreijähriges Kind verlassen, fragte ich sie. Sie begann erneut zu weinen. Dann kam heraus, daß ihre Mutter genau dies mit ihr gemacht hatte, weggegangen war, als sie drei Jahre alt war, um woanders zu leben, ihren Mann und ihre Kinder verlassen hatte. Ihre Mutter hatte dann ein kleines Geschäft eröffnet, das dem Anschein nach sehr erfolgreich war, aber sie hatte ihre Kinder erst wiedergesehen, als diese erwachsen waren.

»Ich glaube, sie wollte uns vermutlich sehen«, sagte Edith, »aber mein Vater hat da Schwierigkeiten gemacht. Heute treffe ich sie. Wir haben ein recht gutes Verhältnis.«

»Denken Sie daran, *Ihre* Kinder nicht mehr zu sehen?« fragte ich.

»Nein, nein, ich will weiterhin meine Kinder sehen«, protestierte Edith. Sie hatte lediglich jetzt das Gefühl, von Zuhause fortzumüssen.

»Was halten Sie von einer Trennung?«

»Nein, es muß eine Scheidung sein.«

Edith fühlte den Drang, sich scheiden zu lassen. Sie wurde von dem tiefen unbewußten Bedürfnis getrieben, die eigene Situation in ihrer Kindheit noch einmal durchzuspielen. Ihr Drang dazu war stärker als jede bewußte Überlegung. Ihre Eltern wurden geschieden, weil ihr Vater ein dominierender, fast tyrannischer Mann gewesen war und ihre Mutter, die tüchtig und kreativ war, das Gefühl gehabt hatte, von ihm erstickt zu werden. Ediths Mutter war während ihrer ganzen Ehe in bezug auf ihre Kinder ruhelos und verantwortungslos gewesen und hatte zu *ihrer* eigenen Mutter ein sehr schlechtes Verhältnis gehabt.

Aber Edith selbst konnte für den Wunsch nach Scheidung nicht die Gründe ihrer Mutter anführen. Sie hatte in Wirklichkeit überhaupt keinen Grund, mit Ausnahme des unbewußten Triebes zu wiederholen, was ihre Mutter getan hatte. Schließlich wurde vereinbart, daß Edith eine Zeitlang ihr Zuhause verlassen, in einer möblierten Wohnung leben und eine kleine Sekretariatsagentur aufmachen würde. Daniel würde ein Haus mit Garten kaufen und sich um die Kinder kümmern. Edith würde sie besuchen – und ein oder zwei von ihnen an den Wochenenden zu sich nehmen. Und sie würden alle zusammen Ferien machen. Dieses Arrangement sollte sechs Monate bis zu einem Jahr lang gelten, dann sollten sie die Situation überprüfen. Ein Kompromiß – jedoch besser als der gewaltsame Bruch, was die Kinder betraf.

Zumindest würden sie beide Eltern sehen, und beide Eltern würden versuchen, in der Beziehung zueinander für eine gewisse Harmonie zu sorgen.

Wenn eine Ehe auseinandergeht, ist es für das Wohl der Kinder sehr wichtig, daß die Eltern versuchen, vernünftig miteinander umzugehen. Kinder reagieren sehr verstört, wenn die Eltern miteinander im Krieg leben, wenn sie Partei ergreifen müssen und wenn einer der Eltern niedergedrückt und am Boden zerstört aussieht.

Kinder durchleben schon eine sehr schlimme Zeit, wenn ihr Zuhause in die Brüche geht, da sollten sie nicht noch für ein Elternteil großes Mitgefühl aufbringen müssen, wie es manchmal der Fall ist. Das Kind identifiziert sich vielleicht mit dem elenden Elternteil und führt später sein eigenes Leben ins Elend, in Wiederholung der Verfassung dieses Elternteils.

Es gibt absolut keine Möglichkeit, den Kindern die Verstörung und Angst zu ersparen, wenn sich ihre Eltern scheiden lassen, doch die Qual der Kinder wird gemildert, wenn die Eltern Freunde bleiben, in guter emotionaler und physischer Verfassung sind und weiterhin häufig ihre Kinder sehen – und auch wenn sie für die Kinder erreichbar sind. Kinder, die alt genug sind, alleine das Telefon zu benutzen, sollten die Nummer des abwesenden Elternteils besitzen. Und denjenigen, die dafür noch zu klein sind, sollte ein Erwachsener beim Telefonieren helfen, damit sie oft mit Vater oder Mutter sprechen können. Wenn man eine Art Rahmen schaffen kann, wie wackelig er auch sein mag, in dem das Verhältnis zwischen den Eltern und allen Kindern gut bleibt, wird den Kindern bis zu einem gewissen Grad der unmittelbare Schmerz genommen, und sie haben eine bessere Chance, später einmal ihre eigenen Ehen aufrechtzuerhalten.

Verlassen werden

Kinder, die von einem Elternteil verlassen wurden, der nun woanders lebt und die Kinder anscheinend nicht mehr sehen will, stehen vor einem besonderen Problem. Sie haben nicht nur das starke Gefühl, »nicht gut genug« zu sein, um das Interesse und die Liebe des Elternteils wachhalten zu können, sondern bei ihnen setzt auch noch die quälende Rationalisierung ein, daß »da ein Irrtum vorliegen muß ..«

Verlassene Kinder behalten stets im Kopf – zumeist im Unbewußten vergraben –, daß irgendwo auf der Welt ein Mensch lebt, der ihr Vater oder ihre Mutter ist. Eines schönen Tages wird auf der Straße oder in einer anderen Stadt, irgendwo in der Menge, im Haus eines Freundes ein Fremder auftauchen, auf das Kind zugehen, es umarmen und sagen: »Du bist mein geliebtes Kind. Endlich habe ich dich gefunden ...«

Diese Vorstellung verfolgt viele, wenn nicht alle, verlassenen Kinder ihr Leben lang. Der Gedanke, daß ihre Väter oder Mütter so wenig Liebe für sie empfanden, daß sie verschwinden konnten und sich niemals wünschten, ihre Kinder wiederzusehen, ist für die meisten Menschen unerträglich.

Diese Vorstellung beruht auf der weitverbreiteten, ziemlich falschen Theorie, daß alle Eltern ihre Kinder lieben. Besser wäre es für verlassene Kinder, wenn sie sich erlauben dürften, Wut und Verachtung für Eltern zu empfinden, denen es so gravierend an Verantwortungsbewußtsein und Anstand mangelt, daß sie hilflose kleine Wesen verlassen, ohne Skrupel, welchen Schmerz sie ihnen zufügen. Im Verlauf der Psychotherapie wird verlassenen Kindern geholfen, zu erkennen, daß der Elternteil unzulänglich war, nicht das Kind.

Aber vielleicht war auch dieser Elternteil ein verlassenes Kind gewesen und unerbittlich von dem inneren und unbewußten Drang getrieben worden, das Verhaltensmuster neu zu inszenieren. Auf diese Weise wiederholen sich die Ereignisse, wieder und wieder, Generation für Generation. Die Verhaltensmuster leben fort – grausamer, mächtiger als bewußte Liebe, Mitgefühl und gesunder Menschenverstand.

Trennung: Geburt und andere Abschiede

Eine meiner Patientinnen erzählte mir einmal, daß sie sich nur ein einziges Mal wirklich ruhig und angstfrei fühlte, nämlich während ihrer Schwangerschaft. Von der Halbzeit der Schwangerschaft, als sie das Kind sich bewegen spürte, bis zum Augenblick der Entbindung fühlte sie sich sicher, zufrieden, wunderbar ruhig. Dies war eine Zeit, in der Mutter und Kind miteinander verbunden waren, aneinander festhielten, als die Mutter dem Kind nicht entkommen konnte und umgekehrt. Für das Kind war es eine paradiesische Sicherheit, und das gleiche ließ sich von der Mutter in ihrem Verhältnis zum Kind sagen. In gewissen Sinn hatte das Kind die völlige Kontrolle über die Mutter und umgekehrt.

In dem Moment, als das Kind geboren wurde, verlor meine Patientin das Gefühl des Friedens und der Ruhe und wurde wieder zu einer Person, die beinahe ununterbrochen und schwer unter Angst und Depressionen litt. Mutter und Kind waren für immer getrennt worden. Die Symbolik des Gebärens, das Durchschneiden der Nabelschnur, war für meine Patienten beunruhigend, die dadurch unbewußt an die schrecklichen Schwierigkeiten ihrer eigenen Kindheit erinnert wurde.

Kurz nachdem Linda geboren wurde, begab sich ihre Mutter, eine höchst gestörte und unberechenbare Frau, in – wie sie es nannte – »die wohlverdienten Ferien«.

Dieser Trennung – an die sich meine Patientin, Linda, natürlich nicht mehr erinnern kann, die sie aber getroffen haben muß – folgten im Säuglingsalter und ihrer Kindheit zahlreiche weitere Trennungen.

Ihre Mutter verschwand nicht nur ziemlich häufig auf Kurzreisen, sie war auch darin extrem unzuverlässig, wann sie täglich nach Hause kam und sich um ihre Tochter kümmerte. Linda wurde der Fürsorge einer alten Haushälterin überlassen, die das nicht sehr gut konnte und viel schimpfte. Als Einzelkind wanderte sie mit dem alten Labradorhund der Familie als einzigem Kameraden durch Haus und Garten. Ihre Mutter sagte häufig, sie käme zu einer bestimmten Uhrzeit nach Hause, doch in Wirklichkeit konnte sie erst Stunden später wieder auftauchen. Linda durchlitt quälende Ängste bei der Frage, ob ihre Mutter überhaupt je wieder heimkommen würde. Gelegentlich beschloß ihre Mutter, bei der eigenen Mutter zu übernachten, die meilenweit weg lebte. Sie rief die Haushälterin an, die Linda dann erst spät am Abend wissen ließ, oder auch nicht, daß ihre Mutter nicht nach Hause kommen würde. Ihr Vater war ein Geschäftsmann, der sehr oft ins Ausland reiste, was ihre Schwierigkeiten noch vergrößerte.

Die Nächte, in denen Lindas Mutter ausblieb, fielen häufig mit Auslandsreisen des Vaters zusammen. Linda, ein sehr furchtsames Kind, das Angst vor der Dunkelheit hatte, lag dann nachts wach, lauschte den knackenden und raschelnden Geräuschen des alten Hauses und wußte genau, daß die Haushälterin, die in einem weit entfernten Zimmer schlief, sie nicht einmal hören konnte, wenn sie schrie.

Eines schrecklichen Tages starb Lindas Vater unerwartet auf einer Frankreichreise. Linda hing sehr an ihm, wenn er auch in ihrem Leben eine eher untergeordnete

Rolle spielte – aber er war lieb und, wenn er zu Hause war, wesentlich zuverlässiger als ihre Mutter.

Es ist leicht zu verstehen, warum Linda in dem Wiedererleben der Mutter-Kind-Beziehung während der Schwangerschaft derartige wundervolle Ruhe fand. Abgesehen von einer höchst unwahrscheinlichen späten Fehlgeburt war eine Trennung zwischen Mutter und Kind bis zum Moment der Geburt nicht möglich.

Manchmal wird behauptet, die Geburt sei für das Kind ein schweres emotionales Trauma. Der Akt des Geborenwerdens muß für das Baby natürlich ein physischer und psychischer Schock sein. Das Kind wird aus der angenehmen Dunkelheit, der ruhigen Stille und dem schwerelosen Behagen der warmen Gebärmutter in eine kalte und laute Welt gestoßen und gezogen. In wenigen Augenblicken muß jede Nervenzelle in Aktion treten und bereit sein, sofort mit der verwirrenden Bandbreite physischer Reize verwirrendster Art zurechtzukommen. Trockene Luft strömt in die sich aufblähenden Lungen. Starke Hände ergreifen den weichen Körper des Babys. Es erhält vielleicht sogar einen Klaps, damit es schreit und so seine Atmung verstärkt. Doch das »Trauma« der Geburt soll nicht überbewertet werden. Säugetier-Geburten haben auf der Erde seit siebzig Millionen Jahren stattgefunden. Hinsichtlich der Evolution handelt es sich dabei um eine der sichersten und erfolgreichsten Möglichkeiten, gesunden Nachwuchs zu produzieren. Die Geburt mag das Kind sicherlich erschrecken, doch der Schreck wird Körper und Geist anregen, sich in der »wirklichen« Welt einzurichten. Wer da aus dem Mutterleib schlüpft, ist der *homo sapiens sapiens,* das triumphale Ergebnis von vier Millionen Jahren »Versuch-und-Irrtum«, der jüngste Abkömmling hominider Vorgänger, ein Cousin der Affen. Wir vergessen dieses Faktum gerne, wenn ein Baby geboren wird, und unterschätzen vielleicht seine Widerstandsfähigkeit, seine Ausstattung fürs Überleben.

Das wirkliche Trennungstrauma hat mehr mit Emotionen und dem Verhalten von Müttern – und Vätern – zu tun. Eine andere meiner Patientinnen war eine Frau, die viele Kinder hatte. Sie hätte noch einige mehr haben wollen, wenn ihr Ehemann nicht nach der Geburt des fünften genug gehabt hätte. Wie Linda, von der weiter oben die Rede war, hatte sie eine sehr verunsicherte Kindheit durchlebt. Ihre Mutter war Geschäftsfrau und nur sehr selten zu Hause gewesen – und selbst wenn sie da war, hatte sie für ihre Tochter kaum Zeit gehabt. Anders als Linda fand Frances die größte Befriedigung darin, sich um Säuglinge zu kümmern. Die Schwangerschaft selbst behagte ihr weniger. Sie identifizierte sich mit dem Baby, sobald es geboren war, und bezog ihre Freude daraus, für das Kleine wundervoll zu sorgen. Sie stand an der Wiege und strömte grenzenlose Liebe für das kleine Wesen aus. Allerdings gingen die Probleme los, als das Kind größer wurde und seine eigene Identität entwickeln wollte. Und ernste emotionale Schwierigkeiten stellten sich ein, sobald das Kind alt genug war, in die Vorschule zu gehen. Dies war eine Trennung, die Frances kaum ertragen konnte. Sie übertrug unbewußt und stillschweigend ihre Ängste und ihr Elend auf das Kind, das sich dann nach dem unbewußten Empfang ihrer Botschaften weigerte, in der Vorschule zu bleiben, und schrie und bettelte und sich an die Mutter klammerte. Das Kind mußte schließlich seiner Mutter entrissen werden, und das Ganze war für beide ein schweres Trauma. Waren ihre Kinder einmal völlig unabhängig geworden, so begann Frances' Leidenschaft für sie zu schwinden. Ihr Zwang war die Inszenierung einer Mutter-Kind-

Beziehung mit zutiefst liebender und fürsorglicher Mutter und hilflosem und abhängigem Kleinkind.

Die Trennung von den Eltern löst manchmal riesengroße und beinahe unerträgliche Angst bei sehr unsicheren Kindern aus, selbst wenn die Eltern nur einen Abend lang außer Haus sind. Das ist vor allem dann der Fall, wenn ein Elternteil, zumeist die Mutter, sich dem Kind gegenüber feindselig verhält, so daß das Kind unbewußt das Gefühl bekommt, die Mutter sei dazu fähig, es ganz zu verlassen. Wird die Mutter überhaupt wieder heimkommen, fragt sich das Kind im Verlauf der Stunden. Und das Kind wird von Panik ergriffen. Sobald jemand einmal auf Trennung sehr empfindlich reagiert hat, werden Abschiede jeglicher Art höchst beunruhigend, da sie symbolhaft für die ersten entsetzlichen Abschiede stehen. Manchen Menschen fällt es in nahezu jeder Situation schwer, »auf Wiedersehen« zu sagen, aber ganz besonders zu jemandem, den sie mögen.

Doch ist das »Muster« von Trennungen durch Kindheitserlebnisse einmal entstanden, was schon außergewöhnlich genug ist, kann jemand es unbewußt arrangieren, daß er Beziehungen eingeht, in denen Trennungen unausweichlich anstehen. Frauen lassen sich auf verheiratete Männer ein, die immer zu ihren Ehefrauen zurückkehren. Männer verlieben sich in verheiratete Frauen, die an ihren Ehemännern hängen, wenn sie auch gerne eine »Affäre« haben. Auf diese Weise wird der Schmerz früherer Trennungen in der Gegenwart erneut durchlebt.

Es gibt noch andere Beziehungen, in denen wiederholte Abschiede eintreten müssen. Flugzeugpiloten, Journalisten, Schauspieler und Schauspielerinnen und Forscher sind häufig, wenn nicht immer »auf dem Sprung«. Solche Partner werden unfehlbar von Menschen ausgesucht, deren frühe Erfahrungen das Muster von »Trennungen« bilden.

Es ist nicht so, daß derartige Beziehungen, wenn sie einmal aufgebaut sind und das Muster erfüllen, Befriedigung oder Glück bescheren. Im Gegenteil, diejenigen, die unter der Trennung von den Eltern in der Kindheit litten, sind genau diejenigen, die sich am stärksten über das Reisen des Partners beklagen und sich davon am meisten beunruhigt fühlen. Die heutige Trennung, die zumeist an sich nicht sehr traumatisch ist, symbolisiert und inszeniert die Kindheits-Trennung aufs Neue und bringt die alte Pein zurück.

Unglücklicherweise haben Menschen, die eine Trennung von ihren Eltern – oder einem Elternteil – in ihrer Kindheit erlebten, die Neigung, ihre Kinder in genau dieselben Kalamitäten zu bringen. Ich kannte einmal einen Mann, der mehrmals eine Ehe einging, der dann rasch die Scheidung folgte. Aus jeder Ehe hatte er ein oder zwei Kinder – nur um sie zu verlassen und die nächste neue Beziehung zu beginnen. Auch sein Vater hatte ihn, als er noch sehr klein war, verlassen.

Die Trennung von den Eltern könnte für Kinder weniger traumatisch verlaufen, wenn dies ein allgemein akzeptierter Vorgang wäre. Man sollte die Kinder vielleicht auf Trennung vorbereiten, indem man sie schon sehr frühzeitig von zu Hause weg in andere Familien, zu Großmüttern, Tanten und Cousinen und Cousins schickt, soweit solche vorhanden. Da Scheidungen so häufig vorkommen, ihre Zahl ständig weiter zunimmt und bei vielen berufstätigen Männern und Frauen Auslandsreisen so oft an der Tagesordnung sind, wäre ein Training, ein »Überlebenskurs« zur Unabhängigkeit von den Eltern für viele Kinder vermutlich eine große Hilfe. Aber alles hängt davon ab, welches Gefühl der Sicherheit – oder Unsicherheit – Kinder entwickeln können.

Ein sehr sicheres Kind fühlt sich weniger bedroht, besser in der Lage, die Trennung von einem Elternteil zu überstehen. Was vermittelt einem Kind Sicherheit? Unzweifelhafte Zuneigung oder Liebe (wenn möglich), stetige und zuverlässige Fürsorge und Aufmerksamkeit, Rücksichtnahme auf seine oder ihre Bedürfnisse, leicht distanzierte Unterstützung – alles in allem also ruhige und mutige Eltern.

Schwangerschaft

Ist es denkbar, daß eine schwangere Frau Stimmung und Temperament des Fötus in ihrem Leib beeinflussen kann? Führt beispielsweise eine ruhige und zufriedene Schwangerschaft zu einem ruhigen und zufriedenen Kind? Und auf der anderen Seite, geht aus einer unruhigen und schwierigen Schwangerschaft ein quengeliges und unglückliches Kind hervor?

Manche Frauen sind überzeugt, daß sich ihre seelische Verfassung während der Schwangerschaft auf den Fötus auswirkt, doch dafür gibt es keine wissenschaftlich fundierten Beweise. Theoretisch ist ein Fötus in der Lage, auf Reize aus der Außenwelt zu reagieren, sobald sein Gehirn und Nervensystem hinreichend entwickelt sind und sobald er über die ganze notwendige Ausstattung der sensorischen Organe – Augen, Ohren, Nase, Zunge usw. – verfügt. Doch da der Fötus in der Dunkelheit einer dickwandigen, mit Wasser gefüllten Blase schwimmt, ist der Zweifel erlaubt, ob er wirklich in der Lage ist, sensorische Informationen von außerhalb des Bauchraums wahrzunehmen. Noch stärker darf bezweifelt werden, daß das Kind im Mutterleib psychische Botschaften von den bewußten und unbewußten Gefühlen der Mutter aufnehmen kann.

Es ist zwar möglich, daß sehr angespannte Bauchmuskeln auf den Fötus einwirken können und ihn vielleicht in seiner Bewegungsfreiheit einschränken. Ich hatte einmal mit einer schwangeren Patientin zu tun, deren Ehemann entschieden gegen ein weiteres Kind war. Er fürchtete das Chaos, den Lärm und die Ansprüche, die ein Baby an die Eltern stellt. Er benötigte Ruhe und Frieden für seine Arbeit als Schriftsteller, und er erklärte sich mit dem Wunsch seiner Frau nach einem zweiten Kind nur unter der Bedingung einverstanden, daß sie dafür sorgte, daß das Kind still und außer Sicht, völlig unter ihrer Kontrolle bliebe. Die arme Frau hatte große Angst davor, ihren Mann aufzuregen, aber sie wünschte sich das Kind so sehr. Während der Schwangerschaft war sie extrem ängstlich.

Dies hatte zur Folge, daß die Ärzte keine Klarheit über den Zustand des Kindes im Mutterleib gewinnen konnten. Der Fötus bewegte sich allem Anschein nach nur sehr wenig, und man hielt ihn für zu klein und möglicherweise mißgebildet. Mehrfache Ultraschalluntersuchungen erbrachten keine eindeutigen Informationen, ob das Kind normal war oder nicht. All dies verstärkte die Ängste der Mutter natürlich noch, doch am Ende gebar sie ein normales Kind mit normaler Größe, normalem Gewicht und normalen Proportionen.

War es ihr gelungen, den Fötus davon zu überzeugen, daß er sich während der Schwangerschaft still und gekrümmt verhielt? Sie hatte nach der Niederkunft mit Sicherheit ein sehr stilles und wohlerzogenes Kind.

Ob die Gefühle der Mutter den Fötus beeinflussen oder auch nicht, eines ist jedenfalls sicher: die chemischen Stoffe, die im Blutkreislauf und Körper der Mutter zirkulieren, können in das Blut und Gewebe des Fötus gelangen. Wir wissen, daß bestimmte Arzneien und andere Substanzen, die von der Mutter eingenommen werden, in den Fötus gelangen können. Wir wissen, daß eine Mutter, die während der Schwangerschaft raucht, eventuell ein zu klein geratenes, nicht gesundes Baby zur Welt bringt. So ist es möglich – in Wirklichkeit sogar wahrscheinlich –, daß normale chemische Substanzen, die sich im Körper bei depressiven Krankheiten, Angstzuständen und anderen psychischen Störungen bilden, auch auf den Förus übergehen können. Sie können vermutlich die Entwicklung des Kindes beeinträchtigen.

Um dahinterzukommen, ob die psychische Verfassung der Mutter und die damit verbundenen chemischen Veränderungen im Körper den Fötus im Mutterleib beeinträchtigen, müßte man ein riesiges Forschungsprogramm durchführen. Bislang wissen wir nicht viel über die Veränderungen in der Chemie des Blutes, die Stimmungen und Gefühle verschiedenster Art bei normalen Erwachsenen begleiten. Nur eines ist sicher, bevor nicht das Gehirn und das Nervensystem beim ungeborenen Kind einen bestimmten Entwicklungsstand erreicht haben, können weder das Bewußtsein noch das Unbewußte in Aktion treten.

Frauen stehen der Schwangerschaft ganz unterschiedlich gegenüber – bewußt und unbewußt. Für manche ist sie eine herrliche glückliche Erfahrung: »Ich habe mich nie zuvor und nie wieder danach so wohl gefühlt«; »Ich fühle mich immer wunderbar, wenn ich schwanger bin«.

Für manche Frauen, denen es in der Schwangerschaft körperlich nicht gut geht, ist es eine fürchterliche Zeit, die einfach grimmig durchgestanden werden muß. Einige schämen sich ihres Zustandes und wollen am liebsten den sich rundenden Bauch verstecken. Andere kosten die Tatsache, daß sie ein Kind austragen, voll aus. Ich erinnere mich an eine charmante, aber ziemlich mitgenommen wirkende Frau und ihren Ehemann, die beide ein Kind haben wollten; die Frau allerdings fühlte sich bei dem Gedanken an die Schwangerschaft zutiefst ängstlich und mysteriöserweise in Aufregung versetzt. Sie schob die für sie fürchterliche Aussicht einer Schwangerschaft jahrelang hinaus. Schließlich begannen sie und ihr Mann, sich zu sorgen, daß sie zu alt fürs Kinderkriegen würde. Doch die Schwangerschaft an sich erfüllte sie noch immer mit Schrecken: »Ich müßte irgendwohin verschwinden und mich neun Monate lang verstecken«, erzählte sie mir, »ich könnte es nicht ertragen, irgend jemanden zu sehen.« In Wirklichkeit wollte sie damit sagen, daß sie es nicht ertragen konnte, daß irgend jemand sie so sah.

Wir unterhielten uns über ihre Kindheit. Sie war die einzige Tochter sehr puritanischer Eltern. Vor allem ihre Mutter war besonders prüde und gehemmt. Sex war zu Hause ein Tabu-Thema. Die Erziehung meiner Patientin in allem, was mit Sexualität zu tun hatte, war für sie wie für ihre Mutter eine äußerst peinliche Angelegenheit gewesen. Die »Aufklärung« durch ihre Mutter, als meine Patientin zwölf Jahre alt war, hatte in einem einzigen, höchst unbehaglichen Gespräch bestanden, das vage blieb und mit starkem Herumstottern verbunden war. Fragen wurden nicht gestellt. Die ganze Sache mit dem Sex war so schrecklich, daß das Mädchen einige Jahre lang unbewußt die Menstruation verdrängt hatte.

Langsam wurde mir klar, daß Frau V. den Zustand der Schwangerschaft nicht ertragen konnte, weil damit die ganze Welt erfahren und sehen würde, daß sie Geschlechtsverkehr gehabt hatte. Für sie war das etwas, dessen man sich schämen und das man verheimlichen mußte. Die Dorfstraße hinunterzugehen und allen Nachbarn auf diese Weise ihren Zustand zu verkünden, war mehr, als sie ertragen konnte.

Ich freue mich, sagen zu können, daß sie mit einiger Hilfe ihre Einstellung gegenüber sexuellen Fragen zu ändern vermochte und schließlich mit guten Gefühlen ein Kind empfing und austrug.

Vermutlich gibt es noch immer zahlreiche Frauen, die sich durch das Thema Sexualität in Verlegenheit versetzt fühlen, trotz aller Liberalisierung und sexuellen Freiheiten. Mir fällt noch eine andere Frau ein, die mit starken Unterleibsschmerzen ins Krankenhaus gekommen war, bei denen wir Probleme mit der Diagnose hatten. Sie beharrte darauf, daß ihre Periode normal und regelmäßig gewesen sei, so daß wir an irgendwelche Schwangerschaftsprobleme überhaupt nicht dachten. Doch nach vierundzwanzig Stunden hatte sie eine starke Unterleibsblutung und verlor Teile eines aufgequollenen Fötus. Sie hatte eine »Hinterhof-Abtreibung« hinter sich, die nicht vollständig durchgeführt worden war. Wir mußten sofort eine Ausschabung vornehmen, und sie benötigte eine Bluttransfusion und Antibiotika.

Als sie sich wieder erholte, sprach ich mir ihr: »Warum haben Sie uns nicht gesagt, Eva, daß Sie schwanger waren?«

Sie brach in Tränen aus. »Ich war nicht schwanger, nein!« schrie sie heftig.

Ich erkannte, daß ihr Horror bei der Tatsache, daß sie »verboten« Geschlechtsverkehr gehabt hatte, derartig groß war, daß ich nicht mit ihr streiten konnte und wir es dabei beließen. Aber sie hätte sterben können, wenn es ihr nicht gelungen wäre, in ein Krankenhaus zu kommen – und alles nur, wei Sex für sie infolge ihrer Erziehung eine komplett verbotene Sache war, wie ich in späteren Gesprächen herausfand.

Wie auch immer die Einstellung einer Frau der Sexualität gegenüber ist, auf die erste Schwangerschaft reagieren alle Frauen mit gewissen bewußten und unbewußten Ängsten. Die Furcht vor dem Unbekannten, vor der Niederkunft und bei einigen vielleicht die Furcht, ob das Kind normal sein wird oder nicht, ist immer vorhanden. Das sind »normale«, realistische Ängste, die gewöhnlich bewußt erlebt werden. In der heutigen Zeit wird in den Gesellschaften des Westens eine Abnormität des Fötus zumeist früh genug entdeckt, um die Schwangerschaft rechtzeitig abzubrechen. Doch andere Einstellungen gegenüber der Schwangerschaft sind weniger rational und gewöhnlich unbewußter Natur. Diese Einstellungen hängen von den Erlebnissen in der Kindheit der Schwangeren ab und von ihrer Beziehung zu ihrer eigenen Mutter. Wer ein Kind bekommt, durchlebt beinahe vollständig noch einmal die Beziehung zwischen seiner Mutter und sich selbst als Kind, und eine Frau, die gerade mit einem Kind niedergekommen ist, ist vom Gefühl her Mutter und Kind zugleich. Wenn in der Kindheit der Schwangeren alles gutging, wenn sie ein gutes und liebevolles Verhältnis zu ihrer Mutter hatte, wird sie davon ausgehen, daß ihr eigenes Kind auch ein gutes Verhältnis zu ihr haben wird und umgekehrt. Sie kann der Geburt des Kindes mit freudiger Erwartung entgegensehen.

Doch wenn das Verhältnis der Schwangeren zur eigenen Mutter schwierig gewesen war, dann kann die Erfahrung, ein Kind zu bekommen, sehr beunruhigend und verwirrend sein. Auf bewußter Ebene werden die Schwangerschaft und das werdende Kind vielleicht freudig willkommen geheißen. Unbewußt jedoch treten möglicherweise Ängste und Befürchtungen auf, die sich in erster Linie auf Aggressionen beziehen – ihre eigenen gegenüber dem Kind und die des Kindes gegenüber ihr, der Mutter.

»Wird mein Kind mich liebhaben?« (Wenn nicht, dann deshalb, weil ich mich ihm gegenüber möglicherweise feindselig verhalte und es insofern mir wiederum mit Feindseligkeiten begegnet.)

»Werde ich meinem Kind antun, was meine Mutter mir angetan hat?«

»Bin ich in der Lage, eine ›gute‹ Mutter zu sein?«

»Bin ich in der Lage, mich richtig um mein Kind zu kümmern?«

»Werde ich während der Geburt sterben?« (D.h.: »Wird mich mein Baby umbringen?«)

»Wird mein Baby tot zu Welt kommen?« (D.h.: »Werde ich mein Baby umbringen?«)

»Wird mein Baby bei der Geburt gesund und normal sein, oder wird es eine Mißbildung haben?« (D.h.: »Werde ich meinem Baby während der Schwangerschaft Schaden zufügen« oder »Wird es mir gegenüber so feindselig eingestellt sein, daß es abnorm und mißgebildet ist?«)

»Wird mein Baby das richtige (gewünschte) Geschlecht haben?«

»Werde ich nach der Geburt meine alte Figur wiedererlangen?« (D.h.: »Wird mein Baby meine wundervolle Figur kaputtmachen?«)

»Werde ich mein Baby stillen können?«

»Wird mein Baby meine Milch wollen? Oder wird es mich ablehnen, indem es sich weigert, meine Milch anzunehmen?«

Ich habe ein paar äußerst aggressive Mütter kennengelernt, die wiederholt zu ihrem Kind sagten: »Bei deiner Geburt bin ich fast gestorben.« (»Du hast mich beinahe umgebracht.«)

»Ich wurde fast blind, als ich mit dir schwanger war.« (»Du hast mich beinahe blind gemacht.«)

Oder: »Die Ärzte meinten, meine Nieren seien dauerhaft in Mitleidenschaft gezogen worden, als ich dich austrug.« (»Du hast beinahe meine Nieren auf dem Gewissen.«)

Wie arm ist ein Kind doch dran, wenn es auf diese Vorwürfe, diese Unterstellungen, daß es seine Mutter schwer angegriffen und geschädigt hätte, reagieren muß?

Viele der oben erwähnten Ängste und Aggressionsphantasien, von Mutter zu Kind und umgekehrt, haben mit dem Problem zu tun, das die jeweilige Generation mit den eigenen Eltern hatte – und nichts mit tatsächlich wahrscheinlichen Katastrophen.

Es gibt andere, unmittelbarere und realistischere Gründe für eine Mutter, gegenüber dem Fötus in ihrem Bauch Feindseligkeiten zu empfinden. Diese Gründe haben mit dem Überleben der Mutter zu tun.

Wenn eine Mutter sich während der Schwangerschaft sehr krank fühlt oder tatsächlich wird, muß sie unausweichlich eine gewisse Feindseligkeit gegen das Wesen entwickeln, das sie krank macht. Starkes Unbehagen, fortgesetztes Erbrechen, Rückenschmerzen, schlaflose Nächte, in denen das Baby andauernd strampelt, geschwollene Beine und Krampfadern, völlige Erschöpfung, während vielleicht andere kleine Kinder lautstark Aufmerksamkeit beanspruchen – das reicht vollkommen aus, bei einer Schwangeren Aggressionen gegen das Baby auszulösen. Doch derartige Aggressionen schwinden mit der Ankunft des gewollten Babys.

Nach dem, was ich über das miserable Leben ungewünschter und ungeliebter Kinder gesagt habe, sollte klar sein, daß meiner Ansicht nach keine Mutter ein unerwünschtes Kind bekommen muß. Hier ist nicht der richtige Ort, über die ethischen Ansichten zum Schwangerschaftsabbruch zu sprechen, sondern hier geht es nur um die Gefühle und Emotionen derjenigen, die abtreiben lassen.

Abtreibungen lösen häufig Depressionen aus – manchmal schwerer Art. Alles, was ich an früherer Stelle über die Aggressionen zwischen Mutter und Kind gesagt habe, gilt besonders auch für die Abtreibung. Hier kann eine Frau realistischerweise glauben, daß sie ihr Kind umgebracht hat. Ein potentielles Kind ist wirklich daran gehindert worden, sich aus dem befruchteten Embryo zu entwickeln. Aber in jedem Monat produziert jede lebende Frau ein potentiell lebensfähiges Ei, und Männer produzieren Millionen potentiell befruchtender Spermien. Daß ein Samenfaden und ein Ei zufällig zusammengefunden haben, bedeutet mit Sicherheit noch nicht, daß eine Frau ein Kind in ihrem Bauch trägt. Sie hat lediglich ein befruchtetes Ei, dem genauso zum Abgang verholfen werden kann, wie ein *un*befruchtetes Ei sich allmonatlich von der Gebärmutterwand löst.

Und dennoch herrscht noch immer die Tendenz, Frauen das Gefühl der Niederträchtigkeit zu vermitteln, wie Mörderinnen, wenn sie einen Schwangerschaftsabbruch hatten. Auf diese Weise kann es leicht zu Schuldgefühlen und Depressionen kommen.

Doch das komplizierte Problem hat noch eine weitere Facette. Wenn eine Frau selbst ein ungewolltes und ungeliebtes Kind gewesen ist, wird sie sich mit dem unbefruchteten Ei identifizieren und das Elend der Zurückweisung von Neuem erleben.

Ferner gibt es noch die Depression, die während der Schwangerschaft auftritt, häufig gegen deren Ende – und auch kurz nachdem das Baby geboren wurde. Physische Umwälzungen im Körper spielen beim Auftreten dieses Zustandes eine gewisse Rolle, doch nach meiner Erfahrung gibt es stets Gründe in der Kindheit, die für die Depression während und unmittelbar nach der Schwangerschaft verantwortlich sind.

Hier ein Beispiel. Ich traf einmal eine Frau, die kurz nach der Geburt ihres letzten Kindes schwer depressiv geworden war. Sie hatte bereits zwei kleine Mädchen und hoffte auf einen Sohn, doch sie gebar eine dritte Tochter. Für ihre depressive Erkrankung schien es keinen anderen vernünftigen Grund zu geben, da sie glücklich verheiratet war und in einem wunderschönen Landhaus in der Nähe von London ein behagliches und sicheres Leben führte. Sie hatte, so erzählte sie mir, zu ihrer Mutter ein gutes Verhältnis, die sich aktiv in Komitees engagierte, Magistratsmitglied war, Basare eröffnete, gerne reiste, Golf spielte und eine sehr antriebsstarke, energiegeladene Frau war, das glatte Gegenteil zu ihrer recht zerbrechlichen und schnell erschöpften Tochter Dorothy.

Dorothy glaubte, ihre Mutter sei wundervoll und bemerkenswert. Sie war dankbar für die Zeit, die ihre Mutter in ihrem hektischen Leben für sie abzwackte. In Wahrheit stand ihre Mutter Dorothy, der jünsten ihrer vier Töchter, ziemlich gleichgültig gegenüber. Beide Eltern hatten sich sehnsüchtig einen Jungen gewünscht, der den Namen der Familie weiterführen sollte. Unglücklicherweise endete eine Schwangerschaft nach der anderen mit der enttäuschenden Geburt eines Mädchens. Sie machten einen letzten Versuch. Drei Kinder waren bereits mehr, als sie sich gewünscht hatten, doch sie probierten es noch ein letztes Mal. Dann kam Dorothy. Mutter und Vater waren höchst verärgert. Sie zeigten sich an dem Kind nicht interessiert. Es wurde von Kinderfrauen versorgt. Vor allem eine dieser Frauen blieb bei ihr von ihrem fünften Lebensjahr bis sie erwachsen und verheiratet war. Als sie selbst Kinder hatte, überredete sie die Kinderfrau, zurückzukommen und sich um sie zu kümmern. Ihre Zuneigung zu ihrer Kinderfrau und ihre Abhängigkeit von ihr waren natürlich die Folge der Gleichgültigkeit ihrer Eltern. Sie gestand sich oder jemand anderem nie ein, daß sie abgelehnt worden war. Statt dessen gab sie tapfer vor, das geliebte Kind liebevoller Eltern zu sein.

Aber unbewußt kannte sie die Wahrheit. Durch die bevorstehende Geburt ihres letzten Kindes wurde sie in jene Zeit zurückversetzt, als ihre Eltern demonstrierten, daß sie versagt hatten, weil sie kein Junge, sondern ein Mädchen war – als sie sich nicht für sie interessierten und ihr unbewußt feindselig begegneten. Sie konnte sich natürlich nicht an ihre eigene Geburt erinnern und auch nicht an die Ereignisse in ihrem Leben, bevor sie ungefähr drei Jahre alt war. Doch seit ihrer Geburt hatte sie die niederdrückende Zurückweisung erlebt, die sie verleugnete und an deren Existenz zu glauben sie sich weigerte. Nun, als sie sich mit ihrem letzten Kind identifizierte, das sie vielleicht aus denselben Gründen, aus denen ihre Eltern sie abgelehnt hatten, zurückweisen würde, versank sie in eine tiefe Depression.

Es gibt gewisse Patienten, denen die analytische Psychotherapie mehr schadet als nutzt, denen man am besten ihre Illusionen und Rationalisierungen läßt. Dorothy war so eine Patientin. Sie war mit einem netten und angenehmen Mann verheiratet, der ein freundlicher und unterstützender Ehemann war. Er war in seinem Beruf ein Experte und arbeitete für eine sehr erfolgreiche internationale Firma. Einen Großteil seines Lebens verbrachte er nicht zu Hause, ständig beschäftigt, stets auf Reisen. Wenn er nicht in New York, Zürich oder Rom war, dann in Tokio, Bangkok oder Hongkong. Und wenn er sich in England aufhielt, war er durch Konferenzen ans Büro gefesselt. Unvermeidlich sahen Dorothy und ihre Kinder nur sehr wenig von Martin. Tatsächlich ähnelte er stark Dorothys Mutter. Er hatte für sie die gleiche abwesende, beinahe ausdruckslose Aufmerksamkeit übrig, die gleiche »Ich hab's eilig!«-, »Gott segne dich«-Haltung.

Aber Dorothy besaß ein schönes und behagliches Haus, so viel Hilfe für den Haushalt, wie sie brauchte – und sie brauchte viel – und ein Leben frei von trivialen Ängsten. Eine lange und »vertiefte« Psychotherapie könnte ihr nur helfen, die Wirklichkeit ihres Verhältnisses zu ihren Eltern zu erkennen, die ursprüngliche Ursache der Depression – und die Ähnlichkeit zwischen ihrem Ehemann und ihrer Mutter. Hätte ihr das irgendwie weitergeholfen? Vermutlich nicht. Sie war sanft und gefügig, eine verletzliche Frau mit drei kleinen Kindern. Ich beschloß, es sei am besten, ihr unterstützende Hilfe und Antidepressiva zu geben. Es bewährte sich gut, wenn auch die Tendenz vorhanden war – und stets vorhanden sein würde –, daß unter jeder Art von Streß, psychischer wie physischer Natur, die Depression wieder ausbrechen würde. Trotzdem gewann sie langsam ihr Selbstvertrauen und ihren recht fröhlichen Zustand der Selbstverteidigung wieder, in dem sie sich vor der letzten Schwangerschaft befunden hatte.

Zu Beginn des Kapitels habe ich Frauen beschrieben, die sich während ihrer Schwangerschaft wirklich zufrieden und ruhig fühlten. Es gibt auch Frauen, denen es genau umgekehrt ergeht. Ich denke da an eine unglückliche Frau, die während einer ungeplanten Schwangerschaft unter einer Art Klaustrophobie litt. Sie fühlte sich völlig einem tyrannischen Monster in ihrem Körper ausgeliefert, das sie nicht am Leben erhalten wollte. Sie wünschte sich sehnsüchtig, von diesem unentrinnbaren »Zusammengekettetsein« von Mutter und Kind befreit zu sein. Manchmal dachte sie sogar an Selbstmord – wenn sie sich seltsamerweise auch weigerte, die Schwangerschaft, wie man ihr anbot, abbrechen zu lassen. Grimmig ertrug sie die Schwangerschaft bis zum Ende und war zutiefst dankbar dafür, endlich mit dem Kind niederkommen zu können.

Ihre Geschichte: Sie war als ein uneheliches Kind in Südamerika zur Welt gekommen. Sie war adoptiert worden – aber erst spät, mit sechs Jahren. Sie hatte mit ihrer Mutter unter physisch und emotional miserablen Bedingungen gelebt. Als sie sechs Jahre alt war, heiratete ihre Mutter – doch eine Bedingung für die Eheschließung war die, daß das Kind nicht zu dem neuen Haushalt gehören sollte. Ihre Mutter hatte sie einem guten und freundlichen englischen Ehepaar überlassen, für das sie arbeitete und das nur zeitweilig im Land lebte. Sie kannten das Kind gut und mochten sie sehr, hatten selbst keine eigenen Kinder. Sie nahmen das kleine Mädchen mit nach England, und es sah seine Mutter nicht wieder. Die Trennung war grausam für das Kind. Es brauchte Jahre, sich an das neue Leben zu gewöhnen. Sie verwandelte sich von einem emotional stürmischen, höchst extrovertierten Kind in ein zurückhaltendes, stilles, perfekt wohlerzogenes Mädchen mit höchst angenehmer Sprache, schönen Kleidern und mit einem Herzen aus Stein.

Als ihr kleines Mädchen geboren wurde, wollte sie das Baby sofort zur Adoption freigeben. Aber der Mann, mit dem sie verheiratet war und der wesentlich älter als sie war – der »Vater«, den sie nie gehabt hatte – überredete sie, das Kind zu behalten. Die Geschichte hat nur ein halbglückliches Ende. Die Frau behielt das Kind, kümmerte sich aber nicht selbst darum. Das kleine Mädchen wurde von Kinderschwestern und –frauen erzogen, und ich hörte, daß ihr alter Vater, der liebevoll und freundlich war, plötzlich starb, als sie noch klein war.

Für viele Frauen ist die Schwangerschaft, wie bereits geschildert, häufig keine einfache Zeit. In unserer Gesellschaft ist die Tendenz vorhanden, gegenüber schwangeren Frauen mit emotionalen Problemen die Haltung des »Reiß dich zusammen« einzunehmen. Es gibt nicht viele Hebammen und Allgemeinärzte, die solche Frauen an Psychologen überweisen, wenn sie nicht ernsthaft gestört zu sein scheinen. Die Schwangerschaft gilt als eine Zeit, in der Frauen »komisch« reagieren und handeln und man ihre kleinen emotionalen Ausbrüche und Ängste nicht allzu ernst nehmen sollte. Doch, wie gesagt, durchlebt eine schwangere Frau nochmals die Beziehung zu ihrer Mutter und erweckt ihre eigene Kindheit erneut zum Leben. Wenn es in diesem Verhältnis, in dieser Kindheit Probleme gegeben hat, werden sie nun, während des physisch wie emotional verletzlichen Zustands der Schwangerschaft an die Oberfläche kommen.

Wenn eine Frau ihre Gefühle in dieser Zeit ausleben darf und nicht aufgefordert wird, sie beiseitezuschieben oder unter den Teppich zu kehren, so hat sie vermutlich zum einen während der Schwangerschaft eine wesentlich leichtere Zeit, und zweitens ist sie eine viel »bessere« Mutter, wenn das Kind zur Welt gekommen ist. Statt der – oder zusätzlich zu den – Gymnastik- und Entspannungstechniken könnte es auch Gruppen geben, in denen Frauen ermutigt werden, ihre Ängste, Befürchtungen und Aversionen auszudrücken und in denen ihnen Hilfe angeboten wird, wie sie mit diesen Gefühlen am besten umgehen.

Gefühle an sich sind relativ harmlos. Taten können Schaden anrichten. Dem Verhalten müssen Grenzen gesetzt werden. Es muß nicht notwendigerweise so sein, daß, nur weil ein Mensch sich selbst das Wahrnehmen seiner wirklichen Gefühle zugesteht, daraus schädliches Verhalten in Gang gesetzt wird.

4. Teil

Wie Kinder auf Verletzungen reagieren

Wie Kinder auf Verletzungen reagieren

In den vorangegangenen Kapiteln habe ich die zahlreichen Möglichkeiten beschrieben, mit denen Eltern ihren Kindern Verletzungen zufügen können. Zum einen durch Aggression (die bewußt oder unbewußt auftritt). Die Aggression kann die Form physischer Gewalt oder Feindseligkeit annehmen, bewußter oder unbewußter Natur sein, offene oder versteckte Grausamkeit darstellen oder in Form von Verachtung und Verspottung erfolgen.

Eltern können ihren Kinder auch durch sexuellen Mißbrauch wehtun, der tatsächlich körperlich an den Kinder begangen wird, oder durch machtvolle sexuelle Gefühle und Haltungen den Kindern gegenüber, die auch manchmal bewußt und manchmal unbewußt sind.

Eltern können ihren Kindern schaden, wenn sie eifersüchtig auf sie sind. Auch die Eifersucht kann bewußt erfahren und ausgelebt werden – oder sie kann unbewußt sein und sich in »rationalisierter Form« ausdrücken.

Und außerdem können Eltern ihren Kindern durch Zerrbilder der Liebe und überzogenen Besitzanspruch schaden.

Kinder werden auch durch Störungen im Familienleben geschädigt, durch Scheidungen, Trennung und Verlassenwerden oder die Krankheit oder den Tod eines

Elternteiles. Ist ein Elternteil arbeitslos oder treffen andere Mißgeschicke die Lebensumstände der Familie, so kann auch dies den Kindern Schäden zufügen.

Auf all diese widrigen Lebensumstände können Kinder auf vielfältigste Weise reagieren.

In der Kindheit erkennen die meisten Kinder nicht bewußt, daß sie mißbraucht oder schlecht behandelt werden, wenn das Verhalten der Eltern nicht sehr offen und abscheulich ist. Das sich entwickelnde Kind ist vom Säuglingsalter bis zum Ende der Pubertät den Eltern oder den es umgebenden Erwachsenen auf Gedeih und Verderb ausgeliefert. Das Kind versucht zu überleben. Wenn ein Überleben durch das Verhalten oder die Gefühle der Eltern bedroht wird, ist das Kind in der Lage, seine Aufmerksamkeit abzuwenden, seine Wahrnehmung spezifischer Ereignisse und Verhaltensweisen zu verringern. Es kann vergeßlich sein, es kann verdrängen (wenn es eine Funktion wie die Verdrängung gibt), es kann verleugnen. Jede einzelne oder all diese Fähigkeiten können ausgelöst werden, in der Regel unbewußt. Die Folge ist, daß das Kind sich in einem Zustand der Verwirrung und Illusion befindet und sich beinahe gar nicht dessen bewußt ist, was ihm angetan wird. Somit reagiert das Kind nicht auf das Trauma mit entsprechenden Emotionen. Das Kind versucht, zu glauben und sich so zu verhalten, als sei alles in seinem Leben ganz »normal« – wobei »normal« das Bild vom Familienleben bedeutet, das unsere Gesellschaft und Kultur favorisiert und das das Kind über seine Umgebung und elterliche Botschaften aufgenommen hat. Das Kind nimmt die schlechte Behandlung beinahe so wahr, als werde sie jemand anderem und nicht ihm selbst zugefügt.

Aber das Kind nimmt doch alles wahr und beobachtet alles, aber häufig unbewußt.

In seinem späteren Leben, unter dem Einfluß der Psychotherapie oder aus einem anderen Grund, werden vergessene und vergrabene Ereignisse einer bewußten Prüfung wieder zugänglich.

Ohne ein derartiges bewußtes Wissen um zurückliegende Ereignisse treten nur unbewußt motivierte Reaktionen auf. In gewissem Sinne blind bestrafen diese Menschen ihre Eltern mit der unbewußten Haltung: »Sieh, was du mir angetan hast«. Die Menschen werden depressiv, begehen Selbstmord, werden straffällig, benehmen sich neurotisch, haben psychosomatische Krankheiten, sind für Unfälle anfällig, trinken übermäßig, oder sind von anderen Drogen abhängig – und lassen weiterhin ihren Kindern dieselbe Behandlung angedeihen, die sie selbst in ihrer Kindheit erfuhren. In den folgenden Kapiteln werden solche Reaktionen beschrieben, nicht nur bei Kindern, sondern auch bei Erwachsenen, die in ihrer Kindheit geschädigt wurden.

Stoizismus

Stoizismus bei mißhandelten Kindern ist nichts Ungewöhnliches. Hierbei wird das Leiden verbissen geleugnet, wird der Verstand betäubt und manchmal der Körper, und zwar durch den Betroffenen selbst – wenn auch nicht bewußt. Das Kind weigert sich, zuzugeben, daß es Schmerz empfindet, obwohl der Schmerz die logische Reaktion auf psychische oder körperliche Schläge ist, die es vielleicht erhält.

Ich arbeitete einmal an einem neurologischen Krankhaus in London, das ganz in der Nähe einer bekannten Kinderklinik lag. Eines Nachmittags übermittelte uns die Kinderklinik die Nachricht, daß sie auf einer Station ein Kind hätten, das ihrer Meinung nach ohne die Fähigkeit, Schmerz zu empfinden, auf die Welt gekommen sei. Das Mädchen zeigte scheinbar keine Reaktion, als Ärzte und Krankenschwestern einige infizierte Wunden und Abschürfungen an ihren Beinen – so sanft wie möglich, aber doch ohne Schmerzen ganz vermeiden zu können – behandelt hatten. Als man sie testete, zeigte sie auf schmerzhafte Reize wieder keinerlei Reaktion. Diese Unfähigkeit, Schmerz zu empfinden, hatte man bis dahin in der Kinderklinik noch nicht erlebt, und es mußte sich um einen sehr seltenen Zustand bei einem ansonsten offenbar normalen Kind handeln.

Wir alle gingen in der Gruppe hin, ein Haufen Ärzte in

weißen Kitteln vom Chefarzt bis zum untersten Assistenten, und versammelten uns um das Bettchen eines zusammengekrümmten dreijährigen ausdruckslosen kleinen Wesens, das vorgab, uns nicht zu bemerken.

Der Chefarzt begann, ihre Reaktion auf Schmerzen mit einer Nadelspitze zunächst sanft, dann zunehmend stärker zu testen. Auf dem unergründlichen Gesicht war kein Zeichen abzulesen, daß sie überhaupt etwas gefühlt hatte, und sie zog auch nicht das Glied zurück, das gestochen wurde.

Die Nadel ging tiefer, kleine Tropfen Blut traten aus. Ganz plötzlich verzog sich, zu unserer Bestürzung, das Gesicht des Kindes, Tränen begannen zu laufen, und das arme Kind gab ein lautes herzzerreißendes Wehklagen von sich. Diese Reaktion war so ausgeprägt, daß ich die Szene noch heute vor mir sehe, einen kritischen Augenblick menschlicher Schwäche. Das Kind hatte die Grenze seiner Leidensfähigkeit erreicht. Wir hörten schnell auf. Es war ganz klar, daß sie mit all ihren Fähigkeiten, Gefühle zu empfinden, auf die Welt gekommen war und daß diese normal funktionierten.

Später fanden wir heraus, daß sie ihr ganzes Leben lang mit barbarischer Grausamkeit behandelt worden war. Sie hatte langsam den Grad ihrer Aufmerksamkeit für physische Reize reduziert und so etwas leichter überlebt.

Weiter verbreitet ist jedoch der Fall, daß der Geist, der Verstand betäubt wird. Es ist leichter, es unbewußt so zu arrangieren, daß man auf emotionale Schmerzen nicht reagiert. Verschlossene abgestumpfte Kinder trifft man verbreitet in gestörten Familien. Das Verhaltensmuster, eine Reaktion auf emotionale Reize zu verweigern, eine Art, Emotionen zu verflachen, bleibt, wenn es einmal aufgebaut ist, selbst wenn die schmerzhaften Reize aufgehört haben. Erwachsene, deren Gefühle gedämpft sind, finden diesen Zustand unangenehm. Körperliche Anstrengung und körperliche Gefahr scheinen zeitweilig das Gefühl erstickter Emotionen zu erleichtern. Ohne zu erkennen, warum sie dies tun, neigen »gefühllose« Menschen dazu, sehr schnell Auto zu fahren oder eisige steile Hänge mit Skiern hinunterzufahren oder Fallschirm zu springen oder suchen eine andere Möglichkeit intensiver Stimulierung. Aus demselben Grund wird manchmal Alkohol in großen Mengen konsumiert, genauso andere erregende Drogen. Unter diesen Umständen abhängig zu werden, ist nicht schwer. Und für gewisse Leute mildert die durch das Spielen mit hohem Risiko ausgelöste Erregung das Gefühl der »Taubheit«. Es ist auch denkbar, daß Menschen mit unterdurchschnittlicher Wertschätzung für »Gefühle«, ohne die Gefahr zu erkennen, gefährlich leben – genau so wie ein Mensch mit einer tauben Hand sich diese auf dem Herd verbrennen kann, da er oder sie die warnende Hitze, die von ihm aufsteigt, nicht beachtet.

Patienten mit Depressionen beklagen häufig, sie fühlten sich, als befände sich zwischen ihnen und der Außenwelt – oder zwischen sich und ihren Gefühlen – eine Glaswand. Ich erinnere mich an einen amerikanischen Maler, normalerweise ein Mann mit sehr intensiven Gefühlen, der unter einer depressiven Krankheit litt. Er fuhr im Frühjahr in England aufs Land. Vögel zwitscherten, Narzissen schwankten in klarer Luft, Tau lag auf dem grünen Gras. Er sagte: »Ich wußte, ich sollte das alles genießen, aber es ging alles nur bis hier ...«, und er hielt seine Hand etwa zwanzig Zentimeter vor seinem Körper. Hier funktionierte die Verbindung nicht. Die sensorischen Stimuli wie Sehen, Hören, Schmecken usw. wurden ohne begleitende Gefühle erfahren.

Menschen, die unter so etwas leiden, kämpfen, wie bereits erwähnt, um ein befriedigendes Lebensgefühl und suchen vielleicht psychotherapeutische Hilfe. Es ist möglich, daß die Gefühle erneut zum Fließen kommen, doch da der Kindheitsschmerz, der den Stoizismus aufkommen ließ, so unerträglich war, ist ein unbewußter Widerwille vorhanden, die »Rüstung« abzulegen.

Für den Patienten ist es wichtig, daß er erkennt, daß die Psychotherapie ihm bestenfalls hilft, sehr wenig sehr langsam zu erreichen. Es ist nicht möglich, einem »tauben« Menschen beim geringfügigsten Anlaß zu einem Wiedererleben von Emotionen zu verhelfen, ihn oder sie sofort empfindlich für Verletzungen zu machen. Im Gegenteil, eine erfolgreiche Behandlung wird dem Patienten erlauben, vereinzelt ein »Tröpfeln« der Emotionen zuzulassen. Aber ganz langsam kann vielleicht die normale Fähigkeit zu »fühlen« wiederhergestellt werden.

Es ist schwierig zu verstehen, wie das Abschalten von Gefühlen beim ersten Mal vor sich geht. Werden die Gefühle verdrängt, oder wird im Augenblick das Leidens die Aufmerksamkeit abgezogen? Das können wir nicht sagen.

Alleinsein und Einsamkeit

Einsamkeit ist eines der traurigsten und verbreitetsten menschlichen Leiden, das vermutlich nur noch die Tiere kennen, die aus ihrer Herde vertrieben wurden, die krank, behindert oder alt sind. Bei den Menschen ist es eines der überflüssigsten Übel, da jeder von uns die potentielle Fähigkeit besitzt, Beziehungen mit anderen zu knüpfen, und es auf unserem Planeten Menschen im Überfluß gibt.

Eine potentielle Fähigkeit – aber wie so viele andere potentielle Fähigkeiten, muß der Aufbau von Beziehungen zu anderen Menschen in der Kindheit einsetzen, muß sich vom Säuglingsalter bis zur Pubertät ein Grundmuster dafür herausbilden. Mit anderen »Beziehungen aufzubauen« ist eine Sache, die zunächst innerhalb der Familie vonstatten geht und später auf Fremde ausgedehnt wird.

»Beziehungen aufzubauen« bedeutet auch emotionale Kommunikation – und erfordert vor allem die Fähigkeit, Zuneigung, Liebe, Wut, Aggression zu empfinden – all jene Emotionen, die Menschen normalerweise füreinander bei einem intimen, engen Zusammenleben verspüren. Wir müssen nicht nur in der Lage sein, diese Gefühle zu übermitteln, wir müssen sie auch aufnehmen können, sie akzeptieren. Dieses Hin und Her der Gefühle bereichert unsere Welt, läßt das Leben sinnvoll und lebenswert erscheinen. Wenn wir uns im Kindesalter unbewußt aus dem einen oder anderen Grund diese Gefühlserlebnisse verbieten, wachsen wir alleine in einer öden Welt auf. Aber zum Glück haben wir, selbst wenn wir unsere Kindheit in emotionaler Einsamkeit verbrachten und auf diese Weise ein Verhaltensmuster entwickelten, in dem echte Beziehungen nicht inbegriffen sind, als Erwachsene immer noch Zeit zu lernen, unsere Gefühle zuzulassen und zu anderen Beziehungen zu knüpfen. Dieser Prozeß wird mit zunehmendem Alter schwieriger, doch mit entsprechender Hilfe können wir die Gefühle finden und einsetzen, die für den Aufbau von Beziehungen wichtig sind.

Viele Kinder sind einsam. Viele Eltern glauben irrtümlicherweise, daß sie ihr Kind oder ihre Kinder nur mit anderen Kindern zusammenbringen müßten und sich dann enge Beziehungen automatisch ergeben würden. Das ist nicht der Fall, selbst bei sehr kleinen Kindern nicht. Einsame Kinder werden selbst in einer Gruppe Gleichaltriger einsam sein, wenn sie nicht lernen konnten, wie man emotional Kontakt zu anderen Menschen findet. Als erstes sorgen abgeschieden lebende und ungesellige Eltern nicht für eine Umgebung, in der ein Kind gesellig zu sein lernt. Aber Kinder übernehmen unbewußt auch die Verhaltensweisen ihrer Eltern, deren Emotionen und Probleme, wie ich bereits mehrmals erwähnt habe. Einsame Eltern haben einsame Kinder. Und Kinder können jederzeit vereinsamen, von der Geburt bis zur Pubertät. Einsame Kinder werden einsame Erwachsene sein.

Einzelkinder sind häufig einsam, vor allem wenn ihre Eltern keine Zeit haben, sich ausreichend um sie zu kümmern. »Ich verbrachte meine Kindheit allein, kickte mit einem Ball im Hinterhof herum«, erzählte mir einer meiner Patienten, ein Einzelkind, ... ein trostloses Bild! Aber selbst Kinder in Großfamilien können isoliert und allein sein. Um mit anderen eine Beziehung aufbauen zu können, unsere potentielle Fähigkeit, zu anderen in Beziehung zu treten, nutzen zu können, muß ein Kind an sich selbst glauben können – muß es glauben, daß es ein wertvolles Wesen ist, das die Mitmenschen akzeptieren – sogar mögen oder lieben werden.

Ein Kind, das sich wertlos und nicht liebenswert fühlt, wird Schwierigkeiten haben, von anderen Kindern oder anderen Erwachsenen akzeptiert zu werden, und dies vermutlich nicht einmal versuchen. Kinder, die am Rand des Spielplatzes herumhängen, sich während der Pausen in den Ecken des Schulhofes verstecken und hoffen, daß niemand bemerkt, wie ausgeschlossen sie sind, Kinder, denen gegenüber sich andere Kinder feindselig verhalten, sind von den Eltern zurückgewiesene Kinder. Ihre Einsamkeit wird sie ihr Leben lang verfolgen, wenn ihnen nicht geholfen wird. Viele solcher Kinder und Erwachsener können nur zu Tieren Beziehungen aufbauen, die keine Forderungen stellen, keine Kritik äußern und ihre Liebe vorbehaltlos verschenken. Ein Kind, das von den Eltern und anderen emotionale und physische Grausamkeiten erfahren hat, wird vor engen Beziehungen Angst haben und vor der Möglichkeit weiterer Angriffe und Leiden zurückschrecken. Solche Kinder und Erwachsene finden im physischen Alleinsein Sicherheit und Trost. Aber das Alleinsein, das den Geist besänftigt, macht das Herz traurig. In der Fähigkeit zu lieben beeinträchtigt zu sein ist eine der größten Benachteiligungen, die einem Menschen widerfahren können.

Die Fähigkeit zu lieben, der Prozeß des Liebens sind in gewisser Weise lohnenswerter als der Zustand des Geliebtwerdens. Aber Kinder, die abgelehnt wurden, haben in der Regel zu Anfang den Elternteil intensiv geliebt, der sie unerbittlich dazu brachte, ihre Liebe zurückzuziehen, sich zu isolieren, in Scham alleine zu leben. Ein Beispiel:

Marisa wurde von ihrer Mutter gehaßt. Diese fand Freude daran, das Kind zu quälen, sie genoß es, sie lächerlich zu machen, sie lachte, wenn Marisa hinfiel und sich verletzte, sie hänselte, verspottete und kritisierte sie dauernd (nachdem sie von ihrer eigenen Mutter die gleiche Behandlung erfahren hatte). Sie zwang Marisa kalorienreiche Kost zu schlucken, die Marisa dick werden ließ, und dann mokierte sie sich darüber, daß das Kind ekelhaft sei. Sie steckte Marisa in lächerliche, häßliche Kleider, und sie machte deutlich, wie sehr sie alles an dem kleinen Mädchen verabscheute. Marisa begriff vollkommen, wie schrecklich und widerlich ein Wesen wie sie, das Kind, sein mußte. Marisa verbrachte ihre Kindheit im Schatten, drückte sich herum und versuchte, jedermann aus dem Weg zu gehen, der Hund der Familie war ihr einziger Freund.

Als sie eingeschult wurde, schlich sie weiterhin herum und duckte sich, krümmte sich ein in dem Bemühen, sich unsichtbar zu machen, gar nicht zu existieren ... Infolgedessen zog sie die Feindseligkeit der anderen Kinder auf sich, die sie auf grausame Weise verabscheuten, genau wie es ihre Mutter tat. Und sie erregte auch die Feindseligkeit gewisser sadistischer Lehrerinnen, die ihr das Leben zur Hölle machten. Sie ging mit abgewandtem Gesucht und niedergeschlagenen Augen durch die Kindheit. Sie war ausnehmend hübsch und sehr intelligent, hielt sich jedoch selbst für ein Monster und für einen Dummkopf. Als sie älter wurde, entwickelte sie die Fähigkeit, Selbstvertrauen vorzutäuschen. Sie schloß einige Freundschaften, und ein paar

Jungen begannen, sich für sie zu interessieren. Doch wenn die Leute ihr nahe kamen, schreckte sie zurück. Sie lächelte, sie heuchelte, doch in ihrem Inneren lag eine Festung, in der ihre Emotionen gefangen waren. Sie gab sich den Anschein, Beziehungen zu anderen Menschen zu knüpfen, so als sei sie zu Gefühlserlebnissen fähig, doch in Wahrheit war sie so isoliert, als lebe sie auf einer einsamen Insel. Und so blieb sie allein und ergriff vor emotionalen Kontakten zu anderen Menschen die Flucht.

Derartige Kindheitserfahrungen, vielleicht nicht so kraß und elend wie im Fall von Marisa, sind bei so manchen einsamen Menschen gegeben, die an den Rand der westlichen Gesellschaft driften. Wir dulden nur wenige Außenseiter. Der in der Kindheit Ausgestoßene kann zu dem Ausgestoßenen werden, der auf den Straßen der Städte lebt, auf Parkbänken und unter Brücken schläft – oder der mit einem Rucksack und einem hungrigen müden Hund durchs Land zieht, der alleine lebt und aus einem stillen Apartment in eine dunkle Welt starrt, zum ewigen Studenten, zum ewigen Single wird oder der, obwohl strebsam, erfolgreich und sogar eine blendende Erscheinung, keinen echten Kontakt zu seinen Mitmenschen findet und plötzlich in totaler Einsamkeit Selbstmord begeht. Der in der Kindheit Ausgestoßene ist der Mann, der alleine am Ende des Tales lebt, zu dem keine Straße hinführt, die Frau, die nach der Arbeit in ein möbliertes Zimmer zurückkehrt und das Abendessen für eine Person auf einer Kochplatte zubereitet, wo keine andere Stimme zu hören ist, das Telefon nicht klingelt und der Briefträger keine Briefe vorbeibringt.

Es gibt noch andere Gründe für Einsamkeit während der Kindheit. Kinder mögen es nicht, wenn sie sich von anderen Kindern unterscheiden. Exzentrische Eltern, die ihre Kinder in auffallend bizarre Kleider stecken, so schön sie auch sein mögen, schaffen die Voraussetzungen dafür, daß die Kinder es mit Gleichaltrigen schwer haben. Exzentrische Kinder werden nicht leichter akzeptiert als behinderte in einer Klasse »normaler« Kinder oder als schwarze in einer Klasse weißer Kinder. Sich von der Masse zu unterscheiden hat Bestrafung und Einsamkeit zur Folge, zumindest in der Kindheit.

Ferner gibt es Eltern, die keine echte Beziehung zu ihren Kindern aufbauen, wie sehr sie sich auch bemühen und wie sehr sie es vielleicht auch wünschen. Emotional »ausgelaugte« Eltern können keine echten Gefühle vermitteln an ihre Kinder, die diesen grundsätzlichen Mangel bei ihren Eltern spüren und dementsprechend reagieren. Die Emotionen des Kindes werden weggesperrt, genau wie die der Eltern.

Es gibt Eltern, die über lange Zeit abwesend sind und ihr Kind in der Obhut einer gleichgültigen Kinderfrau oder eines Au-pair-Mädchens lassen, und so freudig die Eltern auch zurückkehren, mit aufregenden Geschenken und netten Mitbringseln, so kann all dies doch die Einsamkeit des Kindes während ihrer Abwesenheit nicht kompensieren. Auch kann ein kleines Kätzchen oder ein junger Hund die Beziehung zu einem anderen Menschen nicht ersetzen. Und Kinder können selbst im Beisein der Eltern einsam sein, wenn diese fortwährend mit anderem beschäftigt sind und das Kind emotional »ausschließen«. Hier ein Beispiel:

John war ein Einzelkind. Seine Mutter war Schriftstellerin und arbeitete zu Hause. Sei meinte, ihre pure Anwesenheit reiche aus, das Kind vor Einsamkeit zu bewahren. Sie irrte sich. Wähend sie in ihrem Zimmer schrieb, krabbelte der kleine John still auf dem Flur vor ihrem Zimmer herum und reagierte nicht auf die Versuche seiner älteren Kinderfrau, ihn mitzunehmen und im Garten oder im Kindergarten spielen zu lassen.

Als er etwas größer wurde, bat und flehte er um die Erlaubnis, im Zimmer seiner Mutter sitzen zu dürfen, während sie schrieb. Dies wurde ihm schließlich unter der Bedingung gestattet, daß er sich vollkommen still verhielt und sie in keiner Weise störte. So saß er an der Wand hinter ihr in ihrem Zimmer. Er rührte sich kaum, er wagte kaum zu atmen. Er beobachtete den ablehnenden, ausschließenden Rücken seiner Mutter, während sie, völlig konzentriert und ohne jeden Gedanken an ihr Kind, an ihrem Buch arbeitete. Niemand hätte sich einsamer, ausgeschlossener fühlen können als dieses Kind. Der Junge brachte Stunden damit zu, zuzusehen und auf den Moment zu warten, in dem sie den Stift niederlegte, sich umdrehte, langsam aus ihrer eigenen Welt auftauchte und sich der Existenz ihres Sohnes bewußt wurde. In diesem Augenblick rannte sie häufig in die Küche und schob ihn beiseite.

Johns Vater war ein wesentlich älterer Mann, der bereits einmal verheiratet gewesen war, aus dieser Ehe beinahe erwachsene Kinder hatte und nun nur wenig Zeit und Geduld für den kleinen Jungen aufbrachte. Jedenfalls war er häufig nicht zu Hause und konnte somit John auch nicht helfen, sich akzeptiert und akzeptabel zu fühlen. John wuchs als völlig alleingelassener Mensch auf und hatte bewußt das Gefühl, er habe kein Recht auf emotionale Nähe zu einem anderen Menschen, und er glaubte unbewußt, seine Rolle im Leben bestünde darin, ausgeschlossen zu sein. Dennoch verhielten sich seine Eltern ihm gegenüber nicht feindselig. Sie hatten nur einfach keine Zeit für ihn. So entwickelte sich bei ihm das unbewußte Muster, daß andere Menschen für ihn keine Zeit hätten. Doch entgegen etwaiger

Erwartungen, daß John als Schafzüchter im australischen Busch enden würde, wuchs John mit der bewußten Absicht auf, zu heiraten und viele Kinder zu haben. Er führte diesen Plan durch, zweimal. Jedesmal beschwerte sich seine Frau, sie habe das Gefühl, sie lebe mit einem netten und freundlichen Automaten, einem sanften Eisberg, einem höflichen und empfindsamen Roboter zusammen. Jedesmal heiratete er eine gefühlsstarke Frau, die ihre Gefühle ziemlich dramatisch auslebte – »für« ihn auf eine Art und Weise, wie ich sie an anderer Stelle bereits beschrieben habe. Infolge der endlosen Klagen darüber, daß er verschlossen sei und unfähig, zu reagieren und zu interagieren, wurde er impotent, und beide Ehen endeten in der Katastrophe. So kehrte John jedesmal wieder zum Ausgeschlossensein und in die Einsamkeit zurück.

Wenn ein Mensch nicht über Gefühle verfügt, wird das Kontaktschließen und -halten mit anderen Personen eine anstrengende und ermüdende Angelegenheit. Es kommt der Eindruck auf, daß von seiten der anderen Forderungen gestellt werden, die sich nicht erfüllen lassen. Menschen, deren Gefühle der Liebe und des Hasses zum Schweigen gebracht wurden (oder nur noch piepsen und nicht mehr brüllen), empfinden das gesellschaftliche Leben als anstrengend. Eine Dinnerparty ist nicht mehr eine Form amüsanter und schöner Unterhaltung, sondern wird zum Durchhaltetest. Menschen mit diesem Problem empfinden das Alleinsein höchst befriedigend.

Ein derartiger Patient, der in einem abgelegenen Winkel auf dem Lande lebte, erzählte mir, er habe Phantasien, all seine Nachbarn wären weg, krank oder tot – wodurch er die gesellschaftlichen Ansprüche reduzierte oder beseitigte, die diese an ihn hätten stellen können. Doch wie bereits gesagt, während das Alleinsein für manche wundervoll entspannend ist, ist das Leben in völliger Einsamkeit ein austrocknender Zustand, so sehr man Naturschönheiten und Tiere auch genießen mag.

Die Psychotherapie hilft den Menschen dabei, die in Beziehungen notwendigen Emotionen zu erfahren. Viele alleinlebende Menschen lehnen die Vorstellung und den Prozeß einer Psychotherapie unbewußt ab, weil sie nicht zu einem Zustand zurückkehren wollen, in dem sie grausam verletzt werden könnten. Aber während Kinder von zügellosen Eltern und anderen auf katastrophale Weise verletzt werden können, so ist dies bei Erwachsenen weitaus weniger der Fall. Im Erwachsenenalter können wir über Beleidigungen lachen – oder heftig zurückschlagen. Die emotionale Belohnung in Beziehungen ist riesig, der Schmerz der Einsamkeit immens. Mut ist nötig – und die meisten von uns besitzen den Mut, Emotionen zu spüren. Mut heißt auch, Alleinsein und Einsamkeit zu behandeln, als seien sie Symptome einer Krankheit. Viele Menschen bemühen sich, die Einsamkeit zu bekämpfen – und viele andere geben auf. Das Erleben von Gefühlen ist für die meisten besser als der einsame Spaziergang auf den nächtlichen Straßen, das Starren in Schaufenster, ist besser, als sonntags alleine Museen zu besuchen oder ins Kino zu gehen, und besser, als das fürchterliche Gefühl, in der Menge isoliert zu sein, Weihnachten allein hinter heruntergelassenen Rolläden und geschlossenen Fenstern zu verbringen, damit andere nicht erfahren, daß man alleine ist ...

Zu Beginn des Kapitels sagte ich, daß es auf der Welt mehr als genug Menschen gibt. Die Einsamen sind diejenigen, zu deren Kindheitsmustern der Aufbau und das Weiterführen von Beziehungen nicht gehörte. Es ist nie zu spät zu lernen, wie man für – und von – andere(n) Menschen Gefühle spürt. Die Mädchen und Frauen, die am Rand der Tanzfläche sitzen, den anderen zusehen und darum beten, daß irgendwer kommt und sie zum Tanz auffordert – oder die Männer, die darum beten, daß die Mädchen, die sie gerne auffordern würden, nicht »nein« sagen – sie alle müssen solche Torturen nicht durchstehen. Es gibt genug Partner. Jeder kann tanzen.

Abhängigkeit von Alkohol und anderen Drogen

So wie viele Eltern ihren Kindern das Leben schwer gemacht haben, so sind auch viele Kinder dahintergekommen, wie man den Eltern das Leben schwermachen kann. Das Spiel heißt Selbstzerstörung. Und auch die Eltern können dieselben selbstzerstörerischen Taktiken einsetzen, um die Aufmerksamkeit auf ihre eigene Verletztheit zu lenken. Anderen Menschen zuzusehen, wie sie leiden, zu wissen, daß sie leiden, weil man sie vernachlässigt oder nicht genug Verständnis für sie aufbringt, ist für die meisten Menschen schlimm. Schuldgefühle und Selbsterforschung setzen ein. Die Mehrzahl der Eltern ist sich des Leids, das sie ihren Kindern vielleicht angetan haben, nicht bewußt. Aber auch die meisten verletzten Kinder sind sich der Ursachen ihres selbstzerstörerischen Verhaltens nicht bewußt. Der Vorwurf an ihre Eltern ist ein stiller Schrei – ein Schrei, der aus dem Unbewußten kommt. Aber der Schrei soll gehört werden. Aufmerksamkeit für den Schmerz und die Wunden wird gefordert.

Kinder setzen alle Waffen ein, die sie haben. Unter den vielen Waffen, die unsere Gesellschaft bietet, rangieren Drogen sehr weit oben, Alkohol, Haschisch, Kokain, Heroin, Nikotin ... »Schau, was du mir angetan hast! Daran bist du schuld.« Der stille Schrei wird ausgesandt.

Das ist ein rein menschlicher Schrei. Die geistige Verfassung, die er verrät, diese verzweifelnde, wütende, strafende »Schneid-mir-doch-die-Nase-ab-und-spuck-mir-ins-Gesicht«-Haltung gibt es bei anderen Lebewesen nicht. Alle anderen Lebewesen neigen anscheinend stärker dazu, die Lage zu akzeptieren, wie sie ist, werden von ihren Instinkten veranlaßt, das beste aus einer Sache zu machen und selbst unter schlimmsten Bedingungen ums Überleben zu kämpfen.

Der menschliche Begriff dafür lautet: »Unrecht« tun – Eltern dem Kind – und auch das Kind den Eltern. Und wieder könnte man sagen, daß der Mangel an instinktgeleitetem Verhalten zu selbstzerstörerischen Reaktionen der Menschen, zu dem Gefühl, daß ihm »Unrecht« geschieht: »Sieh, was du mir angetan hast. Daran bist allein du schuld!« beinhaltet zwei Begriffe, den des Sadismus und den des Masochismus.

Sadismus und Masochismus sind Aspekte der Aggression, zwei Seiten desselben aggressiven Impulses. »Sadismus« ist ein Begriff, der auf direkte Aggression angewandt wird. »Masochismus« ist ein Begriff, der die Tendenz mit einschließt, daß jemand sein eigenes Leid selbst arrangiert. Aber, darauf habe ich bereits hingewiesen, das Leiden eines Menschen löst bei anderen Pein und Unbehagen aus, die das Leid mitansehen und dafür verantwortlich sind. Folglich ist Masochismus eine indirekte Art, aggressiv zu sein.

Die Begriffe Sadismus und Masochismus wurden ursprünglich dazu verwendet, Aspekte des Sexualverhaltens zu beschreiben, und beide Wörter leiten sich von den Schriften zweier Autoren ab. »Sadismus« leitet sich zweifelsohne vom Marquis de Sade (1740-1814) her, der Romane über Menschen schrieb, die sexuelle Befreiung daraus zogen, anderen Schmerz zuzufügen. Sacher

Moser (1835-1895) schrieb über sexuellen Genuß, den jemand infolge des Schmerzes, der ihm oder ihr zugefügt wird, empfindet.

So entstanden die beiden Begriffe Sadismus und Masochismus. Heutzutage werden sie nicht in diesem engen Sinne benutzt und haben ihren Bezug zur Sexualität fast verloren. Mit »Masochist« wird häufig ein Mensch beschrieben, der es mehr oder weniger darauf anlegt zu leiden, dem offenbar sehr daran liegt zu leiden und der darauf zu bestehen scheint. Mit »Sadist« wird ein Mensch charakterisiert, der an anderen gerne Grausamkeiten verübt. Und beides wird oft miteinander verbunden. Beim »Sadomasochismus« fügt eine Person anderen Leid zu, weil vielleicht ihr selbst Leid zugefügt wird.

Es ist nicht zu bestreiten, daß die meisten – überwiegend ohne eigene Schuld – zutiefst betroffen sind, wenn sie erfahren, daß ein Kind, oder ein Elternteil, leidet. Masochismus ist eine Waffe, die häufig ohne bewußte Kenntnis der damit verbundenen Aggression eingesetzt wird. Dafür ein auf unterer Ebene angesiedeltes Beispiel: »Schau uns doch an, arme einsame alte Eltern, die wir sind! Du solltest zu Hause bleiben und dich um uns kümmern, statt mit deinen ach so klugen Freunden herumzuhängen und nie auch nur einen Gedanken an deinen Vater und deine Mutter zu verschwenden!« – so der unausgesprochene, aber ausgesandte Vorwurf.

Oder: »Hier sitze ich und bin an meinem Geburtstag ganz allein, einsam und traurig. Und wo steckst du? Nach allem, was ich für dich getan habe! Was würde dein armer Vater dazu sagen! Aber du bist nicht einmal dazu zu bewegen, aus dem Ausland zurückzukommen, um mir die Hoffnung zu geben, daß das Leben noch lebenswert ist! Dein Buch könnte bestimmt warten!«

Auch dies wurde vermutlich nicht deutlich ausgesprochen, sondern auf geheimnisvolle Weise ausgestrahlt.

Und: »Nein, nein! Der alte Mantel tut's noch! Der Wunsch, daß du deine hart verdienten Sechzigtausend im Jahr für deine alte Mutter ausgibst, liegt mir fern. Du gehst und kaufst dir noch ein Paar Ohrringe (einen Ferrari, ein Kameraobjektiv ... etc., etc.).«

Der Masochismus in der eben beschriebenen Form kann genauso aggressiv sein wie der nackte Sadismus, aber die Aggression erfolgt auf eine Weise, die beim Aggressor kein Gefühl der Schuld aufkommen läßt, sondern vielmehr das der Tugendhaftigkeit. »Meine Bedürfnisse sind gering. Ich bin anspruchslos, bereit, von Brot und Wasser zu leben und in diesen alten Fetzen herumzulaufen ...«

Noch ein Beispiel: »Geh nur und amüsiere dich, kümmere dich nicht um mich. Ich bin nur eine alte Frau. Für mich interessiert sich niemand mehr. Ich setze mich hierher und schäle Kartoffeln. Das schaffe ich schon, irgendwo im Haus gibt es bestimmt einen kleinen Heizlüfter, der meine Füße warmhält – oder vielleicht eine Decke. Irgendein altes Ding tut es schon, und ich finde auch irgend etwas zu essen, mach dir keine Sorgen – ein belegtes Brot oder so. Viel Spaß! Ich will wissen, was du zu Abend gegessen hast und wie das Spiel war, wenn du mich bei deiner Heimkehr hier sitzen findest – aber vielleicht gehe ich auch zu Bett, wenn es mir zu kalt wird ...«

Hier liegt der unausgesprochene Vorwurf zugrunde: »Wie kannst du nur so herzlos sein und mich hier in diesem kalten und schrecklichen Haus ganz alleine lassen (in meinem Alter und mit dem Rheumatismus, der mich plagt), während du ausgehst und dir einen schönen Abend machst! Dich werde ich's lehren. Wage es nicht, dich zu amüsieren! Ich hoffe, du hast ein paar scheußliche Stunden und bereust dein schändliches Verhalten!«

Da die ausgesprochenen Worte und die Haltung aber unschuldig, unterwürfig und altruistisch sind, kann das Kind seiner Mutter nicht Aggression und Eifersucht vorwerfen. Auf einer ernsteren Ebene kann die Haltung »Sieh, was du mir angetan hast!« oder »Sieh, was du mir antust!« ein extrem selbstzerstörerisches Verhalten in großem Umfang zur Folge haben. Das Bedürfnis (unbewußt motiviert) zu zeigen, daß man verletzt ist, ist beispielsweise eine der vielfältigen Ursachen für Alkoholismus und die weitverbreitete Abhängigkeit von anderen Drogen. Die meisten Drogenabhängigen beginnen mit kleinen Mengen einer bestimmten Droge, steigern allmählich die Dosis und sind am Ende psychisch wie physisch von der Droge abhängig.

Beim Alkohol scheint auch ein physischer Faktor in der Veranlagung des Abhängigen eine Rolle zu spielen, der die Abhängigkeit fördert. Alkoholismus geht in Familien um. Der physische Faktor könnte erblich sein. Es besteht aber immer auch die Möglichkeit, daß die Kinder von Alkoholikern sich unbewußt mit ihren Eltern identifizieren und das Verhaltensmuster des Trinkens nachahmen.

Alkohol in kleinen Mengen ist eine wunderbare Droge, weil er anregend und beruhigend wirkt. Leute, die mäßig trinken, können sich entspannt und gleichzeitig in Hochstimmung fühlen. Gram und Ängste werden gedämpft und Probleme vergessen. Aber wenn Alkohol zu einem bestimmten Zweck kontinuierlich konsumiert wird, um zu beruhigen, zu entspannen oder Trauer zu mildern, entsteht die Gefahr der Abhängigkeit.

Alkohol enthemmt, man fühlt sich frei von Sorgen und Verantwortung – und benimmt sich unverantwortlich und häufig gefährlich. Die – manchmal unangenehme – Wahrheit hat die Tendenz, unter seinem Einfluß an die Oberfläche zu kommen. Alkoholiker sind oft höchst aggressiv, reizbar, schlecht gelaunt und unvernünftig. Die Familien von Alkoholikern leiden schrecklich. Doch erstaunlicherweise fördern die Partner vieler echter oder potentieller Alkoholiker das Trinken noch, indem sie den Betreffenden zu überreden versuchen, »noch einen zu heben«, ihm ständig aus der Flasche nachschenken und anbieten, was für den Alkoholiker praktisch Gift ist. Alkohol ist, wenn er auf Dauer in großen Mengen konsumiert wird, ein tödliches Gift, das Nervensystem und Leber unter grauenhaften Schmerzen zerstört.

Manchmal übernimmt der Alkoholiker das Trinken für andere Familienmitglieder, er ist das »schwarze Schaf« der Familie, wie ich an anderer Stelle beschrieben habe, oder er benimmt sich für andere auf eine wilde ungehemmte Weise, wie es andere Familienmitglieder gerne tun würden, aber nicht wagen. Hier ein nicht untypisches Beispiel für die Art und Weise:

Tamara war die Tochter von zwei Alkoholikern. Beide Eltern tranken übermäßig. Ihre Mutter war von beiden die grausamere und behandelte die Kinder schlecht, wenn sie betrunken war, was oft vorkam. Tamara und ihre beiden Brüder durchlebten eine erbarmungswürdige Kindheit: Mit neunzehn heiratete sie Hamish, einen charmanten, unehrlichen, verzogenen, amüsanten und sehr destruktiven Mann. Tamara war unterwürfig, niedergeschmettert und daran gewöhnt zu leiden.

Sie hatte keine klare Vorstellung, was sie hinsichtlich Loyalität und Freundlichkeit von ihrem Ehemann erwarten konnte oder sollte und worin ihre »Rechte« als menschliches Wesen bestehen könnten. Hamish machte sich, vielleicht nicht ganz bewußt, ihre verteidigungslose, anspruchslose, klaglose Haltung zunutze, fing bald nach der Eheschließung Affären mit anderen Frauen an und gab das meiste Geld in Nachtclubs aus – er spielte und machte sich eine »schöne Zeit« auf eine Art, die Tamara nicht mit einschloß. Aber weil er sich irgendwo im tiefsten Inneren »schlecht« fühlte, kam er nicht ganz damit zurecht, wie er seine Frau behandelte. Er mußte sie unbewußt »schlecht« und sich zum heiligen Märtyrer machen. Er sagte, wenn er um neun, zehn oder elf Uhr abends aus dem Büro kam und sie das Abendessen für acht Uhr vorbereitet und ihn um diese Uhrzeit erwartet hatte: »Warum setzt du dich nicht einfach hin und entspannst dich, anstatt dich aufzuregen? Schenk dir einen starken Gin-Tonic ein und stell den Fernseher an.« Das machte Tamara dann. Das war sicherlich die angenehmere Art, auf Hamish zu warten. Aus einem starken Gin wurden zwei oder drei. Wenn Hamish schließlich auftauchte, brachte er Champagner und Wein mit. Den bot er Tamara an. Ihr kam die betäubende Wirkung der Rauschmittel nur recht. Sie begann mitten am Tag und in Abständen den Nachmittag hindurch zu trinken.

Nun kam Hamish zu einer völlig betrunkenen, unangenehmen, unordentlichen Frau, in einen unaufgeräumten vernachlässigten Haushalt und zu einem weinenden Baby heim – denn ungefähr zu dieser Zeit hatten sie ihr erstes Kind, eine Tochter. Das Essen war nicht fertig. Und Tamara, die früher so unterwürfig und sanft gewesen war, begann, ihn anzuschreien. Hamish, der Held, übernahm die Verantwortung. Er drückte Tamara ein weiteres großes Glas Alkohol in die Hand. Er fütterte und badete seine Tochter und brachte sie ins Bett. Er kochte. Kurzgerichte wurden seine Spezialität. Er war ein Heiliger, der fürchterlich unter seiner dem Alkohol verfallenen Frau litt.

All ihre Freunde wußten davon, denn Hamish erzählte ihnen, daß Tamara Alkoholikerin sei und daß er, Hamisch, sich um den Haushalt, das Kind und seine Frau kümmern »mußte«, wenn er aus dem Büro heimkam. Er kehrte häufig erst sehr spät am Abend heim, machte fast genauso weiter wie früher, traf Freundinnen und hatte Affären (hinter die Tamara weiterhin kommen durfte, weil er Briefe herumliegen ließ, Lippenstift auf seinen Hemden und andere offensichtliche Zeichen für seinen Treuebruch nicht verbarg).

Daran kann man sehen, daß manchmal zwei Menschen nötig sind, um Alkoholismus entstehen und fortdauern zu lassen – einerseits eine Person mit den ererbten Merkmalen, die eine Abhängigkeit fördern, und andererseits eine Person, die Ängste und Schmerz auslöst und auch für die ständige Versorgung mit der Droge sorgt.

In gewissem Sinne zum Glück bekam Tamara eine akute Blinddarmentzündung, wurde zur Operation ins Krankenhaus eingeliefert und traf dort einen Arzt, der sie dazu überredete, den Alkohol aufzugeben. Sie wurde auf eine Spezialstation verlegt, wo sie von ihrer Abhängigkeit freikam, doch sie hatte noch einen langen Kampf zu bestehen, bevor sie sich vollständig von ihrem Verlangen nach Alkohol befreit hatte. Die Besuche bei den Anonymen Alkoholikern, zu denen sie noch heute hingeht, haben ihr enorm geholfen. Im Laufe der Zeit trennte sie sich von Hamish und ließ sich schließlich scheiden. Bis zu dem Tag, an dem sie ihn endgültig verließ, hörte er nicht auf, ihr Gläser voll Gin einzuschenken und sie ihr mit den Worten anzubieten: »Ach, Tamara, stell dich nicht so an! Ein Glas macht doch nichts. Du machst mir keinen Spaß, wenn du nicht einen Schuß intus hast!«

Interessanterweise setzen viele Leute, zum Beispiel auf Partys, alles daran, Nichttrinker dazu zu überreden, doch etwas Alkohol zu sich zu nehmen. Sie fühlen sich irritiert und vermutlich schuldig, wenn sie trinken und sich andere ihnen nicht anschließen. Oder gibt es noch einen anderen Grund dafür, daß sich Trinker in Gegenwart von Abstinenzlern unwohl fühlen? Die Enthemmung, die der Alkohol bewirkt, vermittelt Trinkern den Eindruck, daß jedes nüchterne Auge sie kalt und kritisch abschätzt.

»Nur einen Drink!« – »Nur einen Schluck!« – »Los, mach mit!«

Alkoholiker, die dem Alkohol völlig abgeschworen haben, müssen sich manchmal dem dauernden Drängen und Bitten von »Freunden« erwehren. Eine Psychotherapie allein reicht bei der Behandlung von Abhängigen nicht aus. Die zugrundeliegende unbewußte oder bewußte Ursache für das übermäßige Trinken ist unwichtig. Zuallererst muß der Abhängige seine Abhängigkeit damit bekämpfen, daß er die Droge vollkommen aufgibt. Die Anfangsstadien der Drogenentwöhnung sind äußerst schwierig. Fürchterliche Symptome treten auf. Stark abhängige Patienten, die mit dem Alkoholkonsum aufhören, können unter Halluzinationen, dem Delirium tremens, leiden.

Ist die körperliche Entwöhnung von einer Droge einmal erreicht, kommt der Psychotherapie bei der »Heilung« eine entscheidende Rolle zu. Viele depressive Patienten trinken in dem Glauben übermäßig, daß sie sich mit Alkohol im Blut besser fühlen. Aber Alkohol betäubt zwar vorübergehend, wirkt jedoch in der Mehrzahl der Fälle auch sedativ. Am Tag nach einem kräftigen Rausch – oder auch nur einer kleinen Menge konsumierten Alkohols – verstärkt sich die Depression. Menschen, die unter depressiven Erkrankungen leiden und an Selbstmord denken, neigen dazu, sich unter dem Einfluß von Alkohol das Leben zu nehmen. Die Kombination aus der sedativen und der enthemmenden Wirkung verleitet Selbstmordgefährdete dazu, die Tat auszuführen.

Die Abhängigkeit von anderen Drogen entstammt häufig der unbewußten Motivation »Sieh, was du mir angetan hast«. Junge Leute nehmen, vor allem während der Pubertät und in den sich anschließenden Jahren, aus den unterschiedlichsten Gründen Haschisch, Kokain und manchmal Heroin. Ein Grund für diesen stillen Hilfeschrei ist der, daß das Kind mißhandelt, vernachlässigt oder sexuell mißbraucht wurde.

Die masochistische Reaktion auf Mißhandlung, die Bestrafung anderer durch das eigene Leiden, ist eine der irrationalsten und idiotischsten aller möglichen Reaktionen. Alkohol- und Drogenabhängige leiden zumeist wesentlich mehr als die Eltern, die sie damit unbewußt bestrafen wollen. Genau diese Tatsache wollen Psychotherapeuten verdeutlichen, wenn sie Abhängige von der Sinnlosigkeit einer Selbstzerstörung als Antwort auf Verletzungen und Mißhandlungen zu überzeugen versuchen. Doch manchen erscheint die Selbstauslöschung anscheinend recht attraktiv. Mysteriöserweise können wir uns zur Auflösung hingezogen fühlen; wir spüren fast körperlich, wie uns eine Geisterhand, wie die der Lorelei, auf den Weg zum Tod lockt.

Ich habe Patienten gehabt, die sehr selbstzerstörerisch waren und die ich von ihrer erbarmungslosen Neigung wegzubringen versuchte, die aber immer wieder, wie Zivilisten in die Feuerlinie, zu ihrem masochistischen Verhalten zurückkehrten. Wieder und wieder habe ich ihre verletzten und verwirrten Gesichter nach einem weiteren Zusammentreffen mit der Katastrophe gesehen. Hier traten die Verletzungen und die Verwirrung auf bewußter Ebene auf, aber auch unbewußt eine Art Befriedigung darüber, daß sie ein weiteres Mal einen Schaden demonstriert hatten, den man ihnen als Kinder zufügte.

Auf bewußter Ebene wird das so rationalisiert: »Das passiert mir nicht!« oder »An irgend etwas müssen wir schließlich sterben!« Unbewußt werden starke Trinker und Raucher von einer tragischen Rachsucht getrieben; mit dem Sterben schreien sie, »Sieh, was du mir angetan hast!«

Manche meinen, ihnen ginge es unter dem Einfluß von Drogen psychisch und physisch besser. Alkohol, mit seiner sedativen Wirkung, nimmt die Spannung und scheint Energie freizusetzen. Kokain versetzt in Erregung. Einige mir bekannte Kokainabhängige glaubten, sie würden unter dem Einfluß der Droge härtere und schärfere Entscheidungen treffen. Das ist eine Illusion. Die Wahrnehmung, wie angenehm, verändert und brillant doch das Denken und Fühlen bei der Einnahme von Kokain sei, ist vollkommen irreführend. Tests haben erwiesen, daß es statt zu einem besseren Funktionieren in Wirklichkeit zu einer merklichen Beeinträchtigung des Intellekts kommt und das Urteilsvermögen getrübt ist. Wir meinen, wir wären gewitzt, scharfsinnig, entschieden und clever. Wir sind es nicht. Eher das Gegenteil. Wir sind nach dem Konsum von Kokain albern und närrisch.

»Sieh, was du mir angetan hast! Das ist allein deine Schuld!« – diese Haltung ist nur ein Grund für die Einnahme von Drogen, allerdings ein weit verbreiteter. Andererseits wollen junge Leute auch beweisen, wie unabhängig, mutig, anders, rebellisch, abenteuerlustig sie sind, und manchmal wählen sie dafür das Rauchen, Trinken oder Konsumieren von anderen Drogen. Aber meiner Erfahrung nach haben gut versorgte Kinder, die unterstützt und geliebt werden und ganz allgemein emotional privilegiert sind, nicht das Bedürfnis, sich der »Drogenkultur« anzuschließen.

Warum wollen Menschen überhaupt die Wirkung von Drogen erleben und genießen? Schon seit ewiger Zeit werden Drogen verschiedenster Zeit von den Menschen eingenommen. Warum finden wir Genuß in dem Erlebnis der Wahrnehmungstrübung, die bis zur Funktionsstörung von Verstand und Psyche gehen kann?

Vielleicht sehnen wir uns danach, von der endlosen Aktivität des begrifflichen Denkens befreit zu sein – der rigiden Ordentlichkeit der normalen mentalen und zerebralen Aktivität. Wir versuchen vielleicht, dem Herrschaftsanspruch des Teils unseres Gehirns zu entkommen, der sich als letzter entwickelte, des Teils, der so ganz spezifisch menschlich ist.

Hoffnung

Die Hoffnung, ein Gefühl, das sich nur schwer beschreiben oder definieren läßt, ist beim Menschen eine machtvolle Triebkraft.

Die Hoffnung auf ein bestimmtes Geschehen setzt bereits in der Kindheit ein. Zum Beispiel fängt ein abgelehntes Kind vielleicht an zu hoffen, daß es eines Tages von einem Elternteil heiß geliebt wird. Wenn sich die Hoffnung nicht erfüllt, wird sie mit ins Erwachsenenleben hinübergenommen und führt zur Entstehung häufig wiederholter Verhaltens- und Gefühlsmuster – hinter dem Muster steht die Triebkraft, daß die ersehnte Erwartung doch noch Wirklichkeit wird. In der Kindheit können die Sehnsucht und Erwartung bewußt sein.

Doch im Lauf der Zeit driftet die Hoffnung ins Unbewußte ab und motiviert dort weiterhin Verhalten und Gefühle. Hoffnung kann konstruktiv sein und den Menschen helfen zu überleben. Aber die Hoffnung, die keine Chance auf Erfüllung hat, die zu »neurotischen« Verhaltensmustern führt, sie ist sehr destruktiv.

Unter bestimmten Umständen hält die Hoffnung Menschen am Leben. Kriegsgefangene, von Terroristen genommene Geiseln, Eltern hoffnungslos kranker Kinder, die Ehefrauen von Männern in Gefahr, Schiffbrüchige … ihnen hilft die Hoffnung zu überleben. Aber die Hoffnung kann auch eines der sinnlosesten und destruktivsten

Gefühle sein, wenn nicht die geringste Chance besteht, daß das Erhoffte jemals eintritt. Es ist besser, die Verluste zu vergessen und etwas anderes auszuprobieren, die Hoffnung aufzugeben, wenn keine Möglichkeit besteht, daß sie sich erfüllt. Manchmal kommen die Beziehungen von Menschen völlig zum Stillstand, weil sie darauf warten, daß ein Ereignis oder ein Zustand eintritt, die nie erreicht werden können. Zum Beispiel:

Herr M. lebte in der Hoffnung, daß seine verwitwete Mutter doch noch anfangen würde, ihn zu lieben. Als er ein Kind gewesen war, hatte sie ihn stark abgelehnt und seine ältere Schwester ihm vorgezogen. Die Mutter von Herrn M. mochte ihren Sohn nicht und betete ihre Tochter an – ein Zustand, der auch noch anhielt, als ihre Kinder erwachsen waren.

Als Kind versuchte Herr M. mit zahlreichen Strategien, die Zuwendung seiner Mutter auf sich zu ziehen, doch vergeblich. Er hatte geweint, hatte gelächelt, war krank, brillant gewesen, hatte kläglich versagt, ein Zucken im Lid seines linken Auges entwickelt, zu humpeln begonnen. Alles hatte nichts geholfen.

Die Mutter von Herrn M. bleib weiterhin hartnäckig gleichgültig. Herrn M.'s Angst und Depression wegen der Zurückweisung durch die Mutter zugunsten seiner Schwester trieben langsam aus seinem Bewußtsein ab in sein Unterbewußtsein. Unbewußt ersehnte er erwartungsvoll den Tag, an dem seine Mutter die Arme um ihn legen und ihm sagen würde, es sei alles ein Irrtum gewesen, er sei der einzige, den sie liebe, und seine Schwester zähle nicht.

Während er auf diesen Tag wartete, erledigte Herr M. weiterhin seine Arbeit, aber er sah sich nicht in der Lage, mit irgend jemand anderem eine Beziehung aufzubauen. Er kam emotional nicht zurecht. Unbewußt wurde er motiviert, Dinge zu tun, die seiner Mutter gefallen hätten, und solche zu unterlassen, die ihr Mißfallen erregen würden.

Dies bedeutete, daß er sich nicht erlauben durfte, allzu erfolgreich zu sein oder zumindest besser als seine Schwester. Aber er konnte auch nicht zulassen, daß er versagte. Durch Zufall – beinahe aus Versehen – kam er zu einem Geschäft, das über Nacht berühmt wurde. Zu seiner Freude – doch mit der Freude gingen Ängste, schlaflose Nächte und Magenverstimmung einher – fand Herr M. heraus, daß er in den Neujahrs-Ehrungen zum Ritter geschlagen werden sollte. Auf bewußter Ebene glaubte er, das würde seiner Mutter gefallen und sie würde stolz auf ihn sein. Unbewußt motivierte Schlaflosigkeit und Magengeschwüre wiesen in eine andere Richtung.

Was geschah, war leicht vorherzusehen – seine Mutter reagierte auf seinen Ritterschlag kalt und leichthin und ließ Herrn M. in ziemlich bewußter Aufregung und Verärgerung zurück. Folgendes realisierte er einfach nicht: Selbst wenn seine Mutter auf einmal ihm gegenüber sehr viel Zuneigung und Wohlgefallen gezeigt hätte, so hätte ihm das doch nicht geholfen. Während er sich auf bewußter Ebene sehr gefreut hätte, wäre er doch weiterhin bei seinen alten Gefühls- und Verhaltensmustern geblieben: »Sei nicht zu erfolgreich – aber scheitere auch nicht. Gehe jeder anderen Beziehung aus dem Weg, bis die Sache mit deiner Mutter geregelt ist.«

Der Grund hierfür ist darin zu suchen, daß Verhaltensmuster – in Reaktion auf Ereignisse und das Verhalten und die Haltung der Eltern in der Kindheit, wie an früherer Stelle beschrieben (S. 34 f.) – auch in der Kindheit angelegt werden. Sie werden in dieser besonderen Lebensperiode ausgebildet und sind dann gegen jede Art von Veränderung resistent, ganz gleichgültig, was im

Erwachsenenleben auch passiert. Wir können nicht in die Kindheit zurückgehen und die Vergangenheit in befriedigenderer Form nochmals durchleben. Die Verhaltensstruktur klebt an uns. Bestenfalls können wir, mit Hilfe der Psychotherapie, ein Verständnis dessen erzielen, was geschehen ist, und uns mit dem früheren Zustand abfinden – im Falle von Herrn N. hieße das: »Meine Mutter liebte mich nicht, ihr war meine Schwester lieber«. Dann können wir uns bewußt bemühen, eine neue Verhaltensstruktur zu entwickeln.

Herr M. brauchte seine Mutter, um klarzustellen, daß sie ihn während seiner Kindheit liebte. Sein Hoffen und Warten hätte mit dem Ende seiner Kindheit abgeschlossen werden sollen. Was nach der Kindheit folgt, kann die Vergangenheit nicht ungeschehen machen. Viele Leute leben unter dem Schatten destruktiver Hoffnung. Sie vollführen lediglich eine Art »Improvisation, bis es soweit ist«, spielen auf Zeit, bis der große Tag kommt. Aber die einzige wirkliche Rettung bestünde in einem erneuten Durchleben der Kindheit – und diesmal die Wirklichkeit des Erhofften zu erreichen: »Mutter liebt mich doch«, »Vater will mich heiraten«, »mein Bruder schätzt und respektiert mich« usw. Mit anderen Worten, es gibt keine Rettung und keinen Hoffnungsschimmer. Diese Tatsache wird im Erwachsenenleben so lange nicht erkannt, wie unbewußte Gefühle und Ereignisse nicht für eine Überprüfung zur Verfügung stehen.

Herr M. war insofern ein bißchen ungewöhnlich, als die Mehrheit der Menschen das Spiel mit der Hoffnung in einer ein- bis zweimal weiter vom Original entfernten Situation spielen – einer zweiten Verkörperung sozusagen. Sie spielen das Spiel mit Ersatzfiguren, Ehefrauen, Ehemännern oder Geliebten, die für die Originalspieler stehen. Ein Beispiel:

John verlor seine Mutter, als er noch sehr klein war. Seine ältere Schwester, ein dominierendes, eifersüchtiges und rücksichtsloses Mädchen, hatte die Leitung der Familie übernommen. Sie machte John das Leben schwer, indem sie ihn bis zu dem Tag, an dem er in ein Internat ging – und dann während der Ferien –, schikanierte und quälte.

Er flüchtete von zu Hause, sobald er konnte, und heiratete mit zweiundzwanzig Jahren Samantha. Ungefähr zur gleichen Zeit begann er seine Karriere als Schriftsteller, und um sich und Samantha zu ernähren, kaufte er mit dem Geld, das er von seiner Mutter geerbt hatte, eine Buchhandlung. In den folgenden Jahren bekamen er und Samantha zwei Kinder, einen Jungen und ein Mädchen, und hatten ein wenig mit dem Geld zu kämpfen. Samantha war eine wunderbare Ehefrau. Sie führte den Haushalt, half in der Buchhandlung, liebte John und war ihm eine Stütze und ganz allgemein ein Fels in der Brandung.

Dann ging es John allmählich besser. Langsam florierte die Buchhandlung. Einer seiner Romane war ein Erfolg und verkaufte sich sehr gut. Doch als sich ihre Situation besserte, wurde Samantha mysteriöserweise mit John reizbar und ungeduldig. Je besser es ihm erging, desto unangenehmer wurde sie. John konnte dies kaum nachvollziehen. Er versuchte, ihrer bitteren, scharfen Zunge zu entfliehen. Er hatte ein oder zwei kurze Affären mit Mädchen, die in seinem Laden Bücher kauften, aber sie bedeuteten ihm nicht viel.

Eines Tages kam Samantha hinter eine dieser Beziehungen – vielleicht hatte John genau dies unbewußt beabsichtigt. Sie wurde unerträglich. Sie wollte die sofortige Scheidung. An diesem Punkt entwickelte John ein Zwölffingerdarmgeschwür und scheiterte mit einer geschäftlichen Unternehmung. John merkte, wie er zusammenbrach.

Unerklärlicherweise wurde Samantha plötzlich sanft, stützte ihn, half ihm großartig und war freundlich. John versprach, ein lieber Junge zu sein. Sie versöhnten sich. Doch sobald es ihm wieder besser ging, sein gesundheitlicher Zustand sich besserte und sein Verleger ein neues Buch akzeptierte, wurde Samantha wieder ärgerlich und verbittert, vorwurfsvoll und kritiksüchtig. Dieser Zyklus wiederholte sich von nun an ständig.

Schließlich ging John während einer Talsohle zu einem Psychologen, der ihm eine Therapie vorschlug, der John zustimmte. Es stellte sich heraus, daß Samantha auf seinen Erfolg eifersüchtig war (dafür hatte sie eigene in ihrer Kindheit liegende Gründe). Ferner wurde John deutlich, daß Samantha für ihn seine Schwester in der Kindheit darstellte, die nur lieb zu ihm war, wenn er litt, und bösartig, wenn er Erfolg hatte.

Als er sich besser fühlte und glaubte, die Situation zu verstehen und mit ihr zurechtzukommen, beschloß John, nun sei es genug der Psychotherapie (ein Irrtum), und kehrte auf den Kampfplatz zurück. Samantha hatte sich natürlich nicht verändert. Auf die Besuche beim Psychologen hatte sie wütend und beleidigend reagiert.

Johns Geschwür machte sich erneut bemerkbar, und die Buchhandlung durchlief eine schlechte Zeit. Plötzlich wurde Samantha wieder ihr ruhiges starkes »Selbst«. »Sie ist wunderbar«, sagte John zu seinem besten Freund, »ich nehme jede Kritik an ihr zurück. Ich bin sicher, jetzt wird alles gut.« Aber natürlich setzte der Zyklus von neuem ein, als es John wieder besser ging und auch die Buchhandlung wieder besser lief.

Tatsache war, daß John sich danach gesehnt hatte, daß seine Schwester ihn akzeptierte, als er noch ein kleines

Kind war, daß er sich nach dem Tod seiner Mutter nach ihrer Liebe gesehnt hatte. In Zeiten, wenn er sehr mitleiderregend, krank oder demütig zu sein schien, fühlte sich seine Schwester durch ihn weniger bedroht und war in der Lage, ihm ihre Zuneigung zu zeigen und freundlich zu sein. Doch sobald er sich erholte, verfiel sie wieder in ihre schikanöse, terrorisierende Stimmung, da ihr Problem in der Eifersucht auf Johns Männlichkeit bestand. Sobald er »kastriert« zu sein schien, konnte sie ihn akzeptieren; doch dazu sah sie sich nicht in der Lage, wenn er sich als erfolgreicher Mann erwies. Aber John hatte in der Hoffnung gelebt, daß eines Tages alles gut würde und sie ein wundervolles Verhältnis haben würden.

Selbstverständlich trat dies nie ein, und je älter er wurde, desto mehr sanken seine Sehnsüchte ins Unbewußte ab. Er traf und heiratete Samantha. Die empfindlichen Antennen des Unbewußten hatten die Signale von ihr empfangen. Sie war die Verkörperung von Johns Schwester.

Nun meinte er unbewußt, er habe eine zweite Chance, die Sache mit Samantha, dem Symbol für seine Schwester, in Ordnung zu bringen. Die Hoffnung, er könne das schaffen, war ein brennender, mächtiger Antrieb; aber natürlich sah das Muster so aus, daß er sich an eine auf seine Männlichkeit eifersüchtige Frau »gekettet« hatte. Wie seine Schwester hatte Samantha unbewußte, in der Kindheit angesiedelte Gründe für ihr Verhalten. Samantha konnte John nur tolerieren, wenn er unfähig war. Was den erwachsenen John zum Gefangenen der Beziehung mit Samantha machte, war die Hoffnung, daß eines Tages alles gut ausgehen würde, sie ihn lieben würde, ganz gleich, wie gut es ihm ginge.

Doch immer wieder wurde ihm das Gegenteil bewiesen. Wieder und wieder erhob er sich wie ein Stehaufmännchen und verfiel erneut der Hoffnung. Die Hoffnung richtete sich in Wirklichkeit auf seine Schwester Jane. Wenn sich Samantha durch ein Wunder (oder infolge einer Psychotherapie) verändert und ihn gesund wie krank akzeptiert und geliebt hätte, wäre er unruhig geworden. Er hätte sie vermutlich verlassen, um eine andere Frau zu suchen, die das Muster erfüllte. Was er sich wünschte, war unmöglich – in der Zeit zurückzugehen, nochmals ein Kind zu sein und so eine Verständigung mit seiner Schwester zu erreichen, von ihr bemuttert zu werden, als er dies am meisten brauchte, nämlich als seine Mutter gestorben war.

Wir sehen an Johns Fall zwei Aspekte menschlicher Gefühle und Verhaltensmuster. Als erstes, das »Muster«, das Wiedererleben der Kindheitsszenerie, der Kindheitsbeziehung. Zum zweiten die Macht der Hoffnung, der sinn- und nutzlosen, nie erfüllbaren Hoffnung, die Johns Leben schädigte und zerstörte.

So lange er unbewußt die Hoffnung hegte, Samantha/Jane gefallen zu können, konnte sich John niemals erlauben, langfristig erfolgreich – oder auch nur gesund – zu sein. Er mußte in regelmäßigen Abständen scheitern, er mußte in regelmäßigen Abständen krank werden, damit er sich selbst versichern konnte, daß er schließlich doch akzeptiert wurde und folglich akzeptabel war, geliebt wurde und folglich liebenswert war. Er hatte unbewußt Widerstände gegen die Psychotherapie, da er merkte, daß diese äußerst wichtige, beinahe ritualisierte Folge von Ereignissen, Konfrontationen, Streitereien, Zusammenbrüchen und Genesungen ihm half, ein Gefühl des Selbstwertes aufzubauen.

Ein kleines Kind, das von einem Elternteil, durch Tod oder aus einem anderen Grund, verlassen wird, hat das

Gefühl, der entsprechende Elternteil wäre geblieben, wenn das Kind ihm nur ausreichend wichtig gewesen wäre. Das Verschwinden des Elternteils beweist dem Kind eindeutig, daß es kein sehr wertvolles Wesen ist. John hatte derartige Gefühle der Unzulänglichkeit und Minderwertigkeit, als seine Mutter starb, die durch die Ablehnung durch seine Schwester noch verstärkt wurden. Die periodisch auftretende Akzeptanz gab Hoffnung (auch wenn er dafür scheitern und krank werden mußte). Aber es handelte sich dabei um eine falsche und sinnlose Hoffnung.

Die Hoffnung, daß sich in einer Beziehung »die Dinge ändern«, ist in unserer Gesellschaft sehr verbreitet. Die Menschen bleiben an die langweiligsten und destruktivsten Beziehungen gekettet, weil sie stets glauben, »eines Tages wird es besser ...« (d.h. für das Unbewußte, eines Tages werden ›Mutter‹, ›Vater‹, ›Schwester‹, ›Bruder‹ sie bedingungslos und uneingeschränkt lieben). Bedingungslose Annahme ..., akzeptiert und geliebt zu werden ohne die Bedingung, sich »gut« zu benehmen, »um seiner selbst willen« geliebt zu werden, ohne dafür etwas tun zu müssen, ohne es zu »verdienen«, das ist der große Traum.

Es ist ein unrealistischer Traum. Die Mehrheit der Eltern liebt ihre Kinder mehr, wenn diese »gut« sind, und reagiert auf die Kinder erschöpft und verärgert, wenn sie Schwierigkeiten machen und »böse« sind. Die Kinder, die ihre Eltern am stärksten mit »schlechtem« Benehmen auf die Probe stellen, sind diejenigen, die bereits Zweifel hinsichtlich der Akzeptanz und Liebe von seiten der Eltern haben.

Wenn Vater oder Mutter ein Kind lieben, wenn es sich schlecht benommen hat, ist dies der echte Liebestest – für eine Liebe wie sie sein sollte. Manchmal, wenn ein

Kind eine hinreichend große Krise auslösen kann, können Vater oder Mutter überraschenderweise ihre Liebe und ihr Wohlwollen für das Kind entdecken. Vielleicht brauchten die Eltern das Kind unbewußt, damit es zu einer Krise kam, und sobald diese eingetreten ist, sind Vater oder Mutter zufrieden und können das Kind lieben.

Auf diese Weise kann ein feindseliger Elternteil, wenn ein Kind z. B. ein so großes Vergehen begangen hat, daß es vor Gericht kommt, wohl mit dem Kind zur Verhandlung gehen und fürsorglich und engagiert reagieren. Doch es sieht oft so aus, daß die Zuneigung und Unterstützung nur bis zum Ende der Krise halten.

Welch große Versuchung ist es dann für das Kind, dessen Hoffnung auf Liebe zeitweilig erfüllt wird, unbewußt immer wieder eine neue Krise herbeizuführen – und als Erwachsener für jede folgende Krise in Verbindung mit Gesetzesbruch wieder und wieder ins Gefängnis gesteckt zu werden. Das Muster ist unbewußt motiviert. Die Hoffnung, auch die unbewußte, heimtückische, destruktive, traurige Hoffnung, das Ziel des Geliebtwerdens zu erreichen, lebt trotz aller Vernunft weiter.

»Ausleben« für die Eltern

Menschen, die eng zusammenleben, neigen dazu, ihre Gefühle miteinander auszutauschen, und zwar unbewußt wie bewußt. Gefühle sind »ansteckend«, werden unbewußt von einem zum anderen vermittelt. Je empfindsamer und verletzlicher ein Erwachsener oder ein Kind ist, desto leichter »empfängt« er oder sie übermittelte Botschaften. Angst kann zum Beispiel wie Masern durch eine Gruppe jagen, die beginnt etwa bei einem Elternteil und wird sehr rasch von allen anderen Familienmitgliedern geteilt. Dasselbe kann auf Depressionen zutreffen – und auch auf Hochstimmung und Vergnügen. Und es gibt außerdem komplexere Reaktionen auf die komplexeren Gefühle einer anderen Person.

Wir kennen einen Prozeß, der »Ausleben« genannt wird. »Ausleben« bedeutet, ein für die Gefühle wichtiges Verhalten in die Tat umzusetzen. Wir können uns aggressiv fühlen und dann aggressives Verhalten »ausleben«. Ein Mensch kann auch mit unbewußten Gefühlen verbundenes Verhalten »ausleben«. Und, äußerst interessant, ein Mensch in engem Kontakt mit einem anderen kann unbewußt die unbewußten Gefühle, Wünsche oder Ängste eines anderen ausleben.

Dies geschieht zumeist, wenn die erste Person aus moralischen Gründen ihre eigenen Gefühle nicht ausleben kann oder will oder wenn diese nur im Unbewußten existieren. Beispielsweise kann ein Mensch, sagen wir Vater oder Mutter, aus irgendeinem neurotischen Grund die Sehnsucht verspüren zu stehlen. Er oder sie kann sich dieser Sehnsucht so sehr schämen, daß die ganze Idee nur im Unbewußten präsent ist. Aber diese Sehnsucht kann einem anderen Mitglied der Familie, etwa einem Kind, unbewußt übermittelt und von diesem unbewußt aufgefangen werden. Das Kind kann dann die Sehnsucht für den betreffenden Elternteil »ausleben« und auf diese Weise unbewußt auf die unbewußte Sehnsucht des Elternteils reagieren. Das Kind kann ohne unbewußten Grund und ohne jeden bewußten Wunsch zu stehlen Diebstähle begehen.

Das Kind lebt oder führt aus, was der Elternteil nicht ausleben kann (oder in Wirklichkeit bewußt weiß, daß er es ausführen will). Der betreffende Elternteil kann dann sehr verärgert über das Kind sein, das sich, verwirrt und beunruhigt, wie ein Automat in einem Traum – oder einem Alptraum – verhalten hat. Der verärgerte (aber unbewußt zufriedene) Elternteil kann sich tugendhaft und frei jeglicher Schuld fühlen. Das Kind hat die Verantwortung übernommen, die Schuld für die »Schlechtigkeit«.

Manchmal übernimmt ein Mitglied der Familie, gewöhnlich ein Kind, die Verantwortung und hat die Schuld für das »Ausleben« für alle anderen Familienmitglieder auf seinen Schultern zu tragen. Die ganze verdrängte »Schlechtigkeit« der Familienmitglieder wird unbewußt auf ein Kind übertragen und von diesem unbewußt aufgenommen, so daß es zum »schwarzen Schaf« oder »Prügelknaben« wird. Dieses Kind macht für die ganze Familie die Drecksarbeit, während die anderen im Hinblick auf Schuld oder Gewissen ungeschoren davonkommen.

Dieses unbewußte Akzeptieren der Rolle des »schwarzen Schafes« durch ein Kind – und später einen Erwachsenen – ist vermutlich auf den unbewußten Wunsch zu gefallen, von den anderen Familienangehörigen akzeptiert und geliebt zu werden, zurückzuführen. Es ist häufig ein abgelehntes oder weniger geliebtes Kind, das zum »schwarzen Schaf« wird. Ein Beispiel:

Hedda P. suchte mich auf, weil sie über ihre Tochter Cassie, das Kind aus erster Ehe, sehr unglücklich war. Cassie lebte weit von zu Hause weg in einer anderen Stadt, und ihre Freunde waren (wie sie auch) Drogenabhängige, aus der Gesellschaft Ausgestoßene, Prostituierte oder Callgirls, erbärmliche Männer und Frauen, eitle, nichtsnutzige Schmarotzer – zumindest nannte Harold, Heddas gegenwärtiger Mann, sie so. Cassie wurde im ersten Jahr von Heddas erster Ehe geboren, und Cassies Vater verließ das Zuhause, kurz bevor Cassie zur Welt kam.

»Die Vorstellung, ein Kind zu haben, schien zuviel für mich zu sein«, erzählte mir Hedda. »Deshalb nannte ich sie Cassandra – sie brachte schlechte Neuigkeiten. Hat nicht genau das Kassandra getan?« Hedda fixierte mich mir ihren fünfzigjährigen Kinderaugen in einer unsicheren Frage. Ihr Gesicht war unheimlich glatt und jugendlich, und auch ihre Kleidung und ihre Haarfrisur hatten etwas unpassend Jugendliches. Hedda, so schien es, klammerte sich verzweifelt an ein Bild ihrer selbst aus der Vergangenheit, vermutlich für Harold, überlegte ich.

»Kam er wieder zurück?« fragte ich. »Nachdem Cassandra geboren war? Cassandras Vater?«

»Nein – nicht wirklich. Ich zog zu meiner Mutter. Das ging nicht besonders gut, aber ich hatte keine Alternative. Ich ging arbeiten, und sie kümmerte sich um Cassie. Dann, als Cassie vier war, traf ich Harold.«

»Und Sie haben ihn geheiratet?«

»Nein – nicht gleich. Wir lebten lange Zeit einfach zusammen. Harold ist ein derartiger Perfektionist – er konnte sich nicht entscheiden, ob ich wirklich für ihn die richtige war, und er wollte auch nicht das Kind eines anderen ...«

»Aber schließlich dann doch?«

Sie lächelte ein bißchen bitter. »Schließlich ja ...«

»Und kam Harold mit Cassie gut zurecht?«

»Zu Anfang ja. Er war süß zu ihr, und sie liebte ihn. Aber später, als Jane und Marie-Louise da waren, nicht mehr. Cassie fing an, schwierig zu werden, eifersüchtig, glaube ich, und ich denke, ich war ihr gegenüber sehr hart. Das muß ich sagen. Ich weiß, ich war sogar schon früher eine schlechte Mutter ...« Hedda sprach mit trauriger Offenheit.

»Ich habe von ihr, als sie klein war, zu viel erwartet. Ich war zu streng, doch macht das irgend etwas aus? Ist es meine Schuld, daß sie so geworden ist? Habe ich sie zu einer faulen, nichtsnutzigen Drogenabhängigen gemacht? Sie sagt: ja. Und ich denke, vielleicht sagt meine Mutter dasselbe. Glauben Sie das?«

»Sie müssen mir mehr über das Verhältnis Ihres Mannes zu Cassie erzählen. Wie hat er sich ihr gegenüber verhalten, als Ihre anderen Kinder zur Welt gekommen waren?«

»Er war sehr –«, sie zögerte, suchte nach dem richtigen Wort, »unzufrieden mit ihr. Sie begann, in der Schule zurückzufallen. Sie fing an, viel zu heulen. Dann wollte sie nicht essen. Dann, als sie älter wurde, gefiel ihm die Art nicht, wie sie sich kleidete. Er sagte, sie würde wie eine Schildkröte aussehen. Er mochte ihr Make-up nicht. Und er mochte ihre Freunde nicht. Jetzt haßt er sie und will sie nicht nach Hause kommen lassen

... Nicht, daß sie das wollte – aber sie würde gerne glauben, daß sie heimkommen könnte, wenn sie sich danach fühlte. Ich sage ›nach Hause‹. Für Cassie ist es seit Jahren kein Zuhause gewesen. Aber sie hat selbst schuld – das hat sie sich selbst eingebrockt. Er ist ein lieber Mensch und wirklich ein guter Mann.«

Hedda begann zu weinen und wischte sich die Tränen mit einem makellosen weißen Taschentuch weg, das sie in einer mit wunderbaren Juwelen verzierten Hand hielt.

»Cassie macht mich *so* unglücklich«, sagte sie, »ich meine, es ist nicht richtig, daß eine Tochter ihre Mutter nicht sehen will.«

Hedda hatte mir seit ihrem ersten Besuch bei mir immer von ihrer Cassie und Harold erzählt. Cassie, so schien es, war außergewöhnlich hübsch und von Harold sehr bewundert worden, bis sich die Dinge zwischen ihnen falsch entwickelten. Harold, so erfuhr ich, war ein sehr ansehnlicher, charmanter Mann, der Wert auf Perfektion legte. Das Haus mußte perfekt sein, das Essen mußte perfekt sein, Hedda und die beiden Mädchen Jane und Marie-Louise mußten perfekt sein. Sobald es an Perfektion mangelte, litt Harold unter Kopfschmerzen und Schlaflosigkeit. Harold besaß enorm viel Selbstdisziplin und Selbstbeherrschung. Er rührte niemals Alkohol an und rauchte nicht. Nicht einmal in seinen wildesten Träumen würde er daran denken, Hedda untreu zu sein, und wenn sie einen anderen Mann nur ansehen würde, würde er sie umbringen.

»Buchstäblich meine ich das,« sagte Hedda. »Ich weiß, er würde mich umbringen.«

»Wie kann ein Mann mit einer derartigen Selbstbeherrschung einen Mord begehen?« fragte ich.

»Ach!« sagte Hedda. »Es gibt Momente, sie sind sehr selten, aber ich habe sie erlebt, in denen Harold durchdreht. Das ist selten, aber es kommt vor – und es ist erschreckend. Er ist dann wie ein Irrer ...«

Ich fragte mich, ob Hedda tatsächlich in ihrer Ehe so glücklich war, wie sie behauptete. Ich fragte mich weiter, ob Cassie Hedda nicht noch andere Gründe für ihr Unglücklichsein bot – was Hedda davon abhielt, sich der Tatsache zu stellen, daß sie in einer Ehe lebte, die zu zwanghaft, zu eingeschränkt, ja erstickend war. Spielte Cassie vielleicht für Hedda das »schwarze Schaf«, lebte sie Heddas Feindseligkeiten gegenüber Harold aus, die sich Hedda selbst nicht auf bewußter Ebene eingestehen konnte?

Doch ein wenig später kam die ganze Wahrheit zutage. Eines Tages verkündete Hedda mir, Harold habe gesagt, er würde gerne kommen und mit mir reden, wenn es gestattet wäre, da er das Gefühl habe, er habe Dinge zu sagen, die für meine Gespräche mit Hedda hilfreich seien. Hedda war sehr darauf erpicht, daß ich mit Harold sprach – welches Ergebnis, so fragte ich mich, erhoffte sie sich davon?

Er kam. Wie Hedda ihn beschrieben hatte, war er gutaussehend, nachdenklich, scheinbar empfindsam und freundlich. Er war beinahe allzu gut gekleidet, allzu bewußt glänzend und modisch, wie eine Fotografie in der *Vogue*. Er setzte sich hin, wobei er erst einen Blick auf den Zustand des Kissens warf, auf das er sich niederlassen wollte. Sein freundliches und glattes Benehmen verriet eine enorme Spannung in seinem Inneren.

Nach einer Weile kam er zum Punkt. Er wollte mich wissen lassen, so sagte er mir, daß Heddas Tochter schlecht sei. Wenn sich je in einem Menschen Schlechtigkeit finden ließe, so in Cassandra. Sie sei die Wiedergeburt des Teufels. »Nach allem, was wir für sie getan haben – sie so lieb großgezogen haben – Kinderfrauen,

Musikstunden – Zahnarzt – gerade Zähne«, er malte mit seiner manikürten Hand eine Bewegung zu seinem Mund, »höhere Mädchenschule, alle Kleider, die sie wollte, Puppen, Teddybären, zusätzliche Französischstunden, Urlaub ...«

»Ich höre«, sagte ich, »daß Sie ihr verbieten, nach Hause zu kommen?«

Er stöhnte ein bißchen. »Verurteilen Sie mich deshalb?« fragte er vernünftig, »bei diesen Landstreichern, diesen Strolchen, Drogenabhängigen, Gangstern und Huren, mit denen sie befreundet ist? Tolle Freunde, das muß ich sagen – kann ich die denn in mein Haus lassen? Kann ich *sie* hereinlassen, in dem Wissen, daß sie zurückgeht und erzählt, was sie gesehen hat? Ich will sagen – es ist ein sehr nettes Haus, wir haben Besitz, Bilder, Objekte ... Es ist sauber, in unserem Haus gibt es keine Krankheitskeime. Soll ich mir wünschen, daß sie kommt, wo sie wie ein Landstreicher aussieht, und Krankheiten und AIDS mitbringt? Die Antwort lautet entschieden: Nein, das will ich nicht. Und das wollen Sie mir vorwerfen?« fragte er, ziemlich bemitleidenswert, noch einmal.

Aus all dem wurden mir zwei Dinge klar. Zum einen hatte sich Harold vermutlich (unbewußt) körperlich – das heißt sexuell – von Cassie angezogen gefühlt, als diese größer geworden war, hatte aber alle diesbezüglichen Gefühle rigoros verdrängt. Zum zweiten war Cassie Harolds ›Alter ego‹. Sie lebte für Harold all das aus, wonach er sich eigentlich gesehnt, es aber nicht gewagt hatte, alles, was auf Harold Anziehungskraft ausübte, was er sich aber in einer Million Jahren nicht erlauben würde zu tun. Sie war sorglos, faul und unkonventionell im Gegensatz zu seiner stolz-rigiden Selbstdisziplin. Sie war promiskuitiv, abenteuerlich und wild gegenüber seiner überlegenen Selbstkontrolle, seinem restriktiven und minimalisierten Lebensstil. Sie hatte sich *für* ihn »gehenlassen«, da er sich wahrscheinlich selbst nicht gehenlassen konnte, und solange er sich nach einem wilderen und lasterhafteren Leben sehnte, würde Cassie weiterhin für ihn vorangehen. Sie war die »Schlechte« in der Familie, und beide Eltern brauchten es unbewußt, daß sie schlecht war.

Ein Kind in dieser Lage ist unweigerlich verloren, wenn nicht die Einsicht die Oberhand gewinnt. Cassie war alt genug, von der Familienpsychopathologie wegzukommen. Hätte sie sich eine analytische Psychotherapie zugestanden, hätte sie vielleicht ein glückliches konstruktives Leben führen können; aber wenn ein kleineres Kind in der Familie so eine Position hat, benötigt die ganze Familie eine Therapie, damit das »schwarze Schaf« von seiner Rolle befreit wird.

Kinder – und Partner – übernehmen noch zahlreiche andere Rollen, in denen sie die unbewußten Gefühle eines Elternteils ausleben. Häufig kann Angst von einem Kind in Reaktion auf die unbewußte Angst eines Elternteils erlebt und ausgedrückt werden. Wenn sich eine andere Person *für* einen ängstigt – das heißt, die Angst ausdrückt – befreit dies die unbewußt ängstliche Person. Viele von uns haben diese Situation bereits erlebt. Hier ein Beispiel:

Herr B. war ein sehr ängstlicher, zwanghafter Mensch, der ein unnatürlich ruhiges und gelassenes Benehmen an den Tag legen konnte. Aber wenn er nur einen Zug oder ein Flugzeug erreichen mußte, reagierte er furchtbar aufgeregt, fand sich sehr früh am Bahnhof oder Flughafen ein, kontrollierte fortwährend seine Brieftasche nach dem Ticket und dem Ausweis und vergewisserte sich, daß sein Gepäck in Ordnung war. Wenn er jedoch mit seiner Frau eine Reise unternahm, war sie es, die ängstlich und durchgedreht war, während er sagen konnte: »Massig Zeit, Liebes – und wenn wir zu spät dran sind, nehmen wir einfach den nächsten Zug«. Und er trödelte und machte letzte Handgriffe am Gepäck, während seine Frau immer aufgeregter wurde.

Viele Kinder hatten verzweifelte Angst, während die Eltern beruhigende Geräusche von sich gaben oder sogar lachten.

Das gleiche gilt für die Depressionen. Manchmal sind andere in der Lage, die Last der Depression eines Menschen auf sich zu laden und so zu gestatten, daß diese Person sich fröhlicher fühlt. Manchmal gibt es in einer Familie Stimmungs-Auf und Abs. Fröhlichkeit und Niedergeschlagenheit wechseln von Person zu Person – aber irgend jemand muß immer gerade die Niedergeschlagenheit durchleben, wenn ein Mitglied der Familie tatsächlich an einer tiefen Depression oder einer depressiven Erkrankung leidet.

Es kommt nicht allzu häufig vor, daß Kinder die unbewußten sexuellen Wünsche eines Elternteiles »ausleben«. Herr X. war ein erfolgreicher Antiquitätenhändler. Er war verheiratet, hatte zwei Söhne und eine Tochter, und alle, die ihn gut kannten, hätten behauptet, er sei ein fröhlicher heterosexueller Mann. Bei Partys konnte er eine gute Gesangs- und Tanznummer zum besten geben, mit Strohhut, Gitarre und einer Nelke im Knopfloch. Es gab lediglich eine gewisse subtile Intimität, die aufzutreten schien, wenn er es mit männlichen Klienten zu tun hatte. Das hätte einen Hinweis liefern können, daß Herr X. unbewußt zur Homosexualität neigte.

Einer seiner Söhne war ein freundlicher, empfindsamer Junge, der besonders an seinem Vater hing; und Herr X. hätte vielleicht insgeheim zugegeben, daß dies sein Lieblingssohn war. Er zeigte ihm das auch körperlicher, und der Sohn mochte es, wenn der Vater ihm durch's Haar fuhr und ihn in die Backen kniff. Herr X.s anderer Sohn hingegen, ein großgewachsener, starker und ausgeprägt heterosexueller junger Mann, wehrte die vorsichtigen körperlichen Gesten seines Vaters ab.

Der Lieblingssohn entwickelte sich zum Homosexuellen. Als er dahinterkam, reagierte Herr X. bestürzt, belegte seinen Sohn mit allen möglichen Schimpfnamen, behauptete, sich angeekelt zu fühlen, und führte mehrere lange Gespräche mit ihm, in denen er ihn zu überreden versuchte, sich doch ein nettes Mädchen zu suchen. Als Herr X. plötzlich starb, entdeckte dieser Sohn, daß er mit seinem homosexuellen Lebensstil höchst unzufrieden war. Auf den Rat eines Freundes hin begab er sich in die Hände eines guten Psychotherapeuten. Vier Jahre später war er glücklich verheiratet, und ein weiteres Jahr später wurde er Vater einer kleinen Tochter, die er anbetet.

Bestimmte Homosexuelle können, wenn sie wirklich lieber heterosexuell wären, im Laufe einer längeren Psychotherapie entdecken, daß sie in Wirklichkeit in der Lage sind, sich vom anderen Geschlecht angezogen zu fühlen. Sie finden dann vielleicht Heterosexualität oder zumindest Bisexualität akzeptabel und angenehm. Die Möglichkeit eines Wechsels in der sexuellen Richtung hängt großenteils von den ursprünglichen ersten Einflüssen ab, die die homosexuelle Neigung hervorgerufen oder verstärkt haben. Der Wechsel von der Homosexualität zur Heterosexualität ist schwierig, und die Motivation für diese Veränderung muß sehr stark sein, damit eine Therapie Aussicht auf Erfolg hat. Aber es ist möglich.

Richard, der seinen Vater sehr liebte und sich viel um ihn kümmerte, hatte unbewußt, als der Vater noch lebte, auf dessen unbewußte sexuelle Wünsche reagiert. Er hatte sich nicht zugestanden, seine eigenen Bedürfnisse zu erkennen, die anders aussahen als die des Vaters. Kinder können die sexuellen Sehnsüchte eines Elternteils auch auf andere Art und Weise ausleben – indem sie sich Liebhaber nehmen, promiskuitiv sind usw. Sie lassen den betreffenden Elternteil vorsichtig, aber vermutlich unbewußt wissen, welcher Art ihre sexuellen Aktivitäten sind, und der betreffende Elternteil kann dann die sexuellen Erlebnisse des Kindes indirekt genießen.

Das Kind wird allein durch die unbewußte Reaktion auf die unbewußten Gefühle eines Elternteils motiviert und hat nicht wirklich den Wunsch nach Liebhabern oder Promiskuität. Es ist äußerst schwierig, die unbewußten Bedürfnisse eines Elternteiles loszuwerden, sich davon zu befreien – seine eigenen Bedürfnisse zu erkennen –, nachdem man seine Rolle in einer langen Verbindung mit einem mächtigen Elternteil gespielt hat – aber es ist möglich. Dann kann ein neues Leben beginnen.

Vergehen und Verbrechen

Wie böse sind die »Bösen«? Können Menschen, die Verbrechen begehen, die Morde, Diebstähle und Überfälle verüben, wirklich für das verantwortlich gemacht werden, was sie tun? Die Antwort lautet ja, wenn sie nicht geistesgestört sind oder an einer psychischen Krankheit leiden.

Wir werden alle von Reizen zum Handeln getrieben, die im Unbewußten entstehen. Wenn wir in der Kindheit unter Mißhandlung, Benachteiligung und Vernachlässigung litten, sind wir wahrscheinlich zu einem unkonstruktiven, destruktiven oder antisozialen Handeln motiviert, wie ich bereits ausgeführt habe. Doch Motivation ist eine Sache, das Handeln eine ganz andere. Wir *müssen* nicht nach dem motivierenden Impuls handeln. Wir sind nicht gezwungen oder getrieben, grausam oder böse zu sein, außer unsere unbewußte Urteilskraft ist getrübt. Zwischen Stimulus und Handeln klafft ein Spalt. In dem Spalt, während dieses Intervalls, können und müssen wir unsere Fähigkeit zum bewußten, begrifflichen Denken einsetzen. Da wir durch unsere Struktur gezwungen sind, begrifflich zu denken, solange wir nicht in die Kategorie von Menschen fallen, die, wie gesagt, unter »verminderter Zurechnungsfähigkeit« leiden, können wir »richtig« von »falsch« unterscheiden.

Wir sollten und müssen uns selbst dazu disziplinieren,

in der »richtigen« und nicht in der »falschen« Weise zu *handeln*. Das klingt selbstgerecht. George Bernard Shaw sagte: »Die Armen können sich Prinzipien nicht leisten.« Aber unsere Gesellschaft würde kollabieren, wenn die Gesetze nicht befolgt würden, wenn nicht darauf bestanden würde, daß die Menschen sich nach bestimmten wichtigen moralischen Standards richten. Diese Standards bedürfen in jeder Gesellschaft von Zeit zu Zeit der Überprüfung – und sie werden revidiert; die Gesetze ändern sich. Aber die absichtliche physische oder psychische Verletzung anderer ist »falsch« und wird es immer bleiben, mit Ausnahme von besonderen Umständen wie etwa Krieg.

Manchen Menschen fällt die Selbstdisziplin schwerer als anderen. Manche sind hemmungslos. Manche Verbrechen werden unter enormem emotionalen Druck, dem kaum zu widerstehen ist, verübt. Andere kleinere Vergehen wie etwa Kleindiebstähle werden beinahe unbewußt begangen. Aber das organisierte Schwerverbrechen, für das Zeit und Planung notwendig sind, wird von Menschen verübt, die im vollen Besitz der Fähigkeit sind, sich selbst zu kontrollieren, vollkommen die Unterschiede zwischen richtig und falsch begreifen, die sich vorsätzlich und unbewußt entscheiden, etwas Schlechtes zu tun. Drogendealer, Mafiaangehörige, Terroristen, Diktatoren, die die Opposition aus dem Weg räumen, Stalins, Hitlers – sie alle sind, ganz gleichgültig, wie schreckliche Kindheitserlebnisse sie hatten, trotzdem böse Menschen, die bewußt beschlossen haben, Verbrechen schlimmster Brutalität zu begehen, während sie völlig klar den Unterschied zwischen »richtig« und »falsch« kannten. Genauso sind Eltern, die ihren Kindern vorsätzlich Verletzungen und Schmerz zufügen, schlimm und böse, ganz gleichgültig wie schrecklich ihre Kindheit war, ganz gleichgültig, ob ihnen in ihrer Kindheit der gleiche Schmerz angetan wurde. Menschliche Wesen können für ihr Handeln die Wahl treffen. Hierin sind wir anderen Lebewesen überlegen.

Wir mögen in Richtung Verbrechen und Vergehen motiviert sein. Doch wir sind nicht gezwungen, unseren Impulsen zu folgen. Wir können ihnen widerstehen. Vermutlich trifft es zu, daß die Gefängnisse Westeuropas von gestörten, verwirrten, unglücklichen Männern und Frauen, aus der Gesellschaft Ausgestoßenen, überquellen, von denen die meisten in ihrer Kindheit schreckliche Benachteiligung und Qual erlitten. Kleindelikte werden vermutlich in ihrer Mehrheit nicht aufgrund einer überlegten Strategie begangen. Das impulsive Stehlen vor allem – nicht der wohldurchdachte, gut vorbereitete Diebstahl – wird häufig ohne klares Bewußtsein begangen. Tatsächlich wird in unserer Gesellschaft der Kleindiebstahl als Symptom einer zugrundeliegenden emotionalen oder geistigen Störung akzeptiert.

Jemand, der wegen eines kleinen Ladendiebstahls vor Gericht landet, wird oft mit Nachsicht und Verständnis behandelt, wenn deutlich gemacht werden kann, daß er oder sie unter emotionalem Streß gehandelt hat. Wir wissen, daß Kindern, die stehlen, gewöhnlich Liebe, Aufmerksamkeit, Fürsorge oder Verständnis fehlen. Dieser Mangel fällt unter emotionalem Gesichtspunkt stärker ins Gewicht als unter materiellem. Kleine Kinder, die anderen in der Schule Sachen wegnehmen – Stifte, Radiergummi, Bleistiftspitzer, hübsche Dinge –, nehmen sie Kindern weg, die emotional stärker privilegiert sind als sie selbst.

Ich kann mich an den Fall eines fünfjährigen Kindes, John, erinnern, der dauernd dem Nachbarjungen Bill

Dinge wegnahm. John war ein stark abgelehntes Kind. Beide Eltern arbeiteten; sie hatten wenig Zeit für ihre beiden Kinder, und sie zogen außerdem das kleine Mädchen vor. John wußte, daß Bills Eltern fürsorglich und hingebungsvoll waren. In einem unbewußt motivierten Versuch, sich ein bißchen von der Liebe und Fürsorge zu verschaffen, die Bill genoß, nahm er Dinge, die »Liebe und Fürsorge« symbolisierten.

Manchmal stehlen Kinder, wenn in der Familie Nachwuchs kommt und sie das Gefühl haben, zugunsten des Neuankömmlings beiseite geschoben zu werden. Die Motivation hierbei ist vollkommen unbewußt. Das »Stehlen« von zumeist trivialen Gegenständen ist eine Art Kompensation, eine Hoffnung, sich dadurch symbolisch die fehlende Liebe zu verschaffen oder die Liebe, wie in Johns Fall, mit dem Besitzen der Gegenstände zu teilen. Ein liebevoll umsorgtes Kind weckt Neid und intensiviert bei einem abgelehnten Kind noch die Qual über die eigene Benachteiligung.

Aber Kinder, die emotional gestört sind, stehlen auch aus anderen Gründen. Einmal brachte die Leiterin einer Mädchenschule ein elfjähriges Mädchen zu mir, das dort als Internatsschülerin lebte. Man hatte herausgefunden, daß sie aus einem Schrank, in dem die Süßigkeiten und Kekse der Mädchen aufbewahrt wurden, die ein Lehrer jeden Tag in kleinen Mengen zuteilte, etwas »gestohlen« hatte. Dora hatte aus diesem Schrank Süßigkeiten genommen, was verboten war. Und noch schlimmer, sie hatte zu Süßigkeiten gegriffen, die anderen Mädchen gehörten. Ich deckte auf, daß die Eltern des Mädchens eine emotionale Krise durchlebten. Die Mutter hatte sich in einen anderen Mann verliebt. Der Vater war verzweifelt, und zu Hause spielten sich brutale Dramen ab. Das kleine Mädchen war schrecklich verstört, nachdem es am letzten Wochenende zu Hause von beiden Eltern aufgefordert worden war, für die jeweilige Seite Partei zu ergreifen. Die Vorstellung, daß sich ihre Eltern trennen könnten, hatte sie in Schrecken versetzt, und sie war nach diesem Wochenende in die Schule zurückgebracht worden, ohne zu wissen, was in ihrer Abwesenheit passieren würde. Vielleicht wurde sie unbewußt zum »Diebstahl« motiviert, um so auf ihr Bedürfnis nach Hilfe aufmerksam zu machen.

Noch ein Beispiel für einen typischen Kleindelinquenten, Daniel. Als ich Daniel traf, war er ein junger Mann, der bereits einmal im Gefängnis gesessen hatte und in jungen Jahren in einer Besserungsanstalt gewesen war. Seine Geschichte ging so: Er hatte bis zu seinem elften Geburtstag eine recht glückliche Kindheit verlebt, auch wenn ihn sein schlecht gelaunter autoritärer Vater, ein Schullehrer, immer in Schrecken versetzt hatte. Er stand seiner Mutter sehr nahe, die ihn unterstützte und beschützte. Als er elf Jahre alt war, starb sie plötzlich. Daniels Vater fing stark zu trinken an, und Daniel, das älteste Kind, mußte sich um seine beiden Geschwister, ein Mädchen von neun und einen Jungen von sechs Jahren, kümmern. Er mußte jeden Tag nach der Schule und auch an den Wochenenden den Haushalt führen, kochen und putzen. Er hatte keine Pause. Sein Vater brüllte ihn an, häufig im Suff, und schlug ihn auch manchmal. Als Daniel ungefähr fünfzehn war, rebellierte er. Er geriet in schlechte Gesellschaft, nahm Drogen, wurde straffällig. Er endete in einer Besserungsanstalt. Ein Psychologe sah ihn sich an und stellte fest, daß Daniel ungewöhnlich intelligent, aber emotional sehr unreif sein und nur ein schwaches Gefühl für den eigenen Wert besitze.

Er kam in eine Gärtnerlehre, da er stets den Wunsch gehabt hatte, von Beruf Gärtner zu werden – Gartenarchitekt in Wahrheit. Er absolvierte Prüfungen, erhielt ein Diplom. Aber er wurde weiterhin mit geringfügigen Delikten straffällig. Er stahl. Er nahm Dinge von seinen privilegierten Freunden. Später bestahl er Fremde und Ladengeschäfte. Er verbrachte eine Zeit im Gefängnis, was ihm nicht guttat, denn er wurde dort verbitterter, aggressiver und rebellischer. Seinen Diebstählen lag ursprünglich vermutlich ein unbewußtes Motiv zugrunde, wie ich bereits beschrieben habe. Er war unterprivilegiert, wurde nicht geliebt. Er wollte dies kompensieren. Er wollte auf sein Elend aufmerksam machen.

Später kann das Stehlen zur Gewohnheit geworden sein – eine leichte, aber gefährliche Möglichkeit, sich Dinge zu verschaffen. Doch er fand problemlos eine Anstellung, ihm gefiel die Gartenarbeit, und er verdiente gut. Es gab eigentlich keinen Grund mehr, weiter zu stehlen.

Als zusätzliche Komplikation erwies sich sein Verhältnis zu seiner jüngeren Schwester. Da sie so stark nach dem Tod der Mutter aufeinander angewiesen waren, hatter er sich emotional auf sie »fixiert«. Ungefähr zu der Zeit, als ich ihn traf, hatte sie sich in einen anderen Mann verliebt, war von diesem verlassen worden und saß nun mit einem unehelichen Kind da. All dies stürzte Daniel in große Verwirrung.

Aus keinem vernünftigen bewußten Grund bestahl er die Frau, für die er arbeitete. Sie war ein netter und verständnisvoller Mensch und wesentlich älter als Daniel, vielleicht war sie für ihn eine Mutterfigur geworden. Er klaute unsinnigerweise eine Decke, ein paar alte Silberlöffel und etwas Geld aus ihrem Haus.

Gleichzeitig kam er mit Drogendealern in der nahegelegenen Stadt in Kontakt. Die Polizei fand bei der

Durchsuchung seines Zimmers die in die Decke geschlagenen Silberlöffel und das gestohlene Geld. Er wanderte erneut ins Gefängnis, diesmal in den Augen des Gesetzes als »Gewohnheitskrimineller«.

Die Motive für Daniels antisoziales Verhalten sind leicht zu verstehen. Es war mit Sicherheit der Schrei: »Sieh, was du mir angetan hast!«. Und zudem versuchte er symbolisch, sich selbst zu verschaffen, was ihm als Kind verweigert worden war – das »Bemuttern«, elterliche Liebe, Verständnis und Respekt für seine emotionalen und physischen Bedürfnisse als Heranwachsender. Man kann ihn leicht als Opfer betrachten, was er auch war. Doch das bedeutet nicht, daß ihm erlaubt war, sein Tun seiner moralischen Beurteilung zu entziehen. Er wußte ganz gut, daß er Schlechtes tat, ganz gleichgültig, wie es unbewußt motiviert war. Es gibt eine haarfeine Linie zwischen denen von uns, die innehalten können, wenn sie merken, daß sie im Begriff sind, etwas Falsches zu tun, und denen, die nicht stoppen können.

Ein berühmter Rechtsanwalt sagte einmal zu mir, er glaube, er sei zur Verteidigung von Kriminellen motiviert (worauf sein guter Ruf zurückging), da er fühle, er sei dort, wo er sei, »nur durch die Gnade Gottes …«. Diejenigen unter uns, die tugendhaft auf der richtigen Seite des Gesetzes bleiben, sagen vielleicht alle das gleiche.

Kleptomanie

Kleptomanie bedeutet Stehlen, aber sie wird als eine andere Art von Stehlen betrachtet, als ich es vorher beschrieben habe. Sie gilt als Krankheit und wird als pathologischer Impuls beschrieben, zumeist kleine, triviale Gegenstände zu nehmen und sie insgeheim zu horten.

Gestörte und unter Kummer leidende Frauen verlassen den Supermarkt, ohne sich der Tatsache bewußt zu sein, daß sie eine kleine Dose Bohnen bei ihren Einkäufen haben, die sie nicht bezahlt haben; sie werden verhaftet und kommen in die Schlagzeilen. Manchmal kommt es zu dieser Art von Stehlen auf blinde verzweifelte Weise unter dem Einfluß eines depressiven Leidens.

Auch hier existiert zumeist das unbewußte Bedürfnis, Aufmerksamkeit auf einen elenden Zustand zu lenken oder einen Ausgleich für eine Benachteiligung zu suchen. Menschen, die an Anorexia nervosa (Magersucht) leiden und sich den Verzehr delikater Speisen untersagen, stehlen manchmal Lebensmittel oder andere Gegenstände und fallen in die Kategorie der Deprivierten. Ich traf einmal eine stark gestörte Frau, die eine psychotische Mutter hatte und die einen sehr rigiden, lieblosen und boshaften Mann geheiratet hatte. Die Patientin litt an schwerer Anorexie und hatte die Angewohnheit, sich nach jeder Mahlzeit zum Erbrechen zu bringen. Dieser Frau wurde verboten, die kleinen Geschäfte in dem Dorf, in dem sie in Lincolnshire lebte, zu betreten, da sie ununterbrochen stahl: Süßigkeiten, Eis, Kuchen, Biskuittörtchen, Obst, Sicherheitsnadeln, Wollknäuel, Haarclips, Zucker oder Strümpfe. Es scheint eine Art sinnloses oder unsinniges Stehlen zu geben, das nur halbbewußt erfolgt und seine Wurzeln im Unbewußten hat.

Depressionen

Die Depression ist eine der schrecklichsten, nur schwer erträglichen und verbreitet auftretenden Erkrankungen unserer Zeit. Die Erkrankung führt zu starkem Leiden und zieht sich lange hin. Es ist eine Erkrankung, die den Menschen die Willenskraft und den Mut raubt und das Leben zu einer großen Belastung machen kann. Man unterscheidet zwischen depressiver Stimmung, die als Reaktion auf Alltagsprobleme und –schwierigkeiten auftritt, und der Krankheit, die wir Depression nennen. Die Krankheit ist psychosomatisch – d.h., sie hat psychische und emotionale Züge und auch physische. Depressive Stimmung begleitet häufig die Depression – doch die Erkrankung kann auch vorhanden sein, ohne daß es zu depressiven Gefühlen kommt. Eines der ersten und markantesten Symptome der Depression ist die Schlafstörung. Der Patient schläft häufig sehr schnell ein, hat aber nur einen leichten Schlaf und wacht im Laufe der Nacht oft auf. Er schläft jedoch jedesmal wieder ein, bis zum frühen Morgen, wo ein Zustand aufgeregter und äußerst unangenehmer Schlaflosigkeit eintritt. Nun kann der Patient nicht wieder einschlafen, ihm gehen ununterbrochen die derzeitigen Ursachen seiner Angst und seines Elends durch den Kopf, und er wird von Erinnerungen an in der Vergangenheit liegende Vorfälle gequält, die er als demütigend oder destruktiv empfunden hat.

Den durch den Kopf schießenden Gedanken haftet etwas Paranoides an – will sagen, der Patient ruft sich Begebenheiten in Erinnerung, in denen er von anderen schlecht behandelt oder verachtet worden zu sein scheint. Die Depression ist im wesentlichen eine Krankheit von Menschen, die bewußt oder unbewußt eine geringe Meinung von sich selbst haben, wie ich noch erläutern werde.

Es ist auch eine Krankheit von zwanghaften Menschen, von Perfektionisten, denen es aufs Detail ankommt, die verzweifelt versuchen, alles auf die Reihe zu bekommen, alles unter Kontrolle, sauber, ordentlich und durchorganisiert zu haben. Es ist die Krankheit von Menschen, die das Rückgrat unserer Gesellschaft bilden: pünktlich, verantwortungsbewußt, schwer arbeitend. Sie kann in jedem Alter nach der frühen Kindheit auftreten.

Kehren wir zu den Symptomen zurück: Gewöhnlich kommt es zu Appetit- und Gewichtsverlust – aber zu starkes Essen und Übergewicht können diese Krankheit gleichfalls gelegentlich begleiten. Der Erkrankte kann sich nur schwer konzentrieren und hat Probleme mit dem Gedächtnis. Über seinem Leben schwebt eine dunkle Wolke – und der Patient kann die Zukunft nur hoffnungslos pessimistisch sehen. Ihm gelingt es nicht, Entscheidungen zu fällen. Selbst die kleinste Aufgabe, das Einkaufen oder der Abwasch nimmt monumentale Proportionen an. Manchmal empfindet der Patient ein tiefes, nicht näher einzugrenzendes Gefühl der Schuld und des Versagens. Manchmal treten gehäuft Körpersymptome auf, etwa Kopf- und Muskelschmerzen, die die zugrundeliegende Depression überdecken. Müdigkeit ist ein weitverbreitetes Symptom. Es gibt zwei Haupttypen der Erkrankung – beim einen ist das Hauptsymptom die Erregung; beim anderen wird der Patient von Apathie übermannt. Der erregte Depressive kann nicht stillhalten; der Apathische schafft es kaum, sich zu bewegen.

Die Symptome bessern sich häufig im Lauf des Tages, und die Patienten fühlen sich gegen Abend besser. Wie gesagt, ist es eine schrecklich unangenehme Krankheit – viele darunter Leidende sagen, weitaus lieber wären sie körperlich krank. Manchmal sehen die Betroffenen im Selbstmord die einzige Lösung, und manchmal bringen sie sich wirklich um.

Früher dachte man, es sei eine reine Erwachsenenkrankheit, und Kinder könnten nicht an Depressionen leiden. Heute wissen wir es besser. Ich zitiere Dr. Dora Black (»British Medical Journal«, Bd. 294, 21. Februar 1987, S. 462 f.):

Bis vor kurzem haben die meisten Ärzte die Möglichkeit einer depressiven Störung bei Kindern vor der Pubertät ignoriert oder geleugnet. Diejenigen, die sie akzeptierten, waren entweder allzu pauschal oder meinten, sie werde von anderen Symptomen verdeckt, wodurch die Gesellschaft und ihre Psychologen weiterhin die Möglichkeit in Abrede stellen konnten, daß Kinder depressiv sein können. Das gleiche war bei der frühkindlichen Sexualität der Fall. In den letzten zehn Jahren hat die Forschung gezeigt, daß es die präpubertäre Depression wirklich gibt und daß sie andauern und zu einer depressiven Störung im Erwachsenenalter werden kann ...

Die Depression kann plötzlich auftreten, aber zumeist steigert sie sich. Irgend etwas löst sie aus, entweder ein relativ triviales Ereignis oder auch eine ernste Krise. Sie neigt dazu, die Menschen zu befallen, wenn sie physisch am verletzlichsten sind – Frauen in der Menopause oder nach einer Niederkunft oder bei beiden Geschlechtern im Gefolge einer körperlichen Erschöpfung oder nach einer mit Antibiotika behandelten Erkrankung.

Die Depression bessert sich in der Regel von selbst, doch sie dauert gewöhnlich mindestens sechs Monate bis zwei Jahre, und sie kann noch länger anhalten. Sie tritt immer wieder auf. Es kann Perioden geben, in denen der Patient völlig davon befreit ist, in denen »sich eine Wolke zu heben scheint«, oft ganz plötzlich. Danach kann die Krankheit wieder auftauchen.

Bevor es zur Verabreichung von Antidepressiva kommt, verbringen viele Betroffene einen großen Teil ihres Lebens in psychiatrischen Kliniken, wenn sie unter dieser Krankheit leiden. Heutzutage haben wir glücklicherweise eine große Breite an chemischen Substanzen, die die Symptome lindern, wenn sie auch die Krankheit nicht verkürzen können. Die Arzneien müssen so lange genommen werden, bis die Erkrankung ein natürliches Ende findet.

Manchmal werden Phasen der Depression von Phasen der Erregung und ungewöhnlicher Energie unterbrochen. Diese Phasen können recht angenehm sein, und der Patient kann sich in dieser Zeit außergewöhnlich gut fühlen. Aber die Energie dieser angenehmen Phasen kann schnell außer Kontrolle geraten und sich in einen Zustand heftiger Erregung verwandeln, den man »Manie« nennt. Wenn die Manie regelmäßig mit Phasen der Depression wechselt, spricht man von »manischer Depression«. Während der manischen Phase machen die Patienten ungewöhnliche Sachen, entledigen sich etwa all ihrer Kleider und tanzen auf der Straße oder geben alles Geld, das sie besitzen (und mehr) für Kleidung, für Gemälde oder für Waisenkinder aus.

Die Verwandten der unter manischer Depression Leidenden ziehen den depressiven Zustand der Krankheit vor, und das stößt auf starke Ablehnung bei den Kranken, die sich gerade in einer manischen Phase befinden. In der Manie ist der Schlaf zumeist gestört – der Patient kann fast überhaupt nicht schlafen. Dies wird gewöhnlich von einem Gewichtsverlust und einer fieberhaften Stimmung begleitet. Die manische Phase kann allerdings auch sehr schwach ausfallen. Die Patienten empfinden dann hauptsächlich am Ende der depressiven Phase Erleichterung und finden sich selbst ungewöhnlich energiegeladen.

Die bei der Depression eingesetzten Medikamente bewirken keine Stimmungsveränderung. Es sind keine Stimulantien oder Tranquilizer. Es handelt sich um chemische Substanzen, welche die körpereigene Chemie auf eine Weise ändern, die noch nicht voll erkannt ist. Möglicherweise wirken sie als Gegenmittel für abnormale Substanzen, die der Körper produziert und die die Symptome der Depression auslösen. Die Krankheit ist, wie bereits gesagt, psychosomatischer Natur – zum Teil in der Psyche, zum Teil im Körper begründet. Die Tatsache, daß die medikamentöse Behandlung die Symptome der Krankheit bessern (wenn auch nicht die Krankheit beenden oder »heilen«) kann, beweist, daß die Krankheit einen somatischen oder physischen Aspekt hat.

Doch die Tatsache, daß die Krankheit eine somatische oder physische Seite hat, bedeutet nicht, daß sie von einer chemischen Störung *verursacht* wird. Wir wissen lediglich, daß die Krankheit einen physischen Aspekt besitzt, der etwa einem durch emotionalen Streß verursachten Hautausschlag ähnelt.

Was die Ursachen der Depression betrifft, so müssen wir auch hier in die Kindheit und zu der Eltern-Kind-Beziehung zurückgehen. Ich kann mich nicht an einen einzigen Patienten erinnern, der an dieser Krankheit litt, der nicht als kleines Kind von seiten seiner Eltern in irgendeiner Form Ablehnung erfahren hat. Die Experimente und Beobachtungen von Verhaltensforschern zeigen, daß auch Primatenjunge unter einer Depression leiden können, wenn sie unterschiedlich lange von ihren Müttern getrennt und isoliert gehalten werden (sehr grausame Experimente sind das). Je nach der Länge des Zeitraums, in dem der kleine Primat von seiner Mutter getrennt wird, und der Stärke der Isolation kann das Tier fürs ganze Leben emotional gestört werden. Man hat bewiesen, daß Primatenmütter, die durch die experimentelle Trennung von *ihren* Müttern emotionale Störungen davontrugen, sich gegenüber ihren eigenen Jungen sehr stark ablehnend verhalten können, ja sogar das Kind verletzen oder töten. Da die Depression eine emotionale Stimmung ist und sich die Fähigkeit, sie zu erfahren, entwickelt hat, stellt sich die Frage, welcher Wert der Depression in bezug auf das Überleben der Spezies zukommt. Die Antwort muß lauten: keinerlei Wert! Und vielleicht wird die Depression ausgelöst, sobald das Überleben gefährdet ist. Es kann sich hierbei um Emotionen handeln, die aus dem Scheitern irgendeiner der vielfachen Interaktionen und Aktivitäten resultieren, welche das Überleben fördern und stärken.

Da Eltern vom begrifflich denkenden Kind als allmächtig angesehen werden, greift das Kind, wenn es abgelehnt wird, zur Rationalisierung, um der Zurückweisung Logik zu verleihen und Fehler bei sich selbst zu finden. Das Kind begreift sich als wertlos, nicht liebenswert. Die Rationalisierung kann extravagante oder auch simple Formen annehmen. Das Kind ist zu groß, zu klein, die Farbe seiner Augen ist die falsche, es ist zu aggressiv, es ist nicht aggressiv genug, seine Sexualität ist schuld, handelt es sich um ein Mädchen, so hätte es ein Junge sein sollen und umgekehrt, etc. etc. Wie die Rationalisierung auch aussieht, eines ist klar und eindeutig, das Kind verunglimpft sich selbst. Und das Gewühl der eigenen Wertlosigkeit bleibt, selbst wenn die Gründe dafür ins Unbewußte absinken.

Es ist nur irgendein Auslöser nötig, und die Stimmung schlägt in Depression um. Das Gefühl der Wertlosigkeit kann sich mit aktuellen Gründen für eine Selbstverachtung verbinden. So sind zum Beispiel Frauen mittleren Alters in unserer westlichen Gesellschaft für die Depression besonders anfällig. Eine verletzliche Frau, also eine, die in ihrer Kindheit zurückgewiesen wurde, tritt in ihren mittleren Lebensabschnitt mit Befürchtungen ein.

Unsere westliche Kultur verehrt die Jugend und sexuelle Attraktivität. Eine Frau mittleren Alters kann sich ganz leicht nicht liebenswert, nicht begehrenswert vorkommen. Wenn dieses Gefühl mit einer vergessenen (also unbewußten) früheren Ablehnung verknüpft wird, kann beim geringsten Grund eine Depression einsetzen. Und auch die Frauen-Emanzipations-Bewegung kann bei älteren Frauen ein Gefühl der Unzulänglichkeit hervorrufen, bei Frauen, die für eine neue Ausbildung zu alt und für eine bestimmte Arbeit oder Karriere nicht geeignet sind. Auch hier gilt, wenn diese Gründe der Unzulänglichkeit unbewußt eine Verbindung mit früheren Zurückweisungen eingehen, kann der geringste Anlaß die Depression auslösen.

Hier ein paar Fälle von Menschen, die an einer Depression leiden und in ihrer Kindheit ein Trauma erlebten:

Frau A. B., fünfundfünfzig Jahre alt, wurde von ihrem Ehemann in den frühen Morgenstunden tot aufgefunden, nachdem sie über einen langen Zeitraum hinweg gesammelte Pillen geschluckt hatte. Sie litt bereits seit langem an einer Depression. In der Nacht, als sie sich umbrachte, war sie allein. Ihr Mann war wie immer zur Arbeit gegangen. Er war Pianist in einem Nachtclub, begann um zweiundzwanzig Uhr zu spielen und kehrte nie vor drei Uhr morgens heim. In jener Nacht hatte Frau A. B. ihn gebeten, nicht zur Arbeit zu gehen – aber diese Bitte war nichts Ungewöhnliches. Sie haßte seine Arbeitszeit. An ihre Stimmungen gewöhnt und mittlerweile gleichgültig geworden, ging er trotzdem. Als er zurückkam, war sie tot.

Der Vater von Frau A. B. hatte sich in eine jüngere Frau verliebt, als die Patientin rund zwei Jahre alt war. Er hatte ihr Zuhause verlassen, um mit seiner neuen Liebe zusammenzuleben, und weigerte sich, zurückzukommen. Die Mutter von Frau A. B. war äußerst wütend darüber, daß er sie mit dem Kind alleine ließ. Sie versuchte, ihren Mann zu zwingen, einen Teil der Verantwortung zu übernehmen. Die Methode, die sie dazu wählte, war merkwürdig – und sie funktionierte nicht, wenn sie es auch immer wieder damit versuchte.

Am Abend hob sie ihr schlafendes Kind aus dem Kinderbettchen, wickelte es in einen Schal und trug es durch die Straßen zu einem Platz, an dem ihr Mann auf dem Rückweg von seiner Arbeitsstelle in der Innenstadt vermutlich vorbeikommen würde. Sobald sie ihn erblickte, rannte die Mutter von Frau A. B. los, warf ihrem Mann das Kind in die Arme und lief weg. Der Mann tat immer das gleiche. Er trug das Kind zurück in das Haus, wo sie mit ihrer Mutter lebte. Er legte das Kind vorsichtig zu Bett, drehte im Zimmer das Licht aus und ging wieder. Die Schreie des Babys berührten ihn nicht. Es war ihm auch egal, daß er es allein im Haus zurückließ. Er war unnachgiebig.

So lag das verschreckte Kind allein im Dunkeln, bis die Mutter heimkehrte, manchmal erst ein oder zwei Stunden später. Frau A. B. konnte sich nicht daran erinnern, daß sie von ihrer Mutter aus dem Bett geholt wurde, und auch nicht daran, daß ihr Vater sie wieder zu Bett brachte, oder daran, daß sie allein in dem dunklen leeren Haus lag. Sie wußte lediglich, daß ihre Eltern sich getrennt hatten, weil ihr Vater sich in eine andere Frau verliebt hatte, und daß sie ihn, nachdem er das Heim verlassen hatte, nur noch sehr selten zu Gesicht bekommen hatte. Wie ihr Vater sie heimgebracht, ins Bett gelegt und sie dann allein gelassen hatte, hatte sie von ihrer Mutter erfahren.

Wenn ihr Mann nachts zum Pianospielen im Nachtclub wegging, verspürte Frau A. B. angstvolle Verzweiflung, auch bevor die Depression ausbrach. Als sie krank wurde, verwandelte sich der Horror davor, alleingelassen zu werden, in einen Alptraum. Sie und ihr Mann stritten deswegen miteinander. Er sagte: »Es ist mein Job, in einem Club zu spielen. Du wußtest das, als wir heirateten. Damit verdiene ich unser Geld.«

Sie sagte: »Aber jetzt könntest du etwas anderes machen. Willst du den Rest deines Lebens in einem Nachtclub spielen?«

Er sagte: »Nur dort gibt's diese Jobs, deshalb mache ich es, und du findest dich besser damit ab, denn ich werde mich nicht ändern.«

Er hielt sie für unvernünftig und lästig und ging unnachgiebig seiner Wege. Der Anlaß für ihre Depression war ein junger Mann, von dem sie geglaubt hatte, daß er sie sehr gern habe, und der es auf einmal müde war, mit ihr zu flirten, und alle möglichen Ausflüchte erfand, um sie nicht wiedersehen zu müssen. Sie hatte ihn in einer Apotheke getroffen. Sie gingen zusammen nachmittags ins Kino, bummelten durch den Park, tranken Tee und lachten viel – was sie selten tat. Er hatte kein Geld, aber er kaufte ihr eine Rose. Sie war entzückt. Sie trafen sich wieder. Und wieder. Und dann verschwand er. Plötzlich sanken dunkle Wolken auf sie herab. Die abendlichen Abschiede von ihrem Mann wurden unerträglich. Sie brachte sich um.

Ein anderes Beispiel: C. D. war eine unverheiratete Frau von achtundvierzig Jahren, deren Eltern sich hatten scheiden lassen, als sie fünf Jahre alt gewesen war. Keiner der beiden Eltern wollte das Kind haben, und so wurde sie zur strengen Großmutter mütterlicherseits gesteckt. Sie erkannte, daß sie ein unglückliches Kind gewesen war, aber ihr war nicht bewußt, daß sie sich zurückgewiesen gefühlt hatte. Sie war intelligent und tüchtig. Als sie erwachsen war, arbeitete sie in einem großen Unternehmen. Eine ältere Kollegin versuchte, nett zu ihr zu sein und nahm sie unter ihre Fittiche. Eines Tages merkte sie, daß sie sich zu der älteren Frau sexuell hingezogen fühlte. Nach einer Weile konnte sie sich nicht mehr zurückhalten und gestand der Frau ihre Gefühle, die darauf schockiert war und erschreckt reagierte. Die ältere Frau zog sich aus der Beziehung zurück und sagte, sie würden sich wohl besser nicht mehr treffen. Die jüngere Frau verfiel in eine Depression. Eines Tages versuchte sie, mit der Frau zu telefonieren, die jedoch kurzangebunden und von kalter Feindseligkeit war. Die Patientin schrieb einen Abschiedsbrief, trank eine Flasche Whisky und sprang im fünften Stock aus dem Fenster. Sie hatte für die Depression keinen anderen Grund als die Zurückweisung durch ihre Kollegin.

Ein weiterer Fall: eine dreiundvierzigjährige Frau, L. M., war mit einem viel jüngeren Mann verheiratet, einem bekannten Modefotografen. Er begann, einigen jungen und wunderschönen Models recht deutlich große Aufmerksamkeit zu schenken. Die Patientin war unguter Stimmung, als sie zu Weihnachten ihre Eltern besuchte. Sie hatte schon immer ein schlechtes Verhältnis zu ihrer Mutter gehabt, die eine kalte und selbstsüchtige Frau war. Die Mutter hatte einen kleinen üblen Terrier, den sie hätschelte. Eines Nachmittags fügte der Hund der Patientin einen schlimmen Biß zu, als sie ihn von ihrem Platz auf dem Sofa zu vertreiben versuchte. Sie ging nach oben, um die Wunde zu reinigen und zu desinfizieren. Als sie wieder herunterkam, sah sie, wie ihre Mutter mit einem merkwürdig gütigen Gesichtsausdruck den Hund mit Pralinen fütterte. Die Patientin brütete lange und verbittert über diesen Vorfall und verfiel bald in eine Depression.

Diese Fälle zeigen, welche unterschiedlichen geistigen Aspekte in die Erfahrung von Leid bis hin zu Selbstmord involviert sind. Zum einen gibt es den unbewußten Teil des Gehirns, der die frühen Kindheitserfahrungen der Zurückweisung und der nachfolgenden Depression aufzeichnete; zum zweiten die Fähigkeit, Gefühle und Ereignisse aus dem Bewußtsein ins Unbewußte zu verdrängen; drittens, die Fähigkeit und Tendenz, zu symbolisieren; viertens die Tendenz zu verknüpfen oder zu integrieren; und fünftens, die Fähigkeit, Emotionen bewußt zu erleben.

Beginnen wir mit der Vergangenheit, mit der Kindheit. Alle drei Patientinnen erlebten in ihrer Kindheit eine tiefe Depression. Frau A. B. war zu jung, um sich an das Verhalten erstens ihrer Mutter und zweitens ihres Vaters zu erinnern, doch sie hatte stark darunter gelitten, daß ihre Eltern sie ablehnten und verließen.

C. D. gestand sich die Zurückweisung durch ihre

Eltern nicht ein und verdrängte die offensichtliche Wahrheit, als sie zu ihrer Großmutter geschickt wurde. In beiden Fällen wurden die Fakten und Gefühle vom Unbewußten aufgezeichnet. Es war eine symbolische Zurückweisung nötig, die sich mit der alten Ablehnung in der Kindheit verknüpfte, um die Patientinnen in die alten Kindheitsdepressionen versinken zu lassen. Letztere wurde zusammen mit den vergleichsweise geringen Ärgernissen der Gegenwart wieder erfahren.

Das Verknüpfen oder Verbinden der Gegenwart mit der Vergangenheit erfolgte unbewußt, und im Bewußtsein entwickelte sich kein Verständnis dafür, warum die Depression so intensiv war. Sehr kleine Kinder sind natürlich ihren Eltern und ihren Gefühlen völlig ausgeliefert. Sie können sich, anders ans Erwachsene, kaum selbst helfen. Die Kindheitsdepression ist mit Hilflosigkeit verbunden. Die Zurückweisung des Kindes durch Erwachsene, die mächtig und klug erscheinen, kann von dem Kind nur so interpretiert werden, daß die Schuld dafür beim Kind liegt – eine Wertlosigkeit, eine hohe Unzulänglichkeit. Auch kommt die Furcht auf, daß das Kind, da es so wertlos ist und die Eltern oder ein Elternteil zeigen, wie wenig sie sich aus dem Kind machen, verlassen werden könnte, zurückgelassen, um zu sterben. Folglich sind die Gefühle, die mit dem Wiedererleben der Zurückweisung durch eine Symbolfigur ins Bewußtsein schwappen, Gefühle vollständiger Verzweiflung, Hilflosigkeit und Minderwertigkeit.

Ich spreche von symbolischer Zurückweisung. Im Falle von Frau A. B. war der junge Mann, den sie zufällig in der Apotheke traf, mit dem sie durch den Park bummelte, der ihr die Rose geschenkt hatte und dann verschwunden war, für sie in Wirklichkeit von keiner großen Bedeutung. Sie fühlte sich geschmeichelt, durch diese kurze Begegnung erwärmt. Aber sie kannte ihn kaum. Im Falle von C. D. repräsentierte die ältere Frau ihre Mutter, und auch hier hätte C. D., hätte es in ihrem Leben nicht die frühere Zurückweisung gegeben, die schockierende Kälte, mit der ihre Kollegin ihre Liebeserklärung aufnahm, problemlos überleben können.

Jede Zurückweisung kann das Symbol einer früheren Zurückweisung sein. Ich kannte einmal jemanden, den starke Niedergeschlagenheit ergriff, weil sich ein Hund, den er am Strand traf, von ihm abwandte und sich nicht streicheln ließ.

Erwachsene können selbst eine Menge tun, um depressive Stimmungen und die Zurückweisung durch andere zu bewältigen, vorausgesetzt sie müssen nicht neben dem momentanen Leid auch noch mit den wiederbelebten Kindheitsgefühlen fertig werden. Erwachsene können eine Arzt aufsuchen und sich wenn nötig Tabletten verschreiben lassen, sich von all ihren Freunden helfen lassen, eine Auslandsreise antreten, einen anderen Freund oder eine andere Freundin suchen.

Das Kind hingegen ist wie jemand, der an die Wand genagelt und geschlagen wird. Die Schläge fallen, und das Kind kann ihnen nicht entfliehen. Der Erwachsene kann fliehen, aber wenn er unbewußt die Kindheitssituation wiedererlebt, erkennt er vielleicht nicht, daß ein Entkommen möglich ist.

Eine der Methoden, mit denen Menschen versuchen, der Depression zu entkommen, ist der Alkoholkonsum, eine Form des Selbstmords in kleinen Schritten. Das Trinken mildert zwar die Depression, doch ihm folgt am nächsten Tag eine noch schwerere Depression. Auf lange Sicht gesehen, wird dem stetigen regelmäßigen Alkoholkonsum eine ernste Erkrankung folgen. Das gleiche gilt für Kokain, das häufig aus demselben Grund genommen wird.

Die Behandlung der Depression

Medikamente

Die Medikamente, welche die Depression lindern, werden in zwei Kategorien unterteilt: das eine sind die MAOI-Hemmer, das andere die trizyklischen Antidepressiva. MAOI-Hemmer machen bei der Ernährung eine Einschränkung erforderlich, da sie in Kombination mit bestimmten Nahrungsmitteln gefährliche Symptome hervorrufen können. Die trizyklischen Antidepressiva auf der anderen Seite sind weniger gefährlich, und bei ihnen muß der Patient auch nicht auf bestimmte Nahrungsmittel verzichten.

Bei allen Medikamenten dauert es einige Tage oder sogar Wochen, bis sie Wirkung zeigen, und die Dosis muß richtig auf den Patienten eingestellt werden. Sie ist von Patient zu Patient verschieden und häufig eine Sache mehrmaligen Ausprobierens. Viele Patienten benötigen während der Depression eine Schlafhilfe und werden folglich ein Schlafmittel nehmen müssen. Man kann nie sicher sein, wenn man einem depressiven Patienten etwas verschreibt, daß das zunächst gewählte Medikament das geeignetste sein wird. Die Ärzte müssen oft die Tabletten wechseln und die Dosierung ändern, wenn die beste Wirkung erzielt werden soll.

Manische Phasen werden mit Tranquilizern behandelt. Die manische Depression kann man mit Lithium angehen, das den Effekt hat, daß es die manischen und die depressiven Phasen abschwächt. Es ist eine Substanz, die regelmäßig durch Bluttests kontrolliert werden muß, da die Konzentration im Blut ein bestimmtes Niveau haben muß. Der Lithiumpegel kann alarmierend ansteigen oder absinken – selbst wenn regelmäßig die gleiche Dosis genommen wird.

Psychotherapie und Depression

Die Depression ist eine gefährliche Krankheit, da die Patienten sich, wie wir gesehen haben, in Momenten der Verzweiflung umbringen, selbst wenn sie in Behandlung sind. Das ist eine Tragödie, denn die verzweifelte Stimmung geht vorüber. Wenn sich die Krankheit bessert, erlangt der Patient eine normale Geistesverfassung zurück. Ich glaube, daß Antidepressiva verabreicht und die Psychotherapie mit antidepressiven Medikamenten kombiniert werden sollte. Wenn ein Patient sehr depressiv ist, sollte die Therapie unterstützend und nicht analytisch sein. Ein sehr depressiver Patient ist für eine analytische Therapie nicht geeignet, die man bis zu einer Besserung der Krankheit aufschieben kann. Die Alternative zur Depression ist Wut. Es gibt eine alte therapeutische Redensart: »Aggression – oder Depression«. Wut ist für eine Vielzahl emotionaler Störungen eine äußerst wirkungsvolle Therapie. Aber bevor er die Fähigkeit, Wut zu empfinden, erreichen kann, braucht der Patient Unterstützung.

Der Unterschied zwischen unterstützender Psychotherapie und analytischer Psychotherapie ist folgender: die analytische Psychotherapie analysiert, zergliedert und untersucht die Denk- und Verhaltensstruktur eines Patienten. Gleichzeitig wird dabei versucht, Umstände und Ereignisse, die mit der Bildung dieser besonderen Struktur zusammenhängen können, zu verstehen und ins

Bewußtsein zu bringen. Die Untersuchung erfordert vom Patienten, daß er intelligent und aufmerksam mitarbeitet. In der akuten Phase der Depression ist der Patient nicht in der Verfassung, die Kindheitsursachen der Depression zu analysieren. Verwirrt, unfähig, sich zu konzentrieren, ohne Hoffnung, erschöpft, manchmal von dem Wunsch zu sterben beseelt, kann ein schwer depressiver Patient Erklärungen nicht aufnehmen und ist in Wirklichkeit auch nicht im entferntesten an ihnen interessiert.

Die unterstützende Therapie befaßt sich mit der augenblicklichen Krise. In ihr werden praktische Ratschläge, Verständnis und Sympathie angeboten. Schwer depressive Patienten müssen ermutigt werden, aufzustehen und nicht den ganzen Tag im Bett herumzuliegen, auszugehen, zu essen, mit Freunden zu sprechen usw. All diese Aktivitäten fordern vom Patienten (und vom Therapeuten!) beträchtliche Anstrengungen.

Wenden wir uns noch einmal den Experimenten der Verhaltensforscher zu. Sie entdeckten, wie gesagt, daß sie durch Isolierung der Babyprimaten von ihren Müttern emotionale Störungen hervorrufen konnten. Als sie diese depressiven und elenden jungen Primaten in Gruppen mit alten und jungen Primaten zurückführten, half ihnen der Kontakt mit Ersatzmüttern und Gleichaltrigen, die sich wie Geschwister verhielten. Mit anderen Worten, die gestörten Affen erhielten eine Art unterstützende Therapie. Die normalen Affen bauten einen sanften physischen Kontakt zu den depressiven und erregten »Patienten« auf, putzten sie, streichelten sie und integrierten sie langsam wieder ins Gemeinschaftsleben. Diese Experimente sind nicht schlüssig und sehr umstritten. Es wäre nicht klug, sie unkritisch auf die menschliche Verfassung zu übertragen. Auf der anderen

Seite, ich kann mir nicht helfen, wenn ich die Geschichte von ablehnenden Eltern in endloser Wiederholung von depressiven Patienten höre, die sich in der einen oder anderen Form mit derart voraussagbarer Regelmäßigkeit und mit derart großer Qual wiederholt, habe ich das Gefühl, daß ich, wenn ich diese emotional geschädigten Menschen unterstütze, mich wie eine Primaten-Ersatzmutter verhalte, symbolisch gesehen, mit ungeschickter primitiver Hand beruhige, die fehlenden Komponenten eines uralten Bindungssystems, das von der Evolution determiniert ist, zu reparieren und in Position zu bringen versuche. Und genau dies ist es vielleicht, was eine erfolgreiche Psychotherapie erreicht – die Vervollständigung oder Restauration unfertiger oder gebrochener Strukturen von Gefühlen und Gefühlsreaktionen. Das integrierte Ganze kann für eine gesunde Entwicklung und die psychische Gesundheit im Erwachsenen lebensnotwendig sein.

Selbstmord

»Kann ich bitte Herrn Z. sprechen?«
   »Sind Sie es, Yvette?«
   »Oh, Doktor! ... Victor ist ... tot ...«
   »Yvette! Wie? Wann?«
   »Er ... seine Tabletten ... ich fand ihn mittags ...«
   Mehr vermochte Yvette nicht zu sagen, und sie legte weinend den Hörer auf.
   Also hatte er es schließlich doch getan! Etwas, das ihn immer bedroht hatte – immer wieder in den letzten drei Jahren – eigentlich seitdem er mein Patient gewesen war. Typisch für Yvette, daß sie, obwohl sie wußte, wie depressiv und verzweifelt er in letzter Zeit war, bis Mit-

tag gewartet hatte, statt gleich am frühen Morgen zu ihm reinzugehen ... Typisch für ihr Verhältnis im Augenblick. Sie war am Ende ihrer Kraft, erschöpft, vorwurfsvoll und wütend auf ihn.

Menschen, die unter langanhaltender Depression leiden, bringen es mit unbewußter Entschlossenheit so weit, daß ihre Familien, Freunde und Ärzte in Gleichgültigkeit und Feindseligkeit abgleiten. Wenn dieses Stadium erreicht ist, wird jemand, der über Selbstmord nachdenkt, höchst verwundbar. Was bringt einen Mann oder eine Frau tatsächlich dazu, Pillen zu schlucken oder vor einen fahrenden Zug zu springen? Vielleicht ist irgendein unbedeutendes Ereignis eingetreten, irgendwer hat etwas Verletzendes gesagt, jemand hat ein Versprechen nicht eingehalten, ein Job ging verloren, ein Geschäft hat einen Rückschlag erlitten, es hat einen Streit gegeben, oder eine Beziehung ist zerbrochen ... Tragisch am Selbstmord ist, daß er fast immer zu vermeiden gewesen wäre (mit Ausnahme im Falle des ruhigen, vorsätzlichen Handelns eines Menschen, der an einer unheilbaren tödlichen Krankheit leidet).

Viele Menschen, die an Selbstmord denken, suchen nach einer ausgestreckten Hand, einer Versicherung der Liebe – nach einem Retter. Unglücklicherweise ist ihre Umgebung, wenn die Menschen schon lange Zeit depressiv gewesen sind, im entscheidenden Augenblick erschöpft. Die helfenden Hände ziehen sich zurück, und die Versicherungen wurden so oft wirkungslos wiederholt, daß sie nun nicht mehr erfolgen.

Die selbstmordgefährdete Person fühlt sich getrieben, die Geduld und Liebe ihrer Mitmenschen auf die Probe zu stellen, und wenn sie das immer weiter tut, provoziert sie schließlich die Zurückweisung, die einerseits befürchtet, andererseits aber auch für unausweichlich gehalten wird. Der Test lautet: »Liebst du mich? Bin ich liebenswert? Liebst du mich auch noch, wenn ich mich ganz unmöglich benehme? Werde ich bedingungslos geliebt?« Das sind Forderungen eines Kindes – und genau in der Kindheit nehmen die Ängste und Depressionen ihren Anfang.

Im Akt des Selbstmordes ist ein starker Schrei des Vorwurfs, der Verzweiflung enthalten. Und sehr oft ist auch der unbewußte Wunsch nach Bestrafung vorhanden: »Sieh, was du mir angetan hast! Das ist alles deine Schuld!«

Mit Sicherheit ist der Selbstmord eines Menschen für die ihm Nahestehenden, die Familienangehörigen, Kameraden und Freunde – und auch für die Ärzte – eine fürchterliche Strafe. Der Selbstmord hinterläßt eine Spur bitterer Schuldgefühle. Ich selbst fühlte mich angesichts Victors Tod zutiefst schuldig. Er hatte mich in der Nacht, bevor er starb, mehrmals angerufen und mir, wie so oft in der Vergangenheit, erzählt, er sei am Ende. Er habe nichts mehr, wofür es sich zu leben lohne, und er wolle einfach nicht mehr weitermachen. Wie immer versuchte ich ihn zu trösten und ihm Mut einzuflößen – vergeblich. Bei seinem letzten Anruf versprach ich ihm, am Morgen zurückzurufen. Das tat ich nicht. Ich hatte es eilig und war gestreßt und verschob das Telefonat auf den frühen Nachmittag. Zu spät. Hätte ich ihn angerufen, wäre er vielleicht gerettet worden – bis zum nächsten Mal. Victor hatte bereits viele Jahre zuvor versucht, sich umzubringen, es war ihm aber nicht gelungen. Er hätte es vermutlich irgendwann in der Zukunft wieder probiert, wenn diese Gefühle äußerster Sinnlosigkeit, Hoffnungslosigkeit und Ausweglosigkeit ihn wieder überkommen hätten.

Selbstmord wird in der Regel in einer sehr abnormen

Geistesverfassung, häufig unter Alkoholeinfluß und oft von Alkoholikern oder anderen Süchtigen verübt. Aber diejenigen, die sich umbringen, sind die, die als Kinder abgelehnt wurden, und obwohl sie zu dem Zeitpunkt, an dem sie sich zu töten beschließen, aus irgendeinem unmittelbaren Grund totale Verzweiflung (oder tiefe Wut) empfinden, sind es die Kindheitserfahrungen, die für den Tod verantwortlich sind.

Man sagt oft, daß Menschen, die dauernd damit drohen, sich umzubringen, es selten tatsächlich tun würden. Das stimmt nicht. Die Betreffenden können tage-, ja jahrelang über Selbstmord reden – und plötzlich, eines Tages, in einer bestimmten Stimmung, in einer dunklen Stunde, treibt sie ein Impuls dazu, die Drohung wahrzumachen. Der Augenblick, in dem ein Mann oder eine Frau zu sterben beschließen, muß einer der einsamsten sein, den ein menschliches Wesen überhaupt erleben kann.

Victor hatte sich Tabletten, Barbiturate, aufgespart, zu deren Verschreibung er einen nicht sehr weisen Arzt über Monate hinweg überredet hatte, als er unter starken Schlafstörungen litt. Er hob diese Tabletten für den Tag auf, an dem er es nicht mehr ertragen würde zu leben – und er hatte mir von ihnen erzählt. (Viele, die einen Selbstmordversuch unternehmen, haben es so gemacht, einen Vorrat tödlicher Tabletten angelegt, den sie in der Bereitschaft zu sterben heimlich gehortet hatten.)

Victor hat seit seiner Kindheit Selbstmordpläne gehegt. Er fühlte, daß er von Kindheit an ausgestoßen, vernachlässigt und verachtet worden war – und er blieb sein ganzes Leben ein Ausgestoßener. Er war in Deutschland zur Welt gekommen. Er stammte aus einer vornehmen katholischen Familie. Er war der um viele Jahre jüngere von zwei Söhnen. Sein Vater war ein bedeutender Rechtsanwalt, seine Mutter eine exzentrische und schöne Frau, die offen gegen die Nazis opponierte. Sein Vater starb, bevor Hitler an die Macht gelangte. Seine Mutter erlebte den Krieg in Haft, und als sie befreit worden war, erkrankte sie und starb ebenfalls. Keiner der beiden Eltern hatte für Victor viel Zeit. Er wurde von Gouvernanten in einer großen Berliner Wohnung erzogen. Ich konnte ihn vor mir sehen, einen schmalen, asketischen, einsamen kleinen Jungen, der durch leere Korridore und hohe stille Räume wanderte und schon damals unter extremer Langeweile und einem Gefühle der Sinnlosigkeit und Bedeutungslosigkeit seines Lebens litt. Irgendwo im Hintergrund lauerte eine übermächtige Gouvernante. Victor hatte seine Mutter leidenschaftlich aus der Ferne geliebt, aber sie war zu beschäftigt, sich groß um ihn zu kümmern. Und er erhaschte nur eine Blick von ihr, wenn sie durch die Wohnung eilte. Mit seinem überragenden Vater hatte er nahezu überhaupt keinen Kontakt. Vor ihrer offenen Konfrontation mit den Nazis hatte Victors Mutter ihn nach England geschickt, wo er in einer Public School wieder einsam und ausgestoßen war und gequält wurde.

Sobald er die Schule verlassen hatte, noch während des Krieges, trat er in die britische Armee ein (doch da er deutscher Abstammung war, durfte er nur bei den Pionieren dienen – für einen stolzen jungen Mann demütigend –, aber er akzeptierte das, da er keine Wahl hatte). Nach dem Krieg gründete er ein kleines Geschäft und traf Yvette. Von Zeit zu Zeit erkrankte er an einer schweren Depression. Zu seinem ersten Selbstmordversuch kam es, als er vom Tod seiner Mutter erfahren hatte.

Er wurde wegen seiner Depression an mich überwiesen. Er sprach häufig vom Tod – aber es gab Zeiten, in denen er fröhlich und optimistisch war, in denen er witzig, charmant und energiegeladen sein konnte. Nicht lange bevor er starb, begann sich sein Geschäft zu verschlechtern. Und was noch schlimmer war, Yvette begann, ihn zu ärgern und sich ihm gegenüber zunehmend feindselig zu verhalten.

Ich hatte Yvette kennengelernt. Sie war eine kleine, gütige Frau, ziemlich zurückhaltend und humorlos. Sie hatte kein Verständnis für Victors Depression und tat sehr wenig, um ihm zu helfen. Victor muß sie wegen ihrer Einfachheit, Unansehnlichkeit und geringen Größe im Gegensatz zu dem heroischen Zuschnitt seiner mächtigen lautstarken Mutter für sich ausgesucht haben. Er hatte ihr Schweigen genossen, ihre Adrettheit, ihre Beschäftigung mit nebensächlichen Haushaltsfragen, ihren Blumen, ihren Katzen ... Aber zuletzt, als ihn die Depression erneut gefangennahm, wurde all das wieder bedeutungslos.

Ich traf Yvette einige Wochen nach seinem Tod. Wir sahen uns traurig an, Schuldgefühle trafen auf Schuldgefühle. Victors Vorwurf lebte weiter. Das ist so beim Selbstmord. Der Mann oder die Frau verschwindet; die Hinterbliebenen widmen sich weiter der Selbsterforschung, fragen sich wieder und wieder: »Was habe ich falsch gemacht? Was hätte ich dagegen tun können? Warum war ich nicht da ...?«

Und tatsächlich, während der Akt des Selbstmord aggressiv ist, sowohl für die sterbende Person wie für die ihr Nahestehenden, ist häufig auch auf seiten der Mitmenschen Aggression vorhanden: »Na gut, dann los, tu es!« Ich hatte nicht angerufen. Yvette war erst in Victors Zimmer gegangen, als er bereits tot war.

Ein anderes Beispiel. Edward X., ein Bergsteiger, heiratete zwischen zwei Expeditionen in die Antarktis und zum Himalaya eine schöne, aber verantwortungslose und leichtsinnige junge Frau, die nicht in der Lage war, alleine einen Haushalt zu führen und Kinder großzuziehen. Doch genau dazu war sie gezwungen, da Edward so oft zum Bergsteigen oder auf der Suche nach einem Weg zum Pol unterwegs war. Sie hatten zwei Kinder, einen Jungen und ein Mädchen.

Edward war eine glanzvolle Persönlichkeit, und bei seinen seltenen Auftritten zu Hause waren seine Kinder von ihrem ansehnlichen, braungebrannten Vater entzückt, den Ruhm und Glorie umgaben und der von zahlreichen Staaten Auszeichnungen erhalten hatte.

Bei einer seiner Expeditionen traf er eine Bergsteigerin und vernarrte sich völlig in sie. Bei seiner Rückkehr teilte er Joyce, seiner Frau, mit, daß er sich verliebt habe und sein weiteres Leben mit Hedi verbringen wolle. Er verschwand beinahe ohne einen Blick zurück auf seine beiden Kinder Gavin und Sheila. Gavin war zu diesem Zeitpunkt sechs, Sheila war vier Jahre alt. Einige Jahre lang sahen sie ihren Vater nicht wieder. Sobald Joyce den Schock über die Zurückweisung überwunden hatte, lernte sie eine Reihe von Männern kennen und lebte auch mit ihnen zusammen, daneben hatte sie zahlreiche Liebhaber.

Edward X. stand oft in den Zeitungen, mit Fotos von ihm, wie er auf einem Berggipfel stand oder durch die Wälder Amazoniens streifte, er sprach gewandt über seine Erfolge im Fernsehen, im grellen Licht der Öffentlichkeit, kämpfte für den Fortbestand der Seehunde, der Wale oder der Wälder. Seine Kinder mußten ihn für einen Helden halten – und sich selbst für derart uninteressante oder wertlose Wesen, daß dieser Held sie nicht besuchte. Ihre Mutter war in der Zwischenzeit zu sehr mit ihren Liebhabern beschäftigt, als daß sie für die Kinder mehr als flüchtige Aufmerksamkeit aufgebracht hätte. Sie wurden überwiegend von ihrer Kinderfrau, einer älteren Schottin, und ihrer Großmutter mütterlicherseits, einer alternden Version ihrer eigenen Mutter, großgezogen. Niemandem fiel besonders auf, daß es traurige verschlossene Kinder waren – abgesehen von den Zeiten, wo sie äußerst schwierig und fordernd waren und etwas anstellten. Nach einem besonders bösen Krach schluckte Gavin, nunmehr in der Pubertät, eine Handvoll Aspirintabletten, die er ganz offen im Schrank von Joyces Badezimmer gefunden hatte, und erzählte es Joyce sofort. Er mußte dann ins Krankenhaus, wo ihm der Magen ausgepumpt wurde, und anschließend überwies ihn der Arzt an einen Psychologen. Infolge dieses Dramas, das Gavin unbewußt eingefädelt hatte, um die Aufmerksamkeit auf sein Elend zu lenken, wurde Edward X. ein Brief geschrieben, und zwischen ihm und seinen Kindern ein Treffen arrangiert.

Er war recht nett zu ihnen, wie er es vermutlich auch zu zwei fremden Kindern gewesen wäre; sie benahmen sich höflich, und es kam zu weiteren Treffen. Hedi allerdings, die nun mit Edward X. herumstritt, behauptete, seine Kinder nicht zu mögen, und sie schnitt und übersah die Kinder regelmäßig, wenn diese ihren Vater besuchten. Als Gavin und Sheila größer wurden, drifteten sie erneut von ihrem Vater weg.

Hier haben wir es mit zwei Kindern zu tun, die von beiden Eltern abgelehnt wurden. Was ihren Vater angeht, so war dieser ein von aller Welt bewunderter Mann, so daß auch sie ihn bewundern mußten. Seine Abenteuer, sein Mut, seine Erfolge waren allgemein bekannt. Die Kinder waren gezwungen, ihn für einen wunderbaren Mann zu halten, der sie leider jämmerlich wertlos fand. Was ihre Mutter anbelangt, Joyce liebte die Kinder sicher auf ihre Weise, war ihnen gegenüber aber so lässig, so gleichgültig gegenüber ihren Bedürfnissen, daß sie glauben mußten, daß auch sie nicht viel von ihnen hielt. Beide Kinder wuchsen zu zwei zutiefst gestörten Erwachsenen heran, auch wenn sie für den flüchtigen Betrachter schöne, intelligente Menschen waren.

Sheila heiratete sehr jung einen wesentlich älteren, mächtigen Industriellen. Er hatte sich für diese Eheschließung von seiner ersten Frau scheiden lassen. Er fand bald heraus, daß Sheila einer der unsichersten Menschen auf der Welt war. Beim geringsten Problem brach sie in Tränen aus, weinte und schrie stundenlang, schloß sich in ihrem Schlafzimmer ein und drohte mit Selbstmord. Sie war äußerst mißtrauisch gegenüber ihrem Mann, beschuldigte ihn wild der Untreue, wurde hysterisch, wenn sie ihn mit anderen Frauen sprechen sah, und wurde dafür bekannt, daß sie Partys sofort verließ, wenn ihr Mann mit einer seiner alten Freundinnen tanzte. Ein oder zwei Jahre nach ihrer Heirat bekam sie ein Kind, ein Mädchen. Kurz nach der Niederkunft begann Sheila, unter einer Depression zu leiden. Sie erwog in ihrem Kopf ernsthafte Selbstmordpläne. Sie fing an zu glauben, Henry, ihr Mann, stehe kurz davor, sie wegen einer anderen Frau zu verlassen. Sie wollte sich nicht um das Kind kümmern, das dann von einer Kinderschwester betreut wurde. Henry stimmte in seiner Verzweiflung mit dem Arzt überein, daß Sheila psychotherapeutisch behandelt werden sollte. Er war ganz und gar nicht beruhigt, als der Therapeut ihm nach mehreren Gesprächen mit Sheila mitteilte, er sei der Meinung, Sheila sei nicht fähig, ihr Kind zu lieben – und vermutlich, mit ihrer Vergangenheit, auch nicht in der Lage, überhaupt jemanden zu lieben.

Henry, der Stärke bewies, wenn es um die Industrie ging, war in seinen Beziehungen zu Frauen nicht stark. Verwirrt und beunruhigt über den Stand seiner zweiten Ehe, begann er, sich wieder mit seiner ersten Frau zu treffen und ihr zu gestehen, daß er mit der Scheidung und der Eheschließung mit Sheila vielleicht einen schrecklichen Fehler begangen habe. Seine Ex-Frau empfand natürlich bei der Nachricht von Sheilas katastrophaler Verfassung grimmige Genugtuung. Der Therapeut machte mit Sheila nur langsam Fortschritte. Die Szenen mit Henry dauerten an. Eines Nachts, als es besonders schrecklich war, verließ er mit seiner kleinen Tochter das Haus. Er beabsichtigte, nach ein oder zwei Stunden zurückzukehren – und nahm das Kind mit, weil er fürchtete, Sheila könne ihm weh tun – aber als er wieder nach Hause kam war Sheila tot, sie war aus dem Fenster im obersten Stock ihres Hauses gesprungen.

Es fällt nicht schwer zu verstehen, daß die arme Sheila mit ihrer großen Instabilität unbewußt ein wirres Wiedererleben ihrer Kindheitserfahrungen fürchtete und so arrangierte: der Vater, der mit einer anderen Frau fortgeht, ein verlassenes Kind; und in ihrer Depression sah sie nur noch eine Lösung für sich – Selbstmord.

Wenn Menschen ernsthaft daran denken, sich umzubringen, scheint es für sie keine Alternativen mehr zu geben. Die Welt sieht so grau, die Zukunft so hoffnungslos aus, daß sie sich keine andere Lösung für ihre Schwierigkeiten mehr vorstellen können. Es gibt natürlich eine Reihe von konstruktiven Schritten, die man unternehmen könnte, anstatt »allem ein Ende zu setzen«. In Sheilas Fall etwa eine längere Psychotherapie, ein Aufenthalt in einer angenehmen Klinik, später vielleicht die Scheidung und eine neue Ehe mit einem Mann, der ihr altersmäßig näher steht, Ferien, ein Job usw.

Sheilas Bruder Gavin beging ebenfalls Selbstmord, aber auf andere Weise. Er begann zu trinken und wurde langsam Alkoholiker. Er heiratete zweimal und ließ sich zweimal scheiden (wie sein Vater, als auch die Ehe mit

Hedi schließlich in die Brüche ging). Er hatte zahlreiche Liebesaffären, wie seine Mutter. Er hatte eine Reihe vernünftiger Jobs, denn er war, wie sein Vater, tüchtig und intelligent, aber er verlor einen nach dem anderen, da der Alkohol ihn seiner Tüchtigkeit beraubte. Als sein Vater starb, hinterließ er Gavin ein kleines Einkommen. Davon lebte er alleine in einem kleinen Haus in Wales mit einem Collie. Eines Tages fand ein Nachbar, der sich etwas ausleihen wollte, das Haus verschlossen vor, während der Hund drinnen bellte und bellte. Nach einer Weile wurde die Polizei gerufen, und als man das Häuschen aufbrach, fand man Gavin tot vor. Er hatte eine Magenblutung gehabt – eine Vene war geplatzt, was bei einer durch Alkohol verursachten Erkrankung der Leber häufig vorkommt.

Obwohl er viele Talente und Qualitäten besaß, betrachtete Gavin sich als wertlos. Der Schmerz und der Abscheu vor ihm selbst, den eine derartige Überzeugung hervorruft – wenn auch häufig unbewußt –, veranlaßt die Betroffenen, sich mit Alkohol oder anderen Drogen zu betäuben und sich langsam selbst zu zerstören. Doch das Sterben in kleinen Schritten ist anders als die heftige Aggression des plötzlichen Selbstmordes. Wir alle kennen sicher Menschen, die sich gewaltsam umgebracht haben. Vielleicht haben alle das Gefühl, daß man ihnen bei der Verhinderung der Tragödie hätte helfen können. Und das ist richtig. Solche Selbstmorde finden in einer bestimmten Stimmung statt – und Stimmungen sind vorübergehender Natur, sie wechseln. So liegt, wenn Menschen sich umbringen, eine zweifache Aggression vor. Einmal die offene Aggression derjenigen, die zur Tat schreiten, und zum zweiten die passive Aggression derjenigen, die gleichgültig oder provozierend dabei zuschauen.

Psychosomatische Störungen

Psychosomatische Störungen entstehen in Verbindung mit Streß. Es sind körperliche Störungen, von denen man annimmt, daß sie durch emotionale Störungen ausgelöst werden. Asthma, Ekzeme und Magengeschwüre sind Beispiele für psychosomatische Erkrankungen. Auch viele andere Krankheiten, so glaubt man, sind mit psychischen und emotionalen Erschütterungen verbunden, vor allem Brustkrebs. Neuere Studien auf diesem Gebiet legen nahe, daß starker Streß nicht nur Brustkrebs auslöst, sondern auch zu einem Wiederauftreten von Krebs nach einer erfolgreichen Operation oder einer anderen Behandlung führen kann.

Es fällt nicht schwer zu akzeptieren, daß der Körper auf emotionalen Aufruhr reagiert. Ich erinnere mich an einen Chirurgen, der während des Blitzkrieges im letzten Krieg in London arbeitete und mir von Menschen berichtete, die er während der Luftangriffe beobachtet hatte. Er sagte: »Man mußte nur in einem Bus sitzen, wenn die Sirenen zu heulen begannen, und schon konnte man sofort Körper-Geist-Reaktionen beobachten. Manche Passagiere wurden rot im Gesicht und am Hals, andere wurden blaß. Die Gesichter begannen zu schwitzen, einige Glieder zitterten, andere wurden steif.«

Erröten, Erblassen, Schwitzen, Muskelzittern oder –erstarrung – all dies wird durch das vegetative Nervensystem in Reaktion auf Angst ausgelöst. Das Nervensystem hat zwei Seiten. Es gibt das zentrale Nervensystem, das Gehirn und das Rückenmark und Nerven, die in die Glieder führen; und es gibt das vegetative Nervensystem, das Impulse von und zum Herzen, von und zur Lunge, den Blutgefäßen, dem Gedärm/der Blase, dem endokrinen Drüsensystem usw. übermittelt. Das vegetative Nervensystem wird stark von der Psyche beeinflußt, aber es funktioniert überwiegend ohne bewußte Wahrnehmung seiner Aktivitäten. In Reaktion auf Angst oder Wut können der Magen und der Zwölffingerdarm überschüssige Salzsäure produzieren, kann der Blutdruck steigen. Manchmal haben Menschen in emotional angespanntem Zustand das Bedürfnis, häufig die Blase oder den Darm zu entleeren.

Aber die Art, wie die Menschen auf Emotionen reagieren, hängt von bestimmten angeborenen, also ererbten, Merkmalen ab. Besondere physische Dispositionen – die es noch zu enträtseln gilt – bestimmen, welches System im Körper, wenn überhaupt, von Streß beeinflußt wird. So entwickeln manche Menschen beispielsweise in Perioden chronischer Angst oder Frustration Magengeschwüre. Andere reagieren auf Streß mit Hautreizungen und -ausschlägen, mit Migräne oder Asthma. Die vererbte körperliche Prädisposition für eine bestimmte Krankheit wartet sozusagen auf den Moment, in dem emotionale Faktoren Symptome begünstigen und der Krankheit die Möglichkeit geben, in Erscheinung zu treten.

Psychosomatische Erkrankungen sind bei Kindern in Not keine Seltenheit. Verdauungsprobleme, Durchfall, Spannungskopfschmerzen, Migräne und Bettnässen können bei ängstlichen und gestörten Kindern leicht auftreten. Asthma ist eine weitere Erkrankung, die stark von Emotionen beeinflußt wird. Man nimmt an, daß Asthma die Antwort eines Kindes auf die Feindseligkeit der Eltern sein kann.

Einer meiner Freunde bemerkte einmal, als wir über ein bestimmtes Ereignis sprachen: »Oh ja! Ich kann mich erinnern. Das war das Jahr, in dem meine Mutter starb und mein Asthma verschwand.« Die Theorie dazu lautet, daß die feindselige Mutter bewußt oder unbewußt dem Kind wehtun will. Das Kind reagiert darauf, indem es »verletzt« wird, sich selbst, so könnte man sagen, mit einem Asthmaanfall wehtut – ein Zustand, der mit Sicherheit ein hohes Maß an Leid mit sich bringt. Auf diese Weise wird die Feindseligkeit der Mutter abgefälscht. Wie ich an anderer Stelle bereits erläuterte, neigt die Aggression dazu, zeitweilig zu schwinden und sich aufzulösen, sobald eine Schädigung stattgefunden hat. Der betreffende Elternteil kann sich eine Zeitlang gegenüber dem Kind aggressionsfrei fühlen. Aber dann tauchen die feindseligen Gefühle wieder auf und richten sich erneut gegen das Kind, das prompt einen weiteren Asthmaanfall bekommt.

Ich habe früher in einem Krankenhaus für Hautkrankheiten gearbeitet, wo ich eine kleine Studie über eine Reihe von Patienten durchführte, die an plötzlich auftretender Alopezie litten – einem Ausfall des Kopfhaares, der so schwer sein kann, daß er völlige Kahlheit zur Folge hat. Alle Patienten, die ich sah, hatten einen emotionalen Schock erlitten, bevor ihr Haar auszufallen begann. Manche hatten einen Autounfall, einer war in einer Feuersbrunst gewesen, andere hatten einen geliebten nahestehenden Verwandten oder Gatten verloren. Aber manche hatten auch aufgrund scheinbar trivialer Geschehnisse einen Schock erlitten – trotzdem war der emotionale Schmerz groß. Einer Dame, so kann ich mich erinnern, war der heißgeliebte Wellensittich durch ein offenes Fenster entflogen und für immer verschwunden. Auch andere hatten, durch Krankheit oder Unfall, Haustiere verloren.

Ich sprach auch mit vielen Patienten, die an Veränderungen verschiedenster Art des Hautgewebes litten. Die Beziehung zwischen psychischer Verfassung und Haut war deutlich zu erkennen. Ich sah Kinder, die unter Ekzemen zu leiden begannen, sobald ihre Eltern einen schlimmen Krach miteinander hatten oder während der Scheidungsprozedur der Eltern. Auch bei anderen Hautveränderungen läßt sich beobachten, daß sie unter Streß aufflackern oder erneut zum Ausbruch gelangen.

Im Gegensatz zu einigen anderen Reaktionen von Kindern – oder Erwachsenen – auf störende und quälende Umstände ist die psychosomatische Krankheit kein Protest und auch kein unbewußter Hilfeschrei. Vielmehr ist sie eine Erscheinung, mit welcher der Körper ein psychisches oder emotionales Leiden begleitet, ein nach außen gewandter Hinweis, daß der Patient ein Opfer ist. Manche psychosomatischen Erkrankungen stehen in enger Verbindung mit Allergien. Allergische Menschen werden gegen bestimmte Substanzen (»Allergene«) überempfindlich, etwa gegen Pollen, Staub oder bestimmte Lebensmittel, und wenn diese Menschen, wie allgemein bekannt ist, auf diese Stoffe treffen, treten Symptome auf. Die Symptome können Hautausschläge, Heuschnupfen, Asthma usw. sein – genau die Symptome, die auch durch Streß hervorgerufen werden können.

Es gibt auch sogenannte »autoimmune« Krankheiten, die unser Körper hervorbringt, indem er selbstzerstörerische, den Allergenen ähnliche Substanzen produziert, auf die der Körper mit Symptomen reagiert: dazu gehören zum Beispiel die rheumatische Arthritis, Lupus erythematosus (Schmetterlingsflechte), möglicherweise Thyreotoxicosis (eine Schilddrüsenkrankheit) und andere Krankheiten. Diese Zusammenhänge sind noch nicht voll enträtselt, aber höchstwahrscheinlich spielt die Psyche bei ihrem Entstehen und ihrem weiteren Verlauf eine Rolle.

Eine meiner Patientinnen, Felice, litt unter einer Vielzahl psychosomatischer Störungen, unter Hautausschlägen, Rhinitis (eine Entzündung der Nasenschleimhäute), Migräne und wiederkehrenden Asthmaanfällen. Sie war das jüngste in einer Familie mit vier Kindern, ein unerwünschtes und ungeliebtes Kind. Ihre Mutter hatte sie bereits vom Augenblick ihrer Geburt an nicht gemocht. Ihre Feindseligkeit wurde unterdrückt, aber sie zeigte sich von Zeit zu Zeit, bedrohlich und unbewußt. So erzählte die Mutter Felice beispielsweise, als das Kind alt genug war, um es zu verstehen, daß sie ihr »aus Versehen« eine starke Dosis Rizinusöl verabreicht hätte, als sie erst ein paar Tage alt war, und sie beinahe daran gestorben wäre.

Felice, ein schüchternes, fügsames Persönchen, durchlebte eine Kindheit in Angst und Schrecken und wartete auf den nächsten Angriff ihrer Mutter. Auch ihr Körper wurde häufig in diese Angriffe verwickelt. Felices Mutter, die die Aggression hinter frommer Fürsorglichkeit versteckte, bestand darauf, daß Felice eine strenge Diät befolgte, damit Ausschläge und Kopfschmerzen gemildert würden, und dazu verschiedene strafende Formen von Ruhepausen und körperlicher Ertüchtigung. Sie wurde auch gezwungen, fürchterlich schmeckende Säfte und andere Medikamente zu schlucken. Auf Süßigkeiten, Kuchen oder beinahe alle Lebensmittel, die sie gerne aß, mußte sie verzichten, da ihr Körper sonst Symptome zeigen würde.

Infolgedessen wuchs Felice in dem Glauben auf, ihr Körper sei bei der geringsten Gelegenheit bereit, ihr gegenüber aggressiv zu werden, sie anzugreifen. Sie übertrug unbewußt die Feindseligkeit ihrer Mutter auf die Macht ihres Körpers, ihr weh zu tun. Anstatt schreckliche Angst vor der Mutter zu haben, glaubte sie unbewußt, daß ihr Körper sie, wenn er dazu die Möglichkeit hätte, zerstören würde. Der bewußte Ausdruck dieses Glaubens war die irrationale Angst vor Krankheiten. Wenn sie sich in den Finger schnitt, geriet sie in Panik und sah sich bereits an Wundstarrkrampf oder Blutvergiftung sterben. Wenn sie sich erkältet hatte, fürchtete sie, sie habe eine Lungenentzündung. Als Folge dieser Hauptsorge um und Furcht vor ihrem Körper verschlimmerten und vervielfachten sich ihre psychosomatischen Symptome. Je schlechter sich Felice fühlte, um so ängstlicher wurde sie – ein schrecklicher Teufelskreis.

Viele haben Angst vor ihrem Körper. Wir sind uns heute der Gründe für Krankheiten stärker bewußt, wir kennen die Gefahren unserer Eßgewohnheiten, unseres Sexualverhaltens, des Rauchens und des Alkohols. Die Angst vor Krankheiten ist jedoch häufig irrational. Die Leute rauchen und trinken weiter, lassen die Finger nicht von den tierischen Fetten, fürchten sich aber vor dem Tod. Wir rationalisieren vermutlich unbewußt, was ursprünglich eine Furcht vor feindseligen Eltern war, und ersetzen die Eltern durch den Körper.

Aus dem Gesagten läßt sich ersehen, daß wir unseren Körpern unbewußt eine Identität zuweisen – eine begriffliche Vorstellung von einem Wesen, das Macht über uns hat – das ist natürlich eine Replik auf unsere Position als Kinder mit mächtigen Eltern. Wir können sogar unbewußt die Neigung zeigen, verschiedene Organe unseres

Körpers mit einer eigenen Identität auszustatten, vor allem wenn diese Schmerz und Krankheit verursachen. Menschen mit Nierenversagen zum Beispiel können ihre Nieren als übelmeinende Diktatoren einer Lebensweise betrachten, die befolgt werden muß – Diät, Ruhepausen, der wöchentliche Gang zum Dialysegerät (das in unserem Unbewußten gleichfalls eine Identität annehmen kann – als Retter oder als Monster).

Unser begriffliches Denken bringt uns dazu, selbst einen wiederkehrenden Schmerz, unter dem wir vielleicht leiden, mit einer Identität auszustatten – etwa Rückenschmerzen oder Ischias. (Es hat mich schon wieder erwischt.)

Das führt zum letzten Punkt. Emotionaler Streß läßt sehr leicht eine Muskelverspannung entstehen. Stark angespannte Muskeln und verkrampfte Muskeln bereiten uns Schmerzen. Viele Rückenschmerzen, Kopfschmerzen, Nackenschmerzen sind die Folge von Streß und Angst. Unser Geist hat starken Einfluß auf unseren Körper. Wir stehen erst am Anfang mit unserem Verständnis, wie der Geist den Körper beeinflußt, aber es scheint im Augenblick so, als seien wesentlich mehr Krankheiten psychisch beeinflußt, als wir früher geglaubt haben. Es kann gut sein, daß Menschen, die eine schreckliche Kindheit hinter sich haben, für körperliche Erkrankungen im späteren Leben anfälliger sind als andere. In den nächsten Jahren werden wir mehr über die Geist-Körper-Beziehung herausfinden.

5. Teil

Eine Neubewertung der analytischen Psychotherapie

Eine Neubewertung der analytischen Psychotherapie

Die analytische Psychotherapie ist für viele enorm, für manche begrenzt und für andere vielleicht überhaupt nicht hilfreich. Rekapitulieren wir noch einmal; mit *analytischer* Psychotherapie meine ich eine Therapie, die, im Laufe von Gesprächen und der Beziehung, die sich zwischen Therapeut und Patient entwickelt, die Kindheitsursachen, die Ursprünge der Probleme eines Menschen untersucht. Es ist eine Therapie, die sich ein Problem vornimmt, dessen Elemente analysiert und die Spuren der augenblicklichen Gefühle und Verhaltensweisen in die Kindheit zurückverfolgt.

Hier nun drei Beispiele, die illustrieren, wann und wie die analytische Therapie von Nutzen sein kann und bis zu welchem Grad, und die außerdem zeigen, welche Grenzen der analytischen Psychotherapie unter bestimmten Umständen gesetzt sind und wann sie sinnnlos ist.

Zunächst der Fall von Jocelyn, einer fünfundvierzigjährigen Frau. Sie ist Krankenschwester und arbeitet in den Vereinigten Staaten. Sie ist hochqualifiziert und erhielt Preise und Ehrungen, als sie die Ausbildung zur Krankenschwester durchlief. Sie beschloß schon vor langer Zeit, daß sie vor allem mit Kindern arbeiten wollte. Vor kurzem nahm sie eine Stellung an einem großen Kinderkrankenhaus in einer kleinen Stadt an der Ostküste der USA an.

Als sie mich anrief, erzählte sie mir, ihre Depressionen seien wieder aufgetaucht – »aber ich schaffe das, ich kann gut damit umgehen«, sagte sie. Sie berichtete mir weiter, sie habe vom Kinderkrankenhaus an ein Allgemeinkrankenhaus gewechselt. Als sie das sagte, begann sie zu weinen: »Ich konnte es einfach nicht aushalten«. Sie hörte sich sehr erregt an. »All diese kleinen Kinder, der Mißbrauch« – eine Mutter, die dem Kind eine Kartoffel in den Hals gestopft hatte, die operativ entfernt werden mußte; ein Vater, der mit einem ein Jahr alten Baby Geschlechtsverkehr hatte; die Knochenbrüche und die Blutergüsse und die Wunden ... und der ganze sexuelle Mißbrauch ... das habe ich nicht ertragen ...«

Nun Jocelyns Geschichte. Ihre Mutter war gestorben, als sie zwei Jahre alt war. Ihr Vater, ein Alkoholiker, hatte sie schrecklich mißhandelt. Sie wurde per Gerichtsbeschluß ihrem Vater weggenommen und der Fürsorge von Pflegeeltern übergeben. Aber auch dort wurde sie rüde und kalt behandelt. Sie sagte: »Wir waren einfach zu viele, das schafften sie nicht – sie waren nicht wirklich grausam, es war eher Vernachlässigung ...«

Emotional wurde sie benachteiligt, bis sie alt genug geworden war, sich eine Arbeit zu suchen und alleine zu leben. Als ich sie kennenlernte, hatte sie einen kindlichen Körper und ein kindliches Gesicht und lächelte viel. Aber ihre Augen sahen benommen und versteinert aus; ihr Lächeln war wenig überzeugend. Ich wußte, sie hatte zeitweise unter Anfällen schwerer Depression gelitten, wußte aber auch, daß sie eine Überlebende war, die darum kämpfte, zu leben und zu lieben.

Ihre Liebensaffären waren entsetzliche Fehlschläge. Jocelyn konnte nicht lieben, und sie ließ sich stets auf ablehnende Männer ein. Sie kämpfte weiter, wurde in reifem Alter Krankenschwester, und es ging ihr gut, wie bereits gesagt. Aber es war abzusehen, daß sie emotionale Probleme mit der Pflege von Kindern haben würde, und vor allem von übel mißhandelten und mißbrauchten Kindern.

Sie identifizierte sich natürlich mit diesen kleinen Wesen, die so viel mehr Mitleid erregen als jeder Erwachsene mit Schmerzen oder einer Krankheit, und sie identifizierte sich besonders mit den Opfern grausamer Eltern. Ihre beträchtliche eigene Erfahrung physischen und emotionalen Schmerzes wurde zu dem Leid, das sie bei den Babys und Kindern auf der Station antraf, hinzuaddiert. Diese doppelte Belastung konnte sie einfach nicht ertragen. Ihre Depression trat wieder auf. Sie mußte ihren langgehegten Plan, Kinder zu pflegen, aufgeben.

Jocelyn war unter emotionalem Gesichtspunkt zu schwer geschädigt, um jemals »geheilt« werden zu können. Sie war wie jemand, der in frühen Jahren schwere körperliche Verletzungen erlitten hat, und Narben, schmerzende Glieder und Wunden, die jederzeit erneut aufbrechen können, mit sich herumträgt, nur daß die Verletzungen die Gefühle und nicht den Körper betrafen.

Der zweite Fall war eine andere junge Frau, eine ehemalige Patientin, die mich gleichfalls anrief. Sie entschuldigte sich für die Störung und fragte, ob ich ihr irgendwie helfen könnte. Sie hatte angefangen, an Klaustrophobie zu leiden und empfand die langen Aufenthalte in den Tunneln der U-Bahn beinahe unerträglich. Aber sie lebte etwas außerhalb der Londoner Innenstadt und mußte mindestens einmal die Woche wegen ihrer Arbeit in die Stadt hereinfahren, und es gab kein anderes Transportmittel.

Sie hatte vier Monate zuvor ein weiteres Kind bekommen, ein zweites Wunschkind, das ihrem dreijährigen Töchterchen ein Freund werden sollte. Lulu selbst war ein Einzelkind. Als kleines Mädchen war sie von ihrem Vater angebetet worden, doch dieser war gestorben, als sie neun Jahre alt war. Ihre Mutter war eine äußerst fähige, tüchtige und erfolgreiche Geschäftsfrau, die sich nicht einmal vierzehn Tage freigenommen hatte, um ihr Kind zu bekommen, und das Baby sofort in die Pflege von Kinderschwestern gegeben hatte.

Ihre Mutter, so erfuhr ich, hatte eine sehr ambivalente Einstellung zu ihrer Tochter gehabt. Ihre Liebe war mit starker unbewußter Aggression belastet. Das Kind war eine Plage, eine Last, und besonders nach dem Tod ihres Mannes regte sich Lulus Mutter in der Gegenwart ihres Kindes mehr und mehr auf. Unbewußt wollte sie die Belastung loswerden. Lulu war nervös, hing ihr am Rockzipfel, weinte viel, wollte bei ihrer Mutter sein, wollte nicht bei der Kinderschwester bleiben, wollte nicht essen, hatte Alpträume usw. Ihre Mutter, gefangen in dem Dilemma zwischen ihrem unbewußten Wunsch, Lulu zu beseitigen, und dem bewußten Wunsch, die Tochter zu lieben, begann unter Ängsten zu leiden, daß Lulu ein Unfall zustoßen könnte, eine Krankheit, daß sie sterben könnte … Lulu reagierte darauf mit Schwächlichkeit, einer Anfälligkeit für leichtere Krankheiten und gelegentlichen Asthmaanfällen, und sie entwickelte zudem eine starke Angst oder Phobie vor Objekten, von denen sie meinte, daß diese sie verletzten könnten. Wenn ihr Blick auf einen derartigen Gegenstand fiel, begann sie zwanghaft zu grübeln und konnte damit nicht mehr aufhören. Wenn sie zum Beispiel ein Päckchen Sicherheitsnadeln oder Haarklemmen sah, dachte sie: »Was geschieht, wenn ich sie alle verschlucke? Was geschieht ...« Ihre Hand streckte sich nach den Nadeln aus und sie fing an, sie zu betasten. »Was geschieht wohl, wenn ich sie in den Mund stecke ... würde ich dann sterben?« Oder sie brütete beim Anblick einer Nagelfeile zwanghaft darüber nach, sich damit ins Handgelenk zu stechen; oder bei einer Schere: »Was geschieht wohl, wenn ich sie durch mein Ohr und in meinen Kopf stoße?«

Sie fragte sich auch, ob sie sich umbringen oder sich die Beine brechen würde, wenn sie von einem Balkon im oberen Stock des Hauses springen würde, oder ob sie, wenn sie eine Flasche Putzmittel austrinken würde, an Vergiftung sterben könnte. Diese Gedanken über Schädigungen und Tod wurden endlos, häufig alptraumhaft und zehrend.

Als ich Lulu traf, wurde sie von diesen Gedanken besonders stark beherrscht. Sie hatte geheiratet und hatte Probleme in der Beziehung mit ihrem Mann. Er trank zeitweilig zu viel und flirtete dann lautstark und offen mit anderen Frauen. Obendrein war er in seinem Job nicht erfolgreich, und obwohl sie eine kompetente Journalistin war, steckten sie in finanziellen Schwierigkeiten.

Wir erforschten zusammen ihr jeweiliges Verhältnis zur Mutter, zum Vater und zu ihrem Mann. Wir gelangten zu dem Schluß, daß ihre Gedanken und Ängste in bezug auf Tod und Zerstörung und Nadeln und Scheren in Mund und Ohren sich zum Teil von den unbewußten Todes- und Zerstörungsängsten und -wünschen ihrer Mutter herleiteten, zum Teil vielleicht aus den unbewußten sexuellen Gefühlen ihres Vaters ihr gegenüber, und zum Teil aus ihren eigenen unbewußten Gefühlen der Aggression gegen ihren Mann.

Infolge der Therapie war sie in der Lage, ihre Wut auf

ihren Mann anzusprechen, ihre eigenen Aggressionen und, mit stärkerem Widerstreben, die Aggressionen ihrer Mutter gegen sie zu erkennen. Ihre Ängste verminderten sich stark. Sie war in der Lage, ein Kind zu bekommen, wovor sie sich zuvor gefürchtet hatte, weil sie Angst hatte, es würde in ihrem Bauch, bei der Geburt oder als Kleinkind aufgrund ihrer Unerfahrenheit in der Kinderpflege oder weswegen auch immer sterben. (Sie hatte auch befürchtet, daß *sie* während der Schwangerschaft oder der Niederkunft sterben würde.) Sie arbeitete wie ihre Mutter bis zur letzten Schwangerschaftswoche und machte sich große Sorgen wegen der Aussicht, daß sie nach der Geburt des Babys eine Zeitlang ihre Arbeit aufgeben müßte. Aber als es nach einer ereignislosen Schwangerschaft und Entbindung soweit war, freute sie sich über ihr erstes Baby so sehr, daß sie mehrere Monate lang zu Hause blieb.

Später wurde sie erneut schwanger. Diesmal war die Schwangerschaft nicht mit Ängsten befrachtet, aber – der absolute Horror – das Baby kam mit einem angeborenen Herzfehler zur Welt. Eine Operation war unumgänglich. Die nächsten vier Monate verbrachte sie damit, das Baby zu pflegen und größte Ängste um das Kind auszustehen. Viele Wochen brachte sie auf der Intensivstation der Herzchirurgie im Krankenhaus zu. Sie erlebte, wie viele andere Babys in der gleichen Situation auf dieser Station starben, und manchmal stand es mit ihrem Sohn auf Messers Schneide.

Als sie mich anrief, hatte er sich von der erfolgreichen Operation gut erholt, und seine Aussichten waren gut. Kurz bevor sie ihn aus dem Krankenhaus nach Hause geholt hatte, setzten die Klaustrophobieanfälle ein. Ich gelangte zu dem Schluß, daß Lulus Klaustrophobie ebenfalls auf die unterdrückte Aggression zurückzuführen sei, daß es aber diesmal das Baby war, das bei ihr unbewußte Feindseligkeit auslöste. Das Baby war mit einem Herzfehler zur Welt gekommen und hatte damit die große Befürchtung und Angst Wirklichkeit werden lassen, daß Lulu ihrem Baby im Mutterleib Schaden zufügen würde. Das Baby hatte Lulu mit seinem Herzfehler »bestraft« und damit seine Eltern gezwungen, lange Monate entsetzlicher Angst und Bedrückung zu durchleben.

Nun, nachdem das Schlimmste überstanden war und das Baby gesund und »normal« sein sollte, konnte sich Lulu entspannen, und ihre Feindseligkeit gegenüber dem Baby machte sich durch die Klaustrophobie bemerkbar.

Es fällt einer sanften, konventionellen, »guten« Frau wie Lulu natürlich sehr schwer, sich die Wut auf ein vier Monate altes Baby mit angeborenem Herzfehler einzugestehen. Aber die Wut ist das logische und unvermeidliche Ergebnis von starkem Streß, großer Enttäuschung und Erschöpfung – Wut auf alles und jeden, der die Not hervorgerufen hat.

Ich schlug vor, sie solle ihren Arzt bitten, sie an einen Psychologen zu überweisen, mit dem sie darüber reden könnte, was sie die vergangenen vier Monate durchgemacht hatte.

Der letzte Anruf kam von einer Freundin und Kollegin, die vor nicht langer Zeit in einem sehr armen Distrikt im East-End von London neu als Psychotherapeutin angefangen hatte. Sie sagte: »Ich begreife jetzt, warum die sozialen Dienste Kinder übersehen, die schließlich bis zum Eintritt des Todes mißhandelt werden. Sie kommen einfach mit den Zuständen hier draußen nicht zurecht. Jeder Mitarbeiter hier ist so erschöpft! Jeder Gedanke an eine analytische Psychotherapie ist sinnlos. Es ist, als ob man versuchen würde, einen riesigen Stein den Berg hinaufzurollen. Er rollt immer wieder zurück. Die Wohnverhältnisse sind so entsetzlich, und die Armut, die Arbeitslosigkeit, der Rassenhaß – die Drogen, die Gewalt, die Vandalen. Es geht einfach nicht; die Leute, die in die Klinik kommen, wollen nur über das reden, was gerade um sie herum vorgeht. Ich kann nichts für die Kinder tun – und ich will doch Kindertherapeutin sein ...«

Diese drei Gespräche werfen einiges Licht auf die Vorteile und Grenzen der analytischen Psychotherapie.

Im ersten Fall konnte die Psychotherapie Jocelyn helfen, die Ursachen ihrer Depression zu begreifen, und sie konnte – zum Teil durch eigenes Begreifen, zum Teil durch die mysteriöse »Heilung«, die eine Psychotherapie mit sich bringen kann – mit ihrer Depression zurechtkommen, als sie erneut auftrat. Und die Depression würde in Jocelyns Fall wahrscheinlich immer wieder kommen. Wenn sie übermüdet, zu stark gestreßt ist, von einem Mann – oder einer Frau – zum zehnten Mal abgelehnt worden ist, wenn sie ein leidendes Kind sieht oder zu betreuen hat, besonders ein mißbrauchtes Kind, wird die Depression vermutlich wiederkehren.

Eine Psychotherapie hätte Jocelyn auch langfristig helfen können, eine Beziehung zu anderen Menschen aufzubauen und aufrechtzuerhalten. Aber für sie wurde die Zeit knapp. Sie war schon hoch in den Vierzigern und noch weit von diesem Punkt entfernt. Die Psychotherapie konnte Jocelyns Psyche nicht erneuern oder ihre Kindheitserlebnisse revidieren. Emotional verkümmert und unreif, wird Jocelyn wahrscheinlich den Rest ihrer Tage verletzt und allein verbringen.

Der zweiten Frau, Lulu, konnte und wurde auch mit der Psychotherapie sehr geholfen. Lulu, stark, intelligent, tüchtig und mit ihrem Umfeld ausreichend in Frieden, sah sich in der Lage, Theorien zu verstehen und zu akzeptieren und war vor allem fähig, die Gültigkeit von Gefühlsreaktionen zu spüren, zu akzeptieren und zu begreifen.

Theorien sind ein nicht zu unterschätzender Aspekt der Psychotherapie, wenn auch ein Teil der Hilfe, den die Menschen erhalten, über ihre Beziehung zum Therapeuten vermittelt wird. Der Therapeut gibt dem Patienten die Chance, eine Art zweite Erfahrung als Kind zu machen, diesmal mit einem Elternteil, der oft zu bieten scheint, was das Kind im Patienten braucht und brauchte: Geduld, eine nicht fordernde Art, unkritische Akzeptanz, Verantwortlichkeit, Abstand, Fürsorglichkeit, Da-Sein, Erwachsen-Sein ohne Eifersucht oder Konkurrenzdenken. (Bestimmte Psychotherapeuten oder Psychoanalytiker ziehen es vor, sich dem Patienten gegenüber kalt und unangenehm zu geben und dann mit dem Patienten auf der Basis der sogenannten negativen Übertragung zu arbeiten, die dem Patienten theoretisch erlaubt, sich gleichfalls feindselig und aggressiv zu verhalten.)

Vermutlich ist es nicht möglich, genau zu erklären, warum die Beziehung des Patienten zu seinem Therapeuten so wichtig ist. In der Hilfe, die ein guter Therapeut seinem Patienten gibt, liegt ein magisches Element. Die Theorien sind gleichermaßen wichtig. »Gut, wir müssen ja über *irgend etwas* reden!« sagte einmal ein bekannter Analytiker zu mir – er glaubte, das Verhältnis zwischen Patient und Therapeut sei wichtiger als alles andere.

Es stimmt, Patient und Therapeut müssen einen Stoff haben, damit sie miteinander kommunizieren können – aber ich bin der Meinung, daß Theorien mehr sind als reiner Gesprächsstoff. Der Patient braucht eine begriffliche Formel, damit er von seinen Gefühls- und Verhaltensmustern der Kindheit loskommt. Die Theorie ist wie eine Leiter, die über das Eis bis zum Loch geschoben wird, in dem der Patient strampelt. Aber spielt es eine Rolle, welche Theorie als Leiter dient? Vermutlich nicht. Ein konzeptueller Rahmen ist wohl so nützlich wie jeder andere. Und keiner muß notwendigerweise die Realität repräsentieren, solange er »funktioniert«. Newtons Theorie der Schwerkraft war nützlich – hilfreich bis zu dem Punkt, als sie durch Einsteins Relativitätstheorie ersetzt wurde.

Folglich besteht der wichtigste Aspekt der psychoanalytischen Theorie darin, daß sie »funktionieren« muß. Sie muß für den Patienten einen Sinn ergeben – und zwar vorrangig muß er den Sinn »fühlen«. Viele psychoanalytische Theorien haben mehr Bezug zu den originellen und häufig brillanten konzeptionellen Ansichten eines Analytikers als zur Realität.

Wie ich immer wieder betone, besteht unsere einzige klare Verbindung zur Realität über die Gefühle, das heißt die Empfindungen und Emotionen. Wenn wir anfangen, den Gefühlen Ursachen zuzuweisen, betreten wir die Welt der Theorie und lassen die Realität hinter uns. Ich bin sicher, daß wir alle die Ursachen unserer Gefühle, unsere Körper, uns selbst, unsere Umgebung, unsere Freunde, Feinde und Nachbarn, jeden Aspekt unseres Seins und Tuns mit den erstaunlichsten Theorien belegen. Wir symbolisieren, wir verschlüsseln, wir übertragen vom einen zum anderen, wir weben Phantasien und erfinden Märchengeschichten, Aberglauben, Träume und unheimliche Tabus. All dies hat für sich genommen ein gewisses Maß an Gleichgültigkeit, ist jedoch weit von der Basis entfernt, den Ursprüngen der Theorien, d.h. den gefühlsmäßigen und emotionalen Erfahrungen.

Meiner Ansicht nach »funktioniert« die psychoanalytische Theorie um so wahrscheinlicher, je näher sie der Gefühlserfahrung steht. Kehren wir zu Lulu zurück. Sie konnte aus der Psychotherapie enormen Gewinn ziehen, indem sie ihre alten Reaktionsmuster aus der Kindheit änderte, sich von den Symptomen befreite und mit ihrer Arbeit und ihrer Familie ein zufriedenstellendes und erfülltes Leben führte. Was die Psychotherapie natürlich eventuell nicht erreicht hat, war, Lulu zu helfen, sich von der Ansicht zu lösen, daß der Herzfehler ihres Babys nicht von etwas in Lulu selbst verursacht worden war – ihrer Aggression, der Aggression einer Mutter gegen ihr Kind –, da das Baby ihre ursprünglichen Ängste erfüllte.

Der dritte Telefonanruf von meiner Kollegin aus dem Londoner East-End war der entmutigendste von allen.

Psychische und emotionale Probleme sind bei Menschen verbreitet und gravierend, die in erniedrigender Armut leben. Der Versuch, eine analytische Variante der Psychotherapie anzuwenden, ist völlig sinnlos, wenn die Patienten in schrecklich überbelegten, zerfallenden Häusern und Wohnungen leben, in denen die feuchten Wände bröckeln, die Nachbarn schreien und streiten, die Menschen keine Arbeit haben und vor Erschöpfung abgestumpft sind.

Vor zweihundert Jahren wurde in Frankreich die Deklaration der Menschenrechte verkündet, ein mutiges Ideal. Wir sind so weit wie eh und je davon entfernt, die schrecklichen sozialen und ökonomischen Probleme unserer Gesellschaften zu lösen. Vermutlich steht es für Millionen Menschen in den Großstädten in Wirklichkeit viel schlechter als in der Vergangenheit.

Die Wahrheit ist, daß der Mensch seinen Mitmenschen nicht liebt. In Wirklichkeit sind wir von Natur aus stark wettbewerbsorientiert, eifersüchtig und feindselig und zutiefst selbstsüchtig. Hierzu zwei Zitate hervorragender Männer:

Sir Angus Wilson, der Schriftsteller, sagte, als er um eine Definition für eine zivilisierte Gesellschaft gebeten wurde: »eine Gruppe Menschen, die sich eher hassen, aber versuchen, zusammen zu leben« (in einem Gespräch mit mir, 1988). Ralph Bunche, Nobel-Preisträger, Vermittler der Vereinten Nationen, sagte, als man ihn um eine Rede vor der Weltkonferenz der Brüderlichkeit bat: »Lassen Sie mich ein oder zwei Worte gegen die Brüderlichkeit sagen. Viele Menschen, die ich kenne, möchte ich nicht zu Vettern haben, geschweige denn zu Brüdern. In den zwischenmenschlichen Beziehungen ist Toleranz und gegenseitiger Respekt weitaus wichtiger.« (Brian Urquhard, »In Erinnerung an Ralph Bunche«, In: The Yale Review, Bd. 76, Nr. 3, Juni 1987, S. 448).

Zwar sollten diese beiden Äußerungen natürlich amüsant sein und schockieren, aber dahinter steckt doch ein wahrer Kern. Es ist wichtig zu akzeptieren, daß in manchen zwischenmenschlichen Beziehungen ein Gutteil Feindseligkeit enthalten sein kann. Manchmal fehlt es bei den Gefühlen eines Elternteils für sein Kind an Liebe, und auch Geschwister stehen sich nicht immer automatisch positiv gegenüber. Das bedeutet nicht, daß Eltern sich nicht bewußt wünschen, ein Kind zu lieben, oder der Bruder einen Bruder oder eine Schwester. Aber Liebe fließt nicht einfach auf Kommando.

Unsere westlichen Gesellschaften erwarten stillschweigend, daß Eltern ihre Kinder lieben, daß Geschwister sich lieben, daß Kinder ihre Eltern lieben. Doch das ist irreführend und folglich qualvoll. Irreführend insofern, als damit Familienbeziehungen dargestellt werden, wie unsere Gesellschaft meint, daß sie sein *sollten,* und nicht wie sie wirklich sind.

Es ist qualvoll, weil die Menschen, Eltern wie Kinder, sich schuldig, wütend und ängstlich fühlen, wenn es ihnen nicht gelingt, die idealisierte Version von Eltern/Kind-Beziehungen gefühls- und verhaltensmäßig zu erfüllen. Es ist qualvoll, weil sich die Menschen bei dem Versuch, ideale Eltern zu sein, nicht erlauben, bewußt die »echten« Gefühle zu empfinden. Die echten Gefühle (häufig Liebe, aber auch Aggression, Feindseligkeit, Gereiztheit, Wut, Langeweile) dürfen im ganzen nicht bewußt werden, wenn sie auch von Zeit zu Zeit durchs Bewußtsein flackern. Es gibt nur wenige Eltern, die in der Lage wären einzugestehen, daß sie ihre Kinder nicht lieben oder sie gerne verlassen würden – doch diese Gefühlsverfassungen sind keineswegs ungewöhnlich.

Die Menschen lieben eben nicht, wie die sozialen Sitten uns gerne glauben machen würden, automatisch ein Kind in dem Moment, in dem es geboren wird. Manchmal sehen sie der Ankunft eines Kindes mit Besorgnis entgegen, manchmal mit einer Mischung aus Angst und Feindseligkeit. Ihre Gefühle und Einstellungen hängen, wie bereits erklärt, von ihren eigenen Kindheitserfahrungen ab.

Die Liebe zwischen Eltern und Kind ist natürlich höchst wünschenswert – aber die Ansicht, daß alle Eltern alle Kinder lieben (und gleichermaßen all ihre Kinder) und daß alle Kinder alle Eltern lieben, ist, wie die Deklaration der Menschenrechte, ein Wunschtraum für die Zukunft.

Es ist bei weitem besser, das Erreichbare anzustreben. Eltern sollten ihr Bestes geben, ihre Kinder zu respektieren, zu tolerieren und zu versorgen, ungeachtet der

Gefühle von Aggression und Feindseligkeit. Elterliche Aggression, sei sie bewußt oder unbewußt, ist in ihren verschiedenen Ausdrucksformen die Hauptursache für die Schädigung von Kindern.

Eine andere sind elterliche sexuelle Bedürfnisse, bewußte wie unbewußte, und ihr physischer oder emotionaler Ausdruck. Von der Gesellschaft wird die Forderung erhoben, daß Eltern irgendwie auch den leichtesten Verdacht sexuellen Begehrens aus ihren Gefühlen verbannen und ihren Kindern gegenüber distanziert asexuell bleiben sollten – auch so ein Mythos. Eltern empfinden häufig starke sexuelle Leidenschaft für ihre Kinder. Dürften sie sich dieser Gefühle bewußt werden, käme es vielleicht auch zu weniger Verzerrungen der Sexualität. Die Betonung muß auf Beherrschung und Kontrolle des sexuellen *Verhaltens* liegen.

Ein letztes Wort zur Psychotherapie. »In« Therapie befindliche Leute fühlen sich manchmal gequält, werden wütend und/oder depressiv, wenn sie ihr Unglücklichsein und seine in der Kindheit begründeten Ursachen zu begreifen beginnen. Im Laufe dieses Prozesses können sie zu dem Schluß gelangen, daß irgendeine »gute« Tat oder viele »gute« Aktionen, die sie unternommen haben, nicht altruistisch waren, wie sie ursprünglich geglaubt haben, sondern selbstsüchtig. Wenn sie nur wenig Vertrauen in ihren eigenen Wert haben, bewerten sie sich durch ihre »guten« Taten. Haben sie als Kinder viel Leid erfahren, erkannten sie während der Therapie, daß sie sich unbewußt mit Leidgeprüften, mit Menschen in Not oder Qual identifizierten, denen sie nach besten Möglichkeiten geholfen haben. Sie schlossen daraus, daß die »gute« Tat überwiegend ein Akt der versuchten Selbstheilung war, eine Strategie zur eigenen Rettung, die unbewußt motiviert war. Diese Interpretation ist falsch. Es stimmt, daß wir alle durch unbewußte Stimuli zum Handeln motiviert werden. Wir können dann beschließen zu handeln – oder nicht zu handeln – und uns um das Leid anderer kümmern. Doch Qualen zu mildern ist keineswegs etwas Nichtswürdiges, denn die Handlungen entspringen einem Mitgefühl, das durch unsere eigene Leidenserfahrung entstand. Wir können ohne genau Kenntnis von Schmerz nicht den Schmerz anderer verstehen. Alle guten Taten der Welt müssen von Leuten unternommen werden, die selbst, zumeist in ihrer Kindheit, gelitten haben.

Die Dimensionen emotionalen Leidens lassen sich genausowenig wie physischer Schmerz aus zweiter Hand begreifen. Kein Mensch könnte Schmerz aufgrund einer verbalen Erklärung oder des Anblicks eines Menschen mit Schmerz verstehen. Ihn kennen nur die, die ihn erlitten haben.

Dieses Verstehen des Leidens, die Identifikation mit dem Leidenden, macht eine gute Tat nicht weniger nobel. Es gibt Menschen, die sich, wie bereits gesagt, zum Handeln entschließen – zum Handeln, um zu lindern und zu helfen. Es gibt aber auch Menschen, die beschließen, sich zurückzuhalten, und sagen: »Da mußte ich alleine durch – warum sollte er es nicht auch alleine tun …?«

In diesem letzten Kapitel habe ich einige Vorteile und auch die Grenzen der Psychotherapie aufgezeigt. Die analytische Psychotherapie kann einen Menschen, der in seiner Kindheit schwer geschädigt wurde, nicht in ein ganzes, gesundes, »neues« Wesen verwandeln – aber sie kann dabei helfen, daß dieser Mensch fortan ein besseres Leben hat. Die analytische Psychotherapie kann Menschen in schwerer sozialer und wirtschaftlicher Not nicht helfen. Aber die analytische Psychotherapie kann

Millionen Menschen helfen, unkonstruktive oder destruktive Gefühls- und Verhaltensmuster in konstruktivere umzuwandeln, so daß stabile und angenehme Beziehungen zu anderen möglich und Kinder ohne Schaden großgezogen werden. Arbeit und Freizeitaktivitäten können gleichfalls erfüllend und erfolgreich werden. Doch der Therapeut und die Theorien bieten nur eine Fluchtleiter. Der in Behandlung Stehende muß durch eigene Anstrengung heraussteigen. Manche Menschen entscheiden sich, lieber in ihrem Loch im Eis zu bleiben.

Doch es sind nur wenige, die unnachgiebig an ihren neurotischen Strukturen kleben. Die meisten kämpfen mit Hilfe ihres Therapeuten tapfer darum, ihre Probleme zu bewältigen. In meiner eigenen Praxis habe ich meine Patienten immer sehr bewundert. Die Mehrheit von ihnen gab nicht auf, zeigte Mut und Entschlossenheit, bei unserer Untersuchung der Vergangenheit und unseren Versuchen, die Gegenwart in Verbindung mit der Vergangenheit zu verstehen, zu kooperieren. Reisen in die Vergangenheit sind häufig schwierig, der Fortgang ist mühsam und hart. Illusionen zu verlieren, der Realität ins Auge zu sehen, kann trostlos und niederdrückend sein. Die Wahrheit ist oft schockierend oder bestenfalls enttäuschend.

Ich empfand großen Respekt für meine tapferen Patienten und große Zuneigung für sie, als wir daran arbeiteten, destruktive Verhaltens- und Gefühlsmuster zu bewältigen und zu ändern. Ich glaube, es ist richtig zu sagen, daß sich für die meisten von ihnen am Ende der Reise die Lebensqualität verbessert hat. Zumeist ist es, mit Hilfe der Psychotherapie, möglich, mit Freude weiterzuleben, ganz gleichgültig, wie hart die Kindheit gewesen ist, und selbst wenn eine gewisse emotionale

Unfähigkeit (das Äquivalent der körperlichen Narbe) zurückbleibt. Es ist bei weitem einfacher, mit einer emotionalen Behinderung fertig zu werden, wenn man deren Ursachen begriffen hat.

Anhang

bearbeitet von Hannelore Kühl

Wie man zu einer Psychotherapie kommt

Der übliche Weg ist, daß Sie mit Ihrem behandelnden Arzt oder Hausarzt darüber sprechen, daß Sie eine Psychotherapie brauchen oder meinen, daß Sie Ihnen hilft. Er schreibt Ihnen einen Überweisungsschein. Wenn Ihr Arzt meint, daß er eine derartige Behandlung nicht für nötig erachtet, sollten Sie trotzdem darauf bestehen, daß er Ihnen einen Überweisungsschein ausstellt, wenn Sie selbst überzeugt sind, daß Sie wirklich Hilfe brauchen. Grundsätzlich haben Sie das Recht, auch einen zweiten Arzt hinzuzuziehen. Unter Umständen wenden Sie sich mit einem neuen Krankenschein direkt an den Therapeuten; vergewissern Sie sich aber vorher bei Ihrer Krankenkasse, daß diese damit einverstanden ist!

Wie finden Sie den richtigen Therapeuten?
Schon allein die Berufsbezeichnungen sind verwirrend. Ein Psychologe, insbesondere ein Diplom-Psychologe hat ein abgeschlossenes Psychologiestudium hinter sich. Meist absolviert er danach eine psychotherapeutische Weiterbildung. Ein Psychiater dagegen hat Medizin studiert und dann die medizinische Fachrichtung Psychiatrie eingeschlagen. Die Psychiatrie (die es auch als Fachabteilung in Krankenhäusern gibt) beschäftigt sich mit Neurosen, psychischen Krankheiten und Geisteskrankheiten und behandelt meist medizinisch und medi-

kamentös. Psychiater und Ärzte, die eine zusätzliche psychotherapeutische Ausbildung gemacht haben, nennen sich Psychotherapeuten.

Grundsätzlich haben nur Ärzte, Psychologen und Heilpraktiker die Berechtigung, Psychotherapie auszuüben. Alle anderen Berufsbezeichnungen wie Lebensberater, psychologischer Berater etc. sagen nichts über die Qualifikation des Betreffenden aus.

Die Krankenkassen übernehmen die Kosten für eine Therapie nur unter bestimmten Bedingungen. Diplom-Psychologen haben im allgemeinen keine Kassenzulassung. Sie können aber oft über einen mitbehandelnden Arzt im Delegationsverfahren mit der Krankenkasse abrechnen. Fragen Sie den Therapeuten, den Sie sich ausgesucht haben, ob er auf Krankenschein behandelt oder abrechnet!

Von den Krankenkassen werden nur drei therapeutische Verfahren anerkannt: 1. Psychoanalyse, 2. tiefenpsychologisch fundierte und 3. verhaltenstherapeutische Verfahren. (Die Autorin dieses Buches gehört der zweiten Richtung an.) Es gibt auch die Möglichkeit, daß Ihnen die für die Therapie entstandenen Kosten nachträglich von der Kasse erstattet werden. Das ist je nach Krankenkasse verschieden; meist sind die Ersatzkassen etwas großzügiger. Erkundigen Sie sich bei Ihrer Krankenkasse. Dort bekommen Sie auch häufig Listen von zugelassenen Therapeuten an ihrem Wohnort.

Wenn Sie über genügend finanzielle Mittel verfügen, steht Ihnen natürlich eine weit größere Palette therapeutischer Möglichkeiten zur Verfügung. Wer sich über die vielen unterschiedlichen Richtungen informieren will, kann sich im Buchhandel einen Therapieführer besorgen, die es bei verschiedenen Taschenbuchverlagen gibt.

Ein »geeigneter« Therapeut ist ein ausgebildeter Psychologe oder Arzt, der Psychotherapie praktiziert. Sie müssen nicht unbedingt für Ihren Therapeuten Einfühlungsvermögen aufbringen oder ihn mögen. Wenn Sie nach einer mehrmonatigen Behandlung zu dem Schluß gelangen, daß Sie überhaupt keine Fortschritte erzielt haben, ist es angebracht und richtig, erneut den Allgemeinarzt aufzusuchen und ihn um eine Überweisung zu einem anderen Therapeuten zu bitten.

Bedenken Sie jedoch, daß oft Fortschritte ohne deutlich sichtbare Ergebnisse gemacht werden. Es dauert lange, bis tiefverwurzelte Gefühls- und Verhaltensmuster der Kindheit sich einer Veränderung erschließen.

Nützliche Adressen

Anonyme Alkoholiker (AA)
Landwehrstr. 9
80336 München 2
Tel.: 089/55 56 85
Gegenseitige, nicht wertende Unterstützung für Menschen mit Alkoholproblemen. AA gibt es in jeder größeren Stadt. Sehen Sie in Ihr Telefonbuch, oder nehmen Sie mit dem zentralen Büro in München Kontakt auf.

Al-Anon
Zentrales Dienstbüro
Emilienstr. 4
45128 Essen
Hilfe für Familien und Partner von Alkoholikern.

Al-Ateen
(Adresse wie Al-Anon)
Kinder und jugendliche Angehörige von Alkoholikern.

Deutscher Kinderschutzbund
Schiffgraben 29
30159 Hannover
Tel. 05 11/32 91 35
Hilft Kindern in Not und ihren Familien. Den Deutschen Kinderschutzbund gibt es in vielen Städten; schauen Sie

in Ihr Telefonbuch. Eine wichtige Einrichtung des Kinderschutzbundes ist das

Kinder- und Jugendtelefon
Tel. überall in (West-)Deutschland: 11103
Mo – Fr 15.00 – 19.00 Uhr
Hier können Kinder und Jugendliche anrufen und über ihre Sorgen und Nöte sprechen, sei es mit der Schule, den Eltern, der Sexualität ...

Ehe-, Familien- und Lebensberatungsstellen
Diese Beratungsstellen werden sowohl von der evangelischen wie der katholischen Kirche in den größeren Städten unterhalten. Suchen Sie im Telefonbuch unter Ehe- ... oder unter Kirche.

Emotions Anonymous (EA)
Selbsthilfegruppen für seelische Gesundheit
Hohenheimer Str. 75
70184 Stuttgart
Tel.: 0711/24 35 33
Dort können Sie erfahren, wo es in Ihrer Nähe eine EA-Gruppe gibt. Gegenseitige Hilfe und Unterstützung bei seelischen Problemen, Ängsten, Depressionen ...

K.I.S.
Kontakt- und Informationsstellen für Selbsthilfegruppen
Gibt es in vielen größeren Städten, leider unter unterschiedlichen Namen. Bietet Informationsgespräche und Beratung; vermittelt an Selbsthilfegruppen aller Art, auch an Verbände für bestimmte chronische Krankheiten u.s.w. Informationen und Adresen anfordern bei:

NAKOS
Nationale Kontakt- und Informationsstelle für Selbsthilfegruppen
Albrecht-Achilles-Str. 65
10709 Berlin
Tel.: 030/8 91 40 19

oder:
DAG SHG
Deutsche Arbeitsgemeinschaft Selbsthilfegruppen
Friedrichstr. 28
35392 Gießen
Tel.: 06 41/7 02 24 78

Narcotics Anonymous (NA)
Postfach 1272
63329 Egelsbach
Selbsthilfegruppen für Drogen- und Medikamentenabhängige.

Notruf für vergewaltigte Frauen und Mädchen e.V.
In vielen deutschen Städten; schauen Sie im Telefonbuch unter Notruf oder auch unter

»Frauen helfen Frauen e.V.«.
Beratungsgespräche und erste Kontaktaufnahme für Frauen, die vergewaltigt oder als Kind sexuell mißbraucht wurden, Beratung für Mütter von mißbrauchten Kindern, Weitervermittlung (insbesondere der Kinder) an therapeutische Fachkräfte.

Pro Familia
Deutsche Gesellschaft für Sexualberatung und Familienplanung

Bundesverband
Cronstettenstr. 30
60322 Frankfurt
Tel.: 069/55 09 01
Pro Familia gibt es in allen großen Städten und auch schon an mehreren Orten in den neuen Bundesländern. Ein interdisziplinäres Team aus Ärzten, Psychologen und Sozialpädagogen bietet Beratung, Weiterbildung, Einzel- oder Gruppentherapie für Jugendliche und Erwachsene oder vermittelt an Fachärzte in allen Fragen der Sexualität, Aufklärung, Familienplanung, Schwangerschaft, Geburtsvorbereitung und hilft auch in Fällen sexuellen Mißbrauchs.

Telefonseelsorge
Tel.: 1 11 01 und/oder 1 11 02
(in den neuen Bundesländern z.T. noch andere Tel.-Nummern)
In rund 90 größeren Städten. Helfen jedem Verzweifelten vertraulich übers Telefon.

Wildwasser e.V.
Mehringdamm 50
10961 Berlin
Hilfe für inzestbetroffene Mädchen
Tel. Beratung: 030/7 86 50 17
und Frauen
Tel. Beratung: 030/7 86 50 19

Zartbitter e.V.
Stadtwaldgürtel 89
50935 Köln
Tel.: 02 21/40 57 80
Hilfe für inzestbetroffene Mädchen (auch Jungen) und Erwachsene.

Vereine wie Zartbitter und Wildwasser gibt es in verschiedenen Städten (meistens für Frauen und Mädchen). Adressenliste erhältlich bei:

Donna Vita Verlag
Marion Meves
Postfach 610 117
10965 Berlin
(für inzestbetroffene Jungen und Männer werden die Pro-Familia-Beratungsstellen empfohlen.)

Band 66264

Dan Kiley
Wenn Männer sich nicht ändern wollen

Der bekannte und renommierte Psychotherapeut Dr. Dan Kiley weiß aus seiner Beratungspraxis nur zu gut, wie schnell in einer Partnerschaft die anfängliche Euphorie im enttäuschenden Alltagstrott untergeht. Er kennt die Fallstricke einer Beziehung und zeigt auf, wie die Verständigung zwischen Paaren verbessert und mehr Gemeinsamkeit erreicht werden kann. Klar und verständlich legt er dar, daß Sie es nicht dulden müssen, wenn Sie in der Beziehung nicht bekommen, worauf Sie ein Anrecht haben.

Allein, aber auch mit Ihrem Partner zusammen, können Sie mit Hilfe eines Lernprogramms erreichen, daß Ihr Mann Ihnen das gibt, was Sie brauchen.

Band 66268

Susan RoAne
Sag doch einfach Hallo!

Jeder kennt dieses beklemmende Gefühl: Man sieht sich gezwungen, an einem gesellschaftlichen Anlaß teilzunehmen, kennt aber niemanden. Man steht da wie bestellt und nicht abgeholt, die Hände um ein Glas geklammert, ein verkrampftes Lächeln auf dem Gesicht. Das muß nicht sein – es geht auch anders.

Susan RoAne weist mit klugem Witz und viel Geschick den Weg zu einem lockeren Auftreten und hilft, alte Ängste abzulegen und neue Freunde zu gewinnen.

Band 66265

Marie-Luise Lewicki
Kind und Beruf – das geht!

90 Prozent aller jungen Frauen wollen Beruf *und* Kind. Doch viele Mütter schaffen es einfach nicht, beides unter einen Hut zu bekommen – und geben auf, bevor sie es überhaupt versucht haben.
Hier hilft dieses Buch – mit praktischen Tips, mit Erfahrungsberichten berufstätiger Mütter und mit psychologischen Ratschlägen.

Aus dem Inhalt: Wir sind doch keine Rabenmütter! – Wenn beide Partner arbeiten wollen – Wer betreut mein Kind? – Die Wahl der richtigen Steuerklasse – Familie, Job – und nur noch Streß? – Noch ein Kind?